金融类精品图书

保险法律基础与实务

主　编　贺艳梅　刘　慧

副主编　董　竞　肖　育

　　　　莫彬萍　赵　斌

江苏大学出版社
JIANGSU UNIVERSITY PRESS

镇　江

内 容 提 要

《保险法律基础与实务》共十章，内容包括保险法律基础概述、民事法律制度、合同法律制度、保险法概述、保险合同的一般规定、人身保险、财产保险、保险公司的经营规则、保险监督管理和与保险相关的其他法律制度。

本书可作为保险、金融等相关行业读者学习保险法律法规的参考用书。

图书在版编目（ＣＩＰ）数据

保险法律基础与实务 / 贺艳梅，刘慧主编. -- 镇江：江苏大学出版社，2017.9（2017.10 重印）
ISBN 978-7-5684-0606-2

Ⅰ．①保… Ⅱ．①贺… ②刘… Ⅲ．①保险法－研究－中国 Ⅳ．①D922.284.4

中国版本图书馆 CIP 数据核字 (2017) 第 223909 号

保险法律基础与实务
Baoxian Falü Jichu yu Shiwu

主　　编 / 贺艳梅　刘　慧
责任编辑 / 柳　艳　徐子理
出版发行 / 江苏大学出版社
地　　址 / 江苏省镇江市梦溪园巷 30 号（邮编：212003）
电　　话 / 0511-84446464（传真）
网　　址 / http://press.ujs.edu.cn
排　　版 / 北京金企鹅文化发展中心
印　　刷 / 三河市祥达印刷包装有限公司
开　　本 / 787 mm×1 092 mm　1/16
印　　张 / 17
字　　数 / 393 千字
版　　次 / 2017 年 9 月第 1 版　2017 年 10 月第 2 次印刷
书　　号 / ISBN 978-7-5684-0606-2
定　　价 / 58.00 元

如有印装质量问题请与本社营销部联系（电话：0511-84440882）

编者的话

保险在应对突发事件和灾害损失等方面具有经济补偿、资金融通及社会管理的职能，在国家经济建设、市场发展、人民生活、社会保障等方面发挥着极其重要的作用。如今，我国保险业正处于蓬勃发展的重要阶段，急需大批具有保险法律基础理论知识和实际操作技能的复合型人才，同时，社会的发展对现有保险管理与营销从业人员的业务素质也提出了更高的要求

为满足金融、保险从业者的需要，我们组织编写了这本《保险法律基础与实务》，目的在于让读者通过了解保险法及其相关法律，解决在实际工作与生活中遇到的各类保险法律问题。因此，在编写中，我们强调本书的"基础性"和"技能性"：一方面构建保险法律体系的总体框架，系统地讲叙保险法律的相关知识；另一方面注重理论在实践中的应用，通过相关案例分析提高解决实际问题的能力。总体来说，本书具有以下特色：

- **内容全面，重点突出**：本书先总体介绍了保险法律、民事法律及合同法律的相关知识，再有选择地对保险法中的重要法律制度进行重点讲解，有助于读者提纲挈领地了解保险法体系，循序渐进地学习保险法知识。

- **栏目丰富，案例精彩**：每章章前设置"内容提要""学习目标""引导案例"，以期读者带着问题、有目的性地学习。在理论知识介绍时运用"提示""讨论""读一读""典型案例"等模块帮助读者理解和分析保险实务中遇到的各类问题，使读者在掌握保险法律基础知识的基础上，培养和提高运用相关知识解决实际问题的能力。章末设置"思考题"，帮助读者理解和掌握本章知识。

- **知识更新，紧跟时代**：本书的所有法律知识均根据国家最新修订的《保险法》编写，所有案例均按照最新的法律及其解释进行分析、解答，有助于读者及时地更新知识系统，紧跟时代潮流。

本书由贺艳梅、刘慧任主编，董竞、肖育、莫彬萍、赵斌任副主编。尽管我们在编写本书时已竭尽所能，但由于编写时间仓促，编写水平有限，书中疏漏与不当之处仍在所难免，敬请广大读者批评指正。

编　者

2017 年 9 月

目 录

第一章　保险法律基础概述 ··· 1
引导案例 ··· 2
第一节　法律基础知识 ·· 2
一、法的概念、本质及特征 ·· 2
二、法的渊源及效力 ··· 3
三、法律关系 ·· 6
四、法律责任 ··· 10
第二节　保险法律基础 ·· 13
一、保险法律的内涵与外延 ·· 13
二、保险代理 ··· 13
三、索赔时效 ··· 16
第三节　保险争议处理 ·· 18
一、仲裁 ·· 18
二、民事诉讼 ··· 20
三、行政复议与行政诉讼 ··· 22
思考题 ··· 25

第二章　民事法律制度 ·· 26
引导案例 ··· 27
第一节　民法概述 ··· 27
一、民法的概念和调整对象 ·· 27
二、民法的基本原则 ··· 28
三、民法的效力 ··· 30
四、民法的适用 ··· 31
第二节　民事主体 ··· 32
一、民事主体概述 ·· 32
二、自然人 ·· 33
三、法人 ·· 39
四、非法人组织 ··· 40
第三节　民事权利 ··· 41
一、民事权利的特征 ··· 41
二、民事权利的内容 ··· 42

三、民事权利的取得和消灭 ……………………………………………………… 43

第四节　民事法律行为和代理 ………………………………………………… 44

一、民事法律行为概述 …………………………………………………………… 44

二、意思表示 ……………………………………………………………………… 45

三、民事法律行为效力 …………………………………………………………… 47

四、附条件法律行为与附期限法律行为 ………………………………………… 50

五、代理 …………………………………………………………………………… 51

第五节　民事责任 ………………………………………………………………… 55

一、民事责任的概念和特点 ……………………………………………………… 55

二、民事责任的分类 ……………………………………………………………… 55

三、民事责任的形式 ……………………………………………………………… 56

四、免责事由 ……………………………………………………………………… 58

第六节　诉讼时效 ………………………………………………………………… 59

一、诉讼时效的概念 ……………………………………………………………… 59

二、诉讼时效的种类 ……………………………………………………………… 59

三、诉讼时效的计算 ……………………………………………………………… 59

四、诉讼时效的中止 ……………………………………………………………… 60

五、诉讼时效的中断 ……………………………………………………………… 60

思考题 …………………………………………………………………………… 60

第三章　合同法律制度 ……………………………………………………… 61

引导案例 ………………………………………………………………………… 62

第一节　合同法律制度概述 …………………………………………………… 62

一、合同的概念与特征 …………………………………………………………… 62

二、合同法及其基本原则 ………………………………………………………… 63

第二节　合同的订立与成立 …………………………………………………… 64

一、合同的订立 …………………………………………………………………… 64

二、合同的成立 …………………………………………………………………… 67

第三节　合同的效力 ……………………………………………………………… 68

一、合同的效力概述 ……………………………………………………………… 68

二、合同的生效 …………………………………………………………………… 69

三、无效合同与可变更或可撤销合同 …………………………………………… 70

四、效力未定合同 ………………………………………………………………… 73

第四节　合同的履行 ……………………………………………………………… 75

一、合同的履行概述 ……………………………………………………………… 75

二、合同履行的规则 ……………………………………………………………… 76

三、合同的保全 …………………………………………………………………… 78

第五节　合同的责任 ·· 79
　一、缔约过失责任 ·· 79
　二、违约责任 ··· 80
思考题 ··· 83

第四章　保险法概述 ··· 84
引导案例 ·· 85
第一节　保险法的概念 ·· 85
第二节　保险法的制定与修订 ·· 86
　一、保险法的制定 ·· 86
　二、保险法的修订 ·· 86
第三节　保险法的适用范围 ·· 87
　一、保险法的空间效力 ·· 87
　二、保险法对人的效力 ·· 87
第四节　保险法的基本原则 ·· 88
　一、最大诚信原则 ·· 88
　二、保险利益原则 ·· 94
　三、近因原则 ·· 96
　四、损失补偿原则 ·· 99
思考题 ·· 103

第五章　保险合同的一般规定 ··· 104
引导案例 ··· 105
第一节　保险合同概述 ··· 105
　一、保险合同的概念与特征 ·· 105
　二、保险合同的分类 ·· 107
　三、保险合同的形式 ·· 112
第二节　保险合同的法律关系 ·· 116
　一、保险合同的主体 ·· 116
　二、保险合同的客体 ·· 117
　三、保险合同的内容 ·· 118
第三节　保险合同的订立与履行 ·· 120
　一、保险合同的订立 ·· 120
　二、保险合同的成立与生效 ·· 121
　三、保险合同的履行 ·· 122
第四节　保险合同的变动 ·· 124
　一、保险合同的变更 ·· 124
　二、保险合同的中止与复效 ·· 126
　三、保险合同的解除 ·· 127

四、保险合同的终止 ·························· 127

第五节　保险合同争议的处理 ·················· 128

一、保险合同条款解释的原则 ·················· 128

二、保险合同争议的处理方式 ·················· 130

思考题 ·························· 130

第六章　人身保险 ·························· 132

引导案例 ·························· 133

第一节　人身保险概述 ·························· 133

一、人身保险的特征 ·························· 133

二、人身保险的分类 ·························· 134

第二节　人寿保险 ·························· 135

一、人寿保险概念 ·························· 135

二、人寿保险的业务分类 ·················· 135

第三节　年金保险 ·························· 139

一、年金保险概念 ·························· 139

二、年金保险的分类 ·························· 139

第四节　健康保险 ·························· 142

一、健康保险的概念和特点 ·················· 142

二、健康保险的业务分类 ·················· 143

第五节　意外伤害保险 ·························· 145

一、意外伤害保险的概念 ·················· 145

二、意外伤害保险的分类 ·················· 145

三、意外伤害保险的可保风险 ·················· 146

四、意外伤害保险的主要内容 ·················· 147

第六节　人身保险的常用条款 ·················· 149

一、不可抗辩条款 ·························· 149

二、年龄误告条款 ·························· 151

三、宽限期条款 ·························· 152

四、保险费自动垫交条款 ·················· 153

五、复效条款 ·························· 154

六、不丧失现金价值条款 ·················· 155

七、保单贷款条款 ·························· 156

八、保单转让条款 ·························· 157

九、自杀条款 ·························· 157

思考题 ·························· 158

第七章 财产保险 ·· 159
  引导案例 ·· 160
  第一节 财产保险概述 ··································· 160
    一、财产保险的概念 ·································· 160
    二、财产保险的特征 ·································· 161
    三、财产保险的分类 ·································· 162
  第二节 财产损失保险 ··································· 162
    一、企业财产保险 ···································· 162
    二、家庭财产保险 ···································· 165
    三、运输工具保险 ···································· 169
    四、货物运输保险 ···································· 176
    五、工程保险 ·· 179
    六、农业保险 ·· 182
  第三节 责任保险 ······································· 184
    一、责任保险概述 ···································· 184
    二、责任保险的种类 ·································· 185
  第四节 信用保险和保证保险 ··························· 191
    一、信用保险 ·· 191
    二、保证保险 ·· 191
  思考题 ··· 193

第八章 保险公司的经营规则 ····························· 194
  引导案例 ·· 195
  第一节 保险公司概述 ··································· 195
    一、保险公司的概念 ·································· 195
    二、保险公司的形式 ·································· 195
    三、保险公司的设立、变更和终止 ···················· 197
  第二节 保险公司的经营规则 ··························· 198
    一、业务范围及管理规则 ······························ 198
    二、保险公司偿付能力规则 ···························· 201
    三、保险资金运用规则 ································ 202
    四、保险经营风险防范规则 ···························· 205
  思考题 ··· 208

第九章 保险监督管理 ··································· 209
  引导案例 ·· 210
  第一节 保险监管概述 ··································· 210
    一、保险监管的概念 ·································· 210
    二、保险监管的目的 ·································· 210

三、保险监管的模式 ··· 211

四、保险监管的主体 ··· 212

五、保险监管的措施 ··· 214

第二节　保险监管的内容 ··· 215

一、保险机构监管 ··· 215

二、保险业务监管 ··· 219

三、保险财务监管 ··· 220

思考题 ··· 224

第十章　与保险相关的其他法律制度 ································· 225

引导案例 ··· 226

第一节　道路交通安全法 ··· 227

一、道路交通安全法概述 ··· 227

二、道路交通安全法基本规定 ··· 228

三、道路交通事故处理程序基本规定 ··· 235

第二节　反不正当竞争法 ··· 243

一、反不正当竞争法的概念和立法目的 ··· 243

二、不正当竞争行为的特征 ·· 243

三、不正当竞争行为的类型 ·· 244

四、不正当竞争行为的监督检查 ··· 251

第三节　消费者权益保护法 ·· 253

一、消费者的概念与法律特征 ··· 253

二、消费者的权利 ··· 254

三、经营者的义务 ··· 256

四、消费者合法权益的保护 ·· 258

五、消费争议的解决 ··· 260

思考题 ··· 261

第一章

保险法律基础概述

内容提要

　　法律法规是一国领域内对全体社会成员具有普遍约束力的一种特殊行为规范，是社会成员的行为底线。保险法律法规是保险行业乃至整个金融领域的行为准则和规范。本章主要是从法律法规的基本理论知识入手，从宏观层面介绍保险相关法律法规的体系。

学习目标

知识目标

- 理解法律的概念与法律特征
- 把握法律的本质
- 理解法律的渊源与效力范围
- 理解法律关系的概念、要素构成及变动
- 理解保险法律的内涵与外延
- 理解保险索赔时效的中止、中断与延长
- 理解保险争议处理方式

能力目标

- 能够正确分析实务中的保险法律关系
- 能够运用保险法律法规的理论指导保险实务工作

引导案例

郑旺之子郑晓旺正在上小学。学校为学生集体购买了保险，是平安保险附加意外伤害医疗保险。

2016 年 5 月 12 日下午，郑晓旺在学校操场上活动，被另外一个学生抛来的石子击中右眼，遂马上送医院抢救。医院多方医治，无奈眼球已经被打坏，只能手术将眼球摘除。保险公司根据合同，支付了保险金和医疗费。郑旺于 2017 年 6 月 1 日起诉。

请思考：

1. 本案涉及哪几个法律关系？
2. 郑旺能否起诉？最晚应当什么时候提起诉讼？
3. 在人身保险中，涉及第三人的问题，保险公司应该如何处理？
4. 在财产损失保险中，涉及第三人的问题，保险公司应该如何处理？

第一节　法律基础知识

一、法的概念、本质及特征

（一）法的概念

马克思主义法学者认为，"法是由国家专门机关创制的、以权利义务为调整机制，并通过国家强制力保证的调整行为关系的规范，它是意志与规律的结合，是阶级统治和社会管理的手段，它是通过利益调整从而实现某种社会目标的工具。""法"是指由一整套机构负责执行的规则体系。法以各种方式来勾画出政治、经济和社会的样子，是人际关系的社会调节器。

（二）法的本质

马克思主义法学认为应该从社会物质关系来寻找法的本质。

首先，法是统治阶级意志的体现。意志作为一种心理状态和过程，本身并不是法，只有表现为国家机关制定的法律、法规是才是法。一方面，制定者希望"征服""管理""统治"被管理方，另一方面，制定者也希望法律行之有效。法不是任何阶级意志的体现，在阶级对立的社会中，各种阶级都有自己的意志，不可能都反映在法中，只有占统治地位的阶级的意志才可以将本阶级的意志上升为法律。

其次，法的内容是由统治阶级的物质生活条件决定的。从最终决定意义上讲，社会物质生活条件培育了人们的法律需要，同时又决定着法的本质。社会物质生活条件是指与人类生存相关的地理环境、人口和物质资料的生产方式，这些对统治阶级制定什么样的法律都有不同程度的影响。法还受到其他社会现象的影响，如统治阶级的政治、法律、哲学观点，以及政治制度、政治环境、文化氛围、历史传统等。

（三）法的基本特征

首先，法是由国家制定、认可和解释的，这一基本特征是法律的国家意志性的外在表现，体现了法律的统一性、权威性和普遍适用性。

其次，法律是调整人们行为的规范，或者说，法的调整对象是社会关系。人与人之间的交互行为构成了社会关系，社会关系是以物质生产为基础而结成的人们的实体，没有人的行为就不会有社会关系。正如马克思所言："对于法律来说，除了我的行为以外，我是根本不存在的，我根本不是法律的对象。我的行为就是我同法律打交道的唯一领域。"[①]

再次，法律以规定人们的权利、义务为其调整的机制。法律以权利义务为内容，是对一定权利义务关系的确定。法律的这一特征具体表现在，作为法律基本构成单位的法律规范，提供了三种行为模式，即"可为""当为""勿为"。法律所包含的人们可以做什么、应当做什么和不应当做什么就是权利和义务的体系。

最后，法是国家强制力保证实施的社会规范。法律是以国家名义制定的，法律依靠的是国家强制力，即军队、警察、监狱、法庭等有组织的国家机器。值得注意的是，法律依靠国家强制力的保障，并不意味着任何法律的实施过程都必须借助于国家强制力的维持。国家强制力只能说是保证法律实施的最后一道防线，对于大多数情形来讲，它是一种存而不用的但又必不可少的防范手段。同时，法律的实施虽然是强制进行的，但它是由专门的机关依照法定程序执行的。法律的程序性要求法律的强制实施通过法定时间和法定空间上的步骤和方式而进行。

课堂讨论

与其他行为规范相比较，法律作为人的行为规范具有哪些优势与劣势？

二、法的渊源及效力

（一）法的渊源

法的渊源是指法律的创制方式和外部表现形式。法的渊源的概念包括四层含义：第一，法律规范创制机关的性质及级别；第二，法律规范的外部表现形式；第三，法律规范的效力等级；第四，法律规范的地域效力。

法的渊源取决于法的本质，但也受国家政体、社会发展阶段、民族和历史传统等因素的影响。因此，本质相同的法也可以有不同的创制方式和外部表现形式。在世界历史上存

---

① ［德］马克思，恩格斯：《马克思恩格斯全集》第 1 卷，人民出版社，1956 年，第 16—17 页。

在过的法的渊源主要有：习惯法、宗教法、判例法、规范性文件、国际惯例、国际条约等。法的渊源不包括国家机关做出的非规范性法律文件，如判决书、逮捕证、结婚证等。

法学界依据不同的标准，对法的渊源有不同的分类，如分为形式渊源和实质渊源、直接渊源和间接渊源、主要渊源和次要渊源、正式渊源和非正式渊源等。我国法学界综合各种不同情况，将法的渊源大致归纳为制定法、习惯法、政策、学说和法理等几种主要类型。我国的法的渊源主要有：

1. 宪法

宪法是国家的根本大法，是国家的总章程。宪法的制定和修改由全国人民代表大会依照特殊的组织形式和程序进行。宪法在国家的法的渊源体系中占首要地位，具有最高的法律效力，是一切立法的基础和依据。一切法律、行政法规、地方性法规和其他规范性文件，都不得与宪法的规定相抵触。宪法在全国范围内有效。

2. 法律

此处所指的法律是狭义的法律，即作为国家最高权力机关的全国人民代表大会及其常委会制定的规范性文件的总称。其法律效力和地位仅次于宪法，在全国范围内有效。法律可以分为基本法律和法律两种。基本法律由全国人大制定和修改，在全国人大闭会期间，全国人大常委会有权对基本法律进行部分修改和补充，但是不得同该法律的基本原则相抵触。基本法律以外的法律由全国人大常委会制定和修改。

3. 行政法规

行政法规是由作为国家最高行政机关的国务院根据宪法和法律制定的有关国家行政管理活动的规范性文件的总称。其法律效力和地位次于宪法和法律，在全国范围内有效。

4. 地方性法规

地方性法规是由各省、自治区、直辖市和较大的市的人民代表大会及其常务委员会，根据本行政区域的具体情况和实际需要制定的规范性文件的总称。地方性法规不得与宪法、法律和行政法规相抵触，且仅在创制地方性法规的权力机关所管辖的地区有效。

5. 部门规章

部门规章是由国务院各部、委员会、中国人民银行、审计署和具有管理职能的直属机构，根据法律和国务院的行政法规、决定、命令，在本部门的权限范围内制定的规范性文件的总称。部门规章规定的事项应当属于执行法律或者国务院的行政法规、决定、命令的事项，一般在全国范围的本系统内有效。

6. 自治条例和单行条例

自治条例和单行条例是由民族自治地方的人民代表大会，依照当地民族的政治、经济和文化的特点制定的规范性文件的总称。自治区的自治条例和单行条例报全国人大常委会批准后生效；自治州、自治县的自治条例和单行条例报省或自治区的人大常委会批准后生效，并报全国人大常委会备案。

7. 特别行政区的法

特别行政区的法是指适用于香港和澳门特别行政区的法律规范的总称。其分为两类：一是特别行政区的基本法，它是指由全国人民代表大会制定的规定特别行政区内基本制度的法律规范，其效力等同于基本法律。二是特别行政区的自治法，它是指由特别行政区的有关机关制定和认可的法律规范的总称。这类法律不得与特别行政区的基本法相抵触，并须报全国人大常委会备案。

8. 军事法规和军事规章

中央军事委员会根据宪法和法律，制定军事法规。中央军事委员会各总部、军兵种、军区，可以根据法律和中央军事委员会的军事法规、决定、命令，在其权限范围内，制定军事规章。军事法规、军事规章在武装力量内部实施。

9. 国际条约和国际惯例

国际条约是指国际法主体之间依据国际法原则所缔结的规定相互权利与义务的书面协议。国际惯例是国际法主体之间的默示协议，是各国长期、反复、类似的行为并默认其有法律约束力的结果。凡我国政府签订和加入的国际条约及我国政府认可的国际惯例，对于我国国内的国家机关、公职人员和公民及社会组织也具有约束力，因此也是我国法的渊源之一。但我国政府声明保留的有关条款除外。

（二）法的效力

1. 法律效力的概念和范围

法律效力是指规范性文件所具有的普遍约束力和适用范围，指法律在什么地方、什么时间、对什么人有效。

（1）法律的空间效力

法律的空间效力是指法律在哪些地域和空间范围内具有约束力。在我国，法律的空间效力具体有以下四种情况：第一，全国人大及其常委会制定的宪法和法律，国务院及其各部委发布的行政法规、部门规章等各种规范性文件，在我国全部领域范围内有效；第二，省、自治区、直辖市和较大的市的人大及其常委会、人民政府、民族自治机关颁布的地方性法规、地方政府规章、自治条例、单行条例等，在其管辖范围内有效；第三，中央国家机关制定的法律、规章，明确规定了特定的适用范围的，在其规定的范围内有效，如特别行政区基本法；第四，有些法律（如刑法）、法规明确规定了其具有域外效力的。

（2）法律对人的效力

法律对人的效力是指法律规范对哪些人有约束力。我国法律对人的效力有如下几种情况：第一，我国公民在我国领域内，一律适用我国法律；第二，外国人（包括无国籍人）在我国领域内除法律有特别规定的（如享有外交特权和豁免权的人）以外，也都适用我国法律；第三，我国公民在我国领域以外，原则上也应该适用我国法律，法律有特别规定的按法律规定；第四，外国人在我国领域外，如果侵害了我国国家或公民的权益或者与我国公民、法人和其他组织发生法律交往关系，也可以适用我国法律。

（3）法律的时间效力

法律的时间效力是指法律何时开始生效、何时停止生效以及法律是否具有溯及力。

法律的溯及力，亦称"法律溯及既往的效力"，是指新法生效后，是否可以适用于其生效前发生的事件和行为；如果可以适用，则该法律有溯及力，否则，该法律没有溯及力。

关于法律的溯及力，现代国家一般采取的原则是：首先，法律不溯及既往。其次，作为对"法律不溯及既往"原则的补充，许多国家在法律上还规定新法可以有条件地适用于既往行为，即实行"有利追溯"原则。

2. 法律效力的位阶和冲突裁决

我国的各种法律渊源形成了一个由上至下、处于不同位阶、具有不同效力的体系，即法律渊源体系。法律效力的位阶是指不同国家机关制定的规范性文件在法律渊源体系中所处的效力位置和等级。

我国法律渊源形式多样，各种规范性文件之间出现不一致，不能确定如何适用时，需要进行效力的裁决程序。例如，根据我国立法法的规定，对同一事项法律之间的规定冲突，由全国人民代表大会常务委员会裁决。行政法规之间对同一事项的新的一般规定与旧的特别规定不一致，不能确定如何适用时，由国务院裁决。

三、法律关系

（一）法律关系的概念与特征

法律关系是在法律规范调整社会关系的过程中所形成的人们之间的权利和义务关系。根据这一定义可以看出，法律关系具有如下特征：

1. 法律关系是根据法律规范建立的一种社会关系，具有合法性

确立"法律关系是合法的社会关系"这一观点，在法律实践中具有重要意义。在社会生活中，往往存在着大量的事实关系，它们没有严格的合法形式，甚至是完全违背法律的，因此，不能看作是法律关系，但又可能与法律的适用相关联，是法律适用过程中必须认真处理的一类法律事实。

典型案例

【案情介绍】

孙某与李某签订的购房合同中规定：孙某将租借张某的房子于 2016 年 10 月 1 日前出卖给李某，李某支付孙某人民币 12 万元。李某明知该房屋属于张某，仍于 2016 年 9

月将房款交给孙某。张某得知消息后，将孙、李二人告至法院。法院审理后，确认孙、李两被告侵权成立，宣布其购房合同无效，并向张某支付赔偿金3 000元。

【评析】

在上述案例中，孙某与李某签订的购房合同是无效的合同，他们之间也就不存在合同法律关系。但他们签订的无效合同恰好证明了两人侵权行为成立，这就构成了张某与孙、李二人之间侵权法律关系形成的一个事实。也就是说，这个案例中，孙、李与张某之间的损害赔偿关系才属于法律关系的范畴。

2. 法律关系是体现意志性的特种社会关系

法律关系的属性是对社会关系的调整性。调整性既是法律关系的基本属性，又是法律关系的社会本质。在调整性一词中，已经充分包含了法律关系的主体意志性，应该说，人类所创造的调整社会关系的一切方法，都具有主体主观能动的认识特征，都具有"思想性"特征，都具有意志性特征。

3. 法律关系是特定法律关系主体之间的权利和义务关系

法律关系与其他社会关系的重要区别，就在于它是法律化的权利义务关系，是一种明确的、固定的权利义务关系。这种权利和义务可以是由法律明确规定的，也可以是由法律授权当事人在法律的范围内自行约定的。

（二）法律关系的三要素

法律关系由法律关系的主体、法律关系的客体和法律关系的内容三个要素构成。

1. 法律关系的主体

法律关系的主体是法律关系的参加者，即在法律关系中一定权利的享有者和一定义务的承担者。在每一具体的法律关系中，主体的多少各不相同，但大体上都归属于相互对应的双方：一方是权利的享有者，称为权利人；另一方是义务的承担者，称为义务人。

在中国，根据各种法律的规定，能够参与法律关系的主体包括以下几类：① 公民（自然人）；② 机构和组织（法人）；③ 国家。

公民和法人要能够成为法律关系的主体，享有权利和承担义务，就必须具有权利能力和行为能力，即具有法律关系主体构成的资格。

2. 法律关系的客体

法律关系的客体是指法律关系主体之间权利和义务所指向的对象。法律关系的客体是一定利益的法律形式。法律关系建立的目的，总是为了保护某种利益、获取某种利益，或分配、转移某种利益。所以，实质上，客体所承载的利益本身才是法律权利和法律义务联系的媒介。法律关系的客体有以下几种：

（1）物

法律意义上的物是指法律关系主体支配的、在生产上和生活上所需要的客观实体。它可以是天然物，也可以是生产物；可以是活动物，也可以是不活动物。物理意义上的物要成为法律关系的客体，须具备以下条件：第一，应得到法律之认可；第二，应为人类所认识和控制；第三，能够给人们带来某种物质利益，具有经济价值；第四，须具有独立性。

以下几种物不得进入国内商品流通领域，成为私人法律关系的客体：① 人类公共的物或国家专有的物，如海洋、山川、水流、空气；② 军事设施、武器、枪支、弹药等；③ 危害人类的物，如毒品、假药、淫秽书籍等。

（2）人身

人身是由各个生理器官组成的生理整体（有机体）。它是人的物质形态，也是人的精神利益的体现。人身不仅是人作为法律关系主体的承载者，而且在一定范围内成为法律关系的客体。

但须注意的是：第一，活人的（整个）身体，不得视为法律上的"物"，不能作为物权、债权和继承权的客体，禁止任何人（包括本人）将整个身体作为"物"参与有偿的经济法律活动，不得转让或买卖，如贩卖或拐卖人口、买卖婚姻，是法律所禁止的违法或犯罪行为，应受法律的制裁；第二，权利人对自己的人身不得进行违法或有伤风化的活动，不得滥用人身，或自践人身和人格，如卖淫、自杀、自残行为属违法行为或至少是法律所不提倡的行为；第三，对人身行使权利时必须依法进行，不得超出法律授权的界限，严禁对他人人身非法强行行使权利，如有监护权的父母不得虐待未成年子女的人身。

（3）精神产品（智力成果）

精神产品是人通过某种物体（如书本、砖石、纸张、胶片、磁盘等）或大脑记载下来并加以流传的思维成果。精神产品不同于有体物，其价值和利益在于物中所承载的信息、知识、技术、标识（符号）和其他精神文化。同时它又不同于人的主观精神活动本身，是精神活动的物化或固定化。精神产品属于非物质财富。

（4）行为结果

在很多法律关系中，其主体的权利和义务所指向的对象是行为结果。作为法律关系客体的行为结果是特定的，即义务人完成其行为所产生的能够满足权利人利益要求的结果。这种结果一般分为两种：一种是物化结果，即义务人的行为（劳动）凝结于一定的物体，产生一定的物化产品或营建物（如房屋、道路、桥梁等）；另一种是非物化结果，即义务人的行为没有转化为物化实体，而仅表现为一定的行为（通常为服务行为）过程所产生的结果（或效果）。

课堂讨论

保险合同关系的要素包括哪些？

3．法律关系的内容

法律关系的内容就是法律关系主体之间的法律权利和法律义务。它是法律规范所规定的法律权利与法律义务在实际的社会生活中的具体落实。

（三）法律关系的产生、变更与消灭

法律关系处在不断地产生、变更与消灭的运动过程中，这个运动过程需要具备一定的条件。其中最主要的条件有两个：一是法律规范；二是法律事实。法律规范是法律关系形

成、变更和消灭的法律依据,而法律关系形成、变更和消灭的直接前提条件就是法律事实。它是法律规范与法律关系联系的媒介。

其中,依据是否以人们的意志为转移为标准,可以将法律事实分为法律事件和法律行为。

1. 法律事件

法律事件是法律规范规定的、不以当事人的意志力为转移而引起法律关系形成、变更或消灭的客观事实。法律事件又分为社会事件和自然事件两种。前者如社会革命、战争等,后者如人的生老病死、自然灾害等,这两种事件对于特定的法律关系主体(当事人)而言,都是不可避免的,是不以其意志为转移的。但由于这些事件的出现,法律关系主体之间的权利与义务关系就有可能产生,也有可能发生变更,甚至完全归于消灭。例如,由于人的出生便产生了父母与子女之间的抚养关系和监护关系;而人的死亡又导致抚养关系、夫妻关系或赡养关系的消灭和继承关系的产生,等等。

2. 法律行为

法律行为是指以法律关系主体意志为转移,能够引起法律后果,即引起法律关系形成、变更和消灭的人们有意识的活动。它是引起法律关系形成、变更和消灭的最普遍的法律事实。因为人们的意志有善意与恶意、合法与违法之分,故其行为也可以分为善意行为、合法行为与恶意行为、违法行为。善意行为、合法行为能够引起法律关系的形成、变更和消灭,如依法登记结婚的行为导致婚姻关系的成立。同样,恶意行为、违法行为也能够引起法律关系的形成、变更和消灭,如犯罪行为产生刑事法律关系,也可能引起某些民事法律关系,如损害赔偿、婚姻、继承等的产生或变更。

在法学上,人们常常把两个或两个以上的法律事实引起同一个法律关系的产生、变更或消灭,称为"事实构成"。例如在房屋买卖的过程中,除双方签订合同外,还需要登记过户。同一个法律事实也可引起多种法律关系的变化,如工伤致死引起婚姻关系的消灭,继承、保险关系的产生等。

课堂讨论

恋爱关系上升为婚姻关系需要具备哪些条件?同居关系与婚姻关系的本质区别是什么?保险合同关系变动的因素有哪些?

练一练

韩先生某日持所购京剧票去北京某剧院观看新新京剧团排演的现代京剧《智取威虎山》,不料该剧团在外地演出,因路途遥远未能及时返京,致使在京的演出不能如期举行。该剧院被迫安排了一场交响乐,韩先生以剧院违约为由向法院提起诉讼。法院认定剧院违约事实成立,判令剧院赔偿韩先生票款及路费等共计人民币 250 元。剧院又向法院提起诉讼,告新新京剧团违约,要求赔偿损失。

根据上述案情，分析以下问题：

（1）上述案例中，哪些人、单位或机构之间的关系构成法律关系？

（2）这些法律关系指向的客体是哪些？

（3）上述案例中，法律关系产生、变更的法律事实有哪些？

（4）在上面的法律关系中，哪个是第一性的法律关系（即主法律关系），哪个是第二性的法律关系（即从法律关系）？

四、法律责任

（一）法律责任的概念及种类

法律责任是指因违反了法定义务或契约义务，或不当行使法律权利所产生的，由行为人承担的不利后果。由特定法律事实所引起的对损害予以补偿、强制履行或接受惩罚的特殊义务，亦即由于违反第一性义务而引起的第二性义务。

按违法的性质和危害程度的不同，法律责任可以分为民事法律责任、行政法律责任、刑事法律责任和违宪法律责任。

1. 民事法律责任

民事法律责任是指违反了民事法律规范而应当依法承担的民事法律后果。其具体包括违反合同的民事法律责任和侵权的民事法律责任两类。民事法律责任主要是财产责任。在民事活动中，违反民事法律的行为往往与财产损害有关，这就决定了民事法律责任主要是具有经济内容的财产责任。但这些财产责任的承担并不影响某些非财产责任的承担，比如赔礼道歉、消除影响、恢复名誉等。

2. 行政法律责任

行政法律责任是指违反了行政法律规范而应当依法承担的行政法律后果。行政法律责任是基于行政法律关系而发生的，即在行政管理中，由行政主体一方违反行政法律义务或相对人违法所引起的法律关系。行政主体与公民、法人或其他组织在民事法律关系或其他关系中违法而引起的责任不是行政法律责任。承担行政法律责任的主体具有多元性，由此决定了作出行政制裁措施的机关及程序具有多样性，这也是行政法律责任与民事法律责任和刑事法律责任的不同之处。

3. 刑事法律责任

刑事法律责任是指违反了刑事法律规范而应当依法承担的刑事法律后果。

承担刑事法律责任的根据是严重的违法行为。一般来说，只有当违法行为人实施了《中华人民共和国刑法》所禁止的行为，也就是实施了犯罪行为才能受到刑事制裁。刑事法律责任是最严重的法律责任。从责任形式上不仅包括管制、拘役、有期徒刑、无期徒刑等主刑和剥夺政治权利、没收财产等附加刑，而且包括剥夺犯罪人生命权利的死刑。

4. 违宪法律责任

违宪法律责任是指因违反宪法而应当依法承担的法律后果。违宪主要有两种情况：一是有关国家机关制定的某一法律、法规或规章与宪法的规定相抵触；二是国家机关、社会组织或公民的某种活动与宪法的规定相抵触。由于宪法具有最高的法律地位和效力，因此，违反宪法的法律、法规、规章和活动都是无效的。

课堂讨论

保险营销员用收取的保费购买六合彩，可能承担哪些法律责任？骗取保险金可能面临怎样的法律责任？

（二）法律责任的构成要件

法律责任的构成要件就是指构成法律责任所必备的主观要件和客观要件的总和。

1. 主观要件

（1）主体条件

法律责任需要一定的主体来承担。法律责任构成要件中的主体是指具有法定责任能力的自然人、法人或其他社会组织。并不是实施了违法行为就要承担法律责任，就自然人来说，只有到了法定年龄，具有理解、辨认和控制自己行为能力的人，才能成为责任承担的主体。

（2）主观过错

追究行为人的法律责任，要求行为人主观上有过错，即指行为人行为存在主观故意或者主观过失。故意是指行为人明确自己行为的不良后果，却希望或放任其发生。过失是指行为人应当预见到自己的行为可能发生不良后果而没有预见，或者已经预见而轻信不会发生或自信可以避免。

2. 客观要件

（1）违法行为

有行为才有责任，纯粹的思想不会导致法律责任。这里所说的违法行为是广义的，包括直接侵害行为和间接侵害行为。违法行为与法律责任的关系存在着两种情况，一是违法行为是法律责任产生的前提，没有违法行为就没有法律责任，这是两者关系的一般情形或多数情形；二是法律责任的承担不以违法的构成为条件，而是以法律规定为条件。这是两者关系的特殊情形。

（2）损害事实

所谓损害事实，是指行为人的违法行为对受害方构成客观存在的确定的损害后果。损害事实包括对人身的、财产的、精神的或者三者兼有的，以及有政治影响的。损害必须具有确定性，这意味着损害事实是一个确定的事实，而不是臆想的、虚构的、尚未发生的现象。损害事实是法律责任的必要条件，任何人只有因他人的行为受到损害的情况下才能请求法律上的补救，也只有在行为致他人损害时，才有可能承担法律责任。

（3）因果关系

因果关系是指违法行为与损害事实二者之间存有必然的联系，因此，要确定法律责任，必须在认定行为人违法责任之前，首先确认行为与危害或损害结果之间的因果联系，确认意志、思想等主观方面的因素与外部行为之间的因果联系，还应当区分这种因果联系是必然的还是偶然的，直接的还是间接的。

课堂讨论

保险期间发生约定的保险事故，保险人拒绝承担保险责任，可以追究保险公司的法律责任吗？为什么？

（三）法律责任的免除

责任的减轻与免除，即通常所说的免责。免责以存在法律责任为前提，是指虽然违法者事实上违反了法律，并且具备承担法律责任的条件，但是由于某些法律的规定，违法者可以部分或全部地免除法律责任。

在我国的法律规定和实践中，免责的条件及情况如下：

1．时效免责

法律规定，违法者在其违法行为发生一定期限后不再承担强制性、惩罚性的法律责任。如刑法中的已过追诉时效（如死刑 20 年）和民法中的已过诉讼时效（一般时效两年，人身伤害时效一年），都属于时效免责的情况。

2．不诉免责

法律规定，只要当事人不告，国家就不会追究违法者的法律责任。如刑法中规定的"告诉才处理"的犯罪，就属于不诉免责的情况。民事诉讼坚持"不告不理原则"。

3．自首和立功免责

刑法规定，犯罪者在犯罪后有自首和立功表现的，可以从轻、减轻或者免除处罚。犯罪后自首又有重大立功表现的，应当减轻或者免除处罚。

4．补救免责

法律规定，违法者在造成一定损害后，在有关国家机关追究其法律责任前及时采取补救措施，可以或应当部分或全部地免除其法律责任。如在犯罪过程中，自动有效地防止犯罪结果发生的犯罪中止，应当免除或减轻处罚。

5．协议或议定免责

双方当事人在法律允许的范围内经协商同意部分或全部地免除法律责任。这种免责仅适用于民事活动。

练 一 练

Milam 夫人的丈夫 Carlos 在保险公司投保了汽车责任保险。某日，其子 Andrew Milam 驾车在高速公路上发生事故，撞死撞伤各一人。当时，Andrew Milam 年满 19 岁，与父母一起生活。

经过警察调查，查明 Andrew Milam 在肇事以前吸烟过量，于是，Andrew Milam 以过失杀人被控告，判处 1 年有期徒刑，罚金 100 美元。此后，受害人以 Andrew Milam 为被告，又提起了民事赔偿诉讼。这时，Milam 夫人想起丈夫 Carlos 以前购买过汽车责任险。根据保险相关的规定，发生保险事故以后，要尽快通知保险公司。于是，Milam 夫人立即通知保险公司。保险公司认为 Milam 夫人延迟报案，没有遵守保险合同的约定，不予给付保险金。

请思考：保险公司的免责主张是否成立？

第二节 保险法律基础

一、保险法律的内涵与外延

保险法律是指所有规范保险活动的法律的总称。保险法律不是一个法律部门，它不从社会关系和法律调整方法上来划分法律规范，而仅从与保险活动有关的角度来概括法律法规。所有能规范保险活动的法律法规都可以称之为保险法律，它不仅包括专门的保险法典，还包括其他相关的法律法规，如《民法》《合同法》《消费者权益保护法》《道路交通安全法》《不正当竞争法》等。

保险法是我国法律体系中独立的法律部门，它是指根据法律规范调整的社会关系及与之相适应的调整方法来划分法律规范的部门法。作为一个部门法，保险法通常包括保险业法、保险合同法和保险特别法等内容，它一方面通过保险业法调整政府与保险人、保险中介人之间的关系；另一方面通过保险合同法调整各保险主体之间的关系。

课堂讨论

规范保险活动，调整保险关系的法律只有保险法吗？举例说明。

二、保险代理

（一）保险代理人的概念与法律特征

保险代理人是指根据保险人的委托，在保险人授权的范围内代为办理保险业务，并依法向保险人收取代理手续费的单位或者个人。在现代保险市场上，保险代理人已成为世界各国保险企业开发保险业务的主要形式和途径之一。

保险代理人的保险代理行为是由民事法律规范调整的法律行为。保险代理具备民事代理的一般特征：一是保险代理人以保险人的名义进行代理活动；二是保险代理人在保险人授权范围内具有独立性；三是保险代理人与投保人实施的民事法律行为具有确立、变更或终止一定的民事权利义务关系的法律意义；四是保险代理人与投保人之间签订的保险合同所产生的权利义务，视为保险人自己的民事法律行为，法律后果由保险人承担。因此，保险代理行为是由民法调整的民事法律行为，应遵循民法通则的基本原则。

保险代理人的保险代理是基于保险人授权的委托代理。保险代理产生的原因在于保险人的委托授权，因而属于委托代理。委托保险代理一般都采用书面形式。保险代理合同是保险人与代理人关于委托代理保险业务所达成的协议，是证明代理人有关代理权的法律文件。

保险代理人的保险代理行为是代表保险人利益的中介行为。保险代理人在代理合同的授权范围内代表保险人开展业务，代表保险人的利益。在一定条件下，保险人与保险代理人被视为同一人。代理人不得同时为投保人和保险人双方代理，也不得在进行保险业务时，由保险人的代理人转变为投保人的代理人。在实际的保险业务中，一般不将保险代理人代投保人填写投保单的行为看作代理行为，即填写投保单的后果由投保人自己承担。

课堂讨论

试比较保险代理与保险公司代表的异同。

（二）保险代理人的种类

根据我国《保险代理人管理规定（试行）》中的规定，保险代理人分为专业代理人、兼业代理人和个人代理人三种。

1．专业代理人

专业代理人是指专门从事保险代理业务的保险代理公司，其组织形式为有限责任公司。在保险代理人中，只有保险代理公司具有独立的法人资格。专业代理人必须具备以下条件：

① 公司最低实收货币资金为人民币 50 万元。在公司的资本中，个人资本总和不得超过资本金总额的 30%；每一个人资本不得超过个人资本总和的 50%；

② 有符合规定的章程；

③ 有至少 30 名持有《保险代理人资格证书》的代理人员；

④ 有符合任职资格的董事长和总经理；

⑤ 有符合要求的营业场所。

2．兼业代理人

兼业代理人是指受保险人委托，在从事自身业务的同时，指定专人为保险人代办保险业务的单位。兼业代理人的业务范围仅限于代理销售保险单和代理收取保险费。兼业代理人必须符合下列条件：① 具有所在单位法人授权书；② 有专人从事保险代理业务；③ 有符合规定的营业场所。

3．个人代理人

个人代理人是指根据保险人的委托，向保险人收取代理手续费，并在保险人的授权范围内代为办理保险业务的个人。凡接受保险人委托的代理人均可从事保险代理业务，并由被代理的保险公司审核登记，报当地保险监督管理部门备案。个人代理人的业务范围仅限于代理销售保险单和代理收取保险费，不得办理企业财产保险和团体人身保险。另外，个人代理人不得同时为两家（含两家）以上保险公司代理保险业务，转为其他保险公司的代理人时，应重新办理登记手续。

课堂讨论

保险代理人与保险公司之间是一种什么性质的法律关系？保险公司与其员工之间又是一种什么性质的法律关系？

（三）保险代理人的权利与义务

保险代理人享有以下权利：① 信息知悉权，即向被代理人保险公司了解有关代理事项的资料、信息的权利；② 转委托权，即在紧急情况下，为保护委托人的利益，将代理事务转托他人的权利，但事后须及时向委托人报告；③ 报酬请求权，即依照委托合同的约定向委托人请求支付报酬的权利。

保险代理人应当履行以下义务：

1. 亲自代理义务

被代理人之所以委托特定的代理人为自己服务，是基于对该代理人知识、技能、信用的信赖。因此，代理人必须亲自实施代理行为，才合乎被代理人的愿望。除非经被代理人同意或有不得己的事由发生，不得将代理事务转委托他人处理。

2. 谨慎勤勉的义务

被代理人设立代理的目的，是为了利用代理人的知识和技能为自己服务，代理人的活动是为了实现被代理人的利益。因此，代理人行使代理权，应从被代理人的利益出发，而不是从他自己的利益出发，应谨慎、勤勉、忠实地处理好被代理人的事务，以提高被代理人的福利。代理人应谨慎、勤勉地行使代理权。

3. 保密义务

对于其知晓的被代理人的个人秘密和商业秘密，不得向外界泄露，或利用它们同被代理人进行不正当竞争。代理人与第三人恶意串通，损害被代理人利益，被代理人由此受到的损失的，根据《民法通则》第 66 条第 3 款的规定，由代理人和第三人负连带赔偿责任。

（四）代理权的行使

1. 行使代理权的规则

为了确切实现代理适用的宗旨和目的，民事立法往往对于代理人行使代理权的行为提出了相应的法律规则，具体表现在：

第一，代理人应当在代理权限范围内行使代理权，不得进行无权代理。

第二，代理人行使代理权应当维护被代理人的利益。

第三，代理人行使代理权应当符合代理人的职责要求。

第四，代理人原则上应当亲自完成代理事务，不得擅自转委托。

2. 禁止滥用代理权的行为

滥用代理权的行为是指代理人违法行使代理权的情况，其认定条件包括：① 代理人拥有代理权；② 代理人在违反法律有关代理权行使的规则、要求的情况下行使代理权；③ 已经或者可能损害被代理人的利益。可见，滥用代理权的行为均是代理人利用合法身份之便从事有损被代理人合法权益的行为，根本违背了代理适用的宗旨和目的，故为法律所禁止。滥用代理权的行为具体包括：

第一，自己代理。即代理人以被代理人的名义与自己为法律行为。

第二，双方代理。代理人同时代理双方当事人为同一项法律行为。

第三，代理人与第三人恶意通谋而为的代理行为。

课堂讨论

保险公司营销员离职被收回与公司有关的证照、资料后仍以公司名义销售保险产品的，保险公司需要为此承担法律责任吗？

三、索赔时效

（一）索赔时效的概念

索赔时效是指法律规定的被保险人和受益人享有的向保险公司提出赔偿或给付保险金权利的期间，是保险合同的投保人、被保险人、受益人因保险事故造成其保险利益损失向保险人提出赔偿请求的最长期限。

（二）索赔时效的种类

人寿保险以外的其他保险的被保险人或者受益人，对保险人请求赔偿或者给付保险金的权利，自其知道保险事故发生之日起二年不行使而丧失。

人寿保险的被保险人或者受益人对保险人请求给付保险金的权利，自其知道保险事故发生之日起五年不行使而丧失。

（三）索赔时效的开始、中止、中断和延长

1. 索赔时效期间的开始

人身保险和财产保险的索赔时效，均从权利人知道或者应当知道保险事故发生之日起开始计算。我国《海商法》第 264 条规定，被保险人向保险人要求赔偿的时效期间为二年，自保险事故发生之日起计算。但某些陆上运输货物保险条款对索赔期限的规定是这样的：本保险索赔时效，从被保险货物在最后目的地车站全部卸离车辆后计算，最多不超过两年。

虽然陆上运输货物保险条款规定的索赔时效与保险法第 27 条规定的索赔时效都是两年，期间仿佛一致。但保险法第 27 条规定的时效起算是以被保险人和受益人"知道"保险事故发生之日起，而陆上运输保险条款规定的时效起算是保险货物全部"卸离"后起，

因此这两个期间的计算并不一致。况且，保险法规定的索赔时效还适用我国《民法通则》关于时效的中止、中断和延长的规定。

2. 索赔时效的中止

索赔时效的中止，是指在索赔时效期间的最后 6 个月内因发生法定事由而使时效期间暂时停止计算，待法定事由消除后再继续计算。

索赔时效中止的法定事由主要有以下两种情况：

（1）不可抗力

不可抗力是指不能预见、不能避免并且不能克服的客观现象。如果在索赔时效期间发生不可抗力因素而使得权利人不能行使请求权时，权利人的索赔时效即行中止。

（2）其他障碍

其他障碍是指使得权利人不能行使请求权的其他客观情况。例如，权利人丧失民事行为能力而又没有法定代理人代为行使权利、债权人死亡而又没有确定继承人等。凡是权利人不能行使请求权的客观情况，均可以引起索赔时效中止。

索赔时效中止的目的是为了给予权利人足够的时间和条件行使自己的权利，以保护其合法权益。时效中止的法律后果是，已经进行的索赔时效期间并非如时效中断一样全归无效，而是待中止时效的客观因素消除之日继续计算，即索赔时效中止前后进行的期间应当合并计算。

3. 索赔时效的中断

索赔时效的中断是指在索赔时效期间内，因发生法律规定的情况而使已经进行的时效期间全归无效。发生索赔时效中断的法定事由主要有以下三种：

（1）权利人向法院提起诉讼

被保险人或者受益人等权利人向法院提起诉讼，足以说明他已经行使了请求权，不能再继续计算索赔时效期间。如果出现起诉后又撤诉的情况，应当视为未起诉，不发生索赔时效的中断；因为诉讼不具备法律规定的要件而被驳回的，也不适用索赔时效的中断。

（2）权利人向保险公司提出履行要求

被保险人或者受益人等权利人向保险公司提出履行义务的要求，这是权利人主张权利的意思表示，这表明该权利人已经关注并且在及时行使自己的权利，这种情况下应当中断索赔时效。权利人向保险公司主张权利的，一定要有确切的证据。如有保险公司在索赔时效期间内不能赔偿或者拒绝赔偿，权利人应当要求保险公司在请求权利的书面文件上盖章确认。

（3）保险人同意承担赔付保险金责任

保险公司同意承担赔付保险金责任，也即承认权利人的索赔权利，这样，双方的权利义务关系处于确定状态，原来进行的时效期间没有再继续下去的必要。保险人同意履行保险金赔付义务但不能即时赔付保险金的，权利人亦应当要求保险人提供书面证明，以作为保险人反悔时维持索赔时效向人民法院提起索赔诉讼的依据。

4. 索赔时效的延长

索赔时效的延长是指在索赔时效期间届满后，权利人因特殊情况向人民法院提出延长请求时，由人民法院根据实际情况对已经届满的索赔时效决定延长时间。

索赔时效届满后，权利人丧失胜诉权，但是，权利人仍然可以向人民法院提起诉讼。人民法院受理案件后，如果查明权利人未能及时行使请求权的特殊情况，可以延长索赔时效期间，以满足权利人的诉讼请求。索赔时效的延长是对索赔时效中断和中止的补充，是为了更好地保护权利人的合法权益。

练一练

2015年6月5日，李某突发心脏病住院治疗。出院后决定向保险公司投保。按保险公司要求进行体检后，于2016年10月15日签订保险合同并交纳保险费。2016年12月1日，李某因为药物性多器官功能损害致全身器官衰竭死亡。2017年1月15日，李某之妻提出给付保险金请求。经保险公司调查，发现李某患有牛皮癣，并且服用激素2年。保险公司认为，投保人在投保时没有如实告知实情，投保时牛皮癣已经对保险事故构成重大影响，故拒绝赔付保险金。受益人不服，决定诉诸法院。

请问：该案件受益人的索赔时效何时起算？受益人最晚应当什么时候向法院递交诉状？本案受益人能胜诉吗？

第三节　保险争议处理

随着社会经济的发展，保险业在我国呈现出蓬勃发展的趋势，与之相适应，保险合同纠纷案件也随之大量涌现。一般而言，发生保险争议，既可以通过协商、自助等私力救济途径解决；也可以通过诉讼、仲裁、行政复议和行政诉讼等公力救济途径获得解决。

一、仲裁

（一）仲裁的概念

仲裁是指保险争议双方在纠纷发生之前或发生之后签订书面协议，自愿将保险纠纷提交双方所同意的仲裁机构予以裁决，以解决纠纷的一种方式。仲裁协议有两种形式：一种是在争议发生之前订立的，它通常作为合同中的一项仲裁条款出现；另一种是在争议之后订立的，它是把已经发生的争议提交给仲裁的协议。这两种形式的仲裁协议，其法律效力是相同的。

（二）仲裁的流程与时效

1. 仲裁的流程

仲裁的流程如图1-1所示。

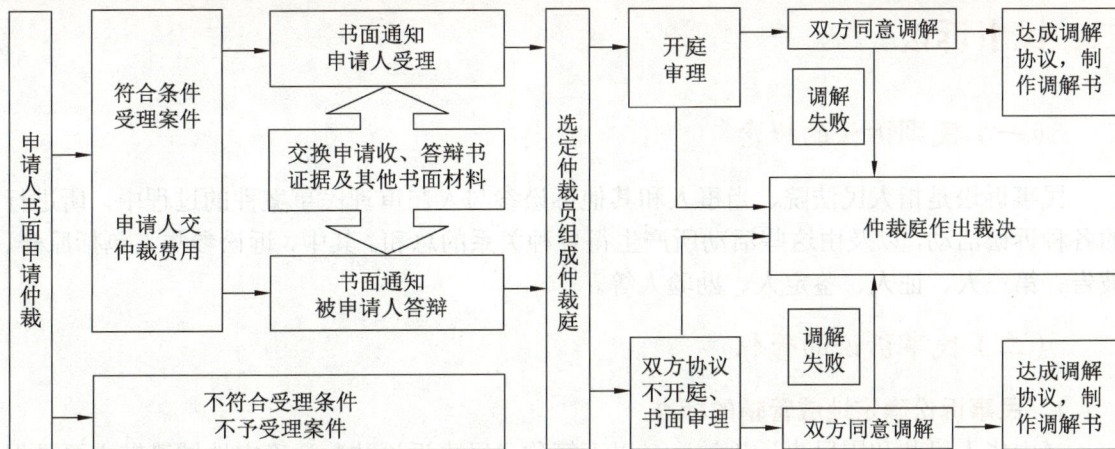

图 1-1 仲裁的流程

2. 仲裁时效

仲裁时效是指权利人向仲裁机构请求保护其权利的法定期限，也即权利人在法定期限内没有行使权力，即丧失提请仲裁以保护其权益的权利。《中华人民共和国仲裁法》第74条规定："法律对仲裁时效有规定的，适用该规定。法律对仲裁时效没有规定的，适用诉讼时效的规定。"

仲裁时效分为普通仲裁时效和特殊仲裁时效。按照法律规定，普通仲裁时效期间，从知道或应当知道权利被侵害时起计算；但是，从权利被害之日起超过 20 年的，则不予保护。特殊仲裁时效是指普通仲裁时效以外的特定仲裁时效。

（三）仲裁裁决的效力

仲裁裁决书是仲裁审理后，对双方当事人的权利义务所作出的裁判，标志着案件审理的终结。裁决书自作出之日起发生法律效力。仲裁法规定，仲裁实行一裁终局，裁决书一经作出，与终审法院的判处一样，即发生法律效力。

仲裁裁决的法律后果主要有：一是"一事不再理"。裁决作出后，除仲裁法另有规定外，当事人就同一纠纷再申请仲裁或者向人民法院起诉的，仲裁委员会或人民法院不予受理；二是裁决作出后，对当事人发生法律拘束力，当事人应当履行裁决。如果一方当事人不自动履行，另一方当事人有权向人民法院申请执行。受申请的人民法院应当执行。

课堂讨论

如果保险合同纠纷当事人拒不执行仲裁裁决，应该怎么办？

二、民事诉讼

（一）民事诉讼的概念

民事诉讼是指人民法院、当事人和其他诉讼参与人在审理民事案件的过程中，所进行的各种诉讼活动，以及由这些活动所产生得各种关系的总和。其中，诉讼参与人包括原告、被告、第三人、证人、鉴定人、勘验人等。

（二）民事诉讼的管辖

1. 民事诉讼确定地域管辖的标准

《中华人民共和国民事诉讼法》（以下简称《民事诉讼法》）确定地域管辖主要是根据以下两点：

第一，人民法院辖区与国家行政区域相一致，使诉讼当事人的所在地（尤其是被告的住所地）与人民法院辖区内之间存在一定的联系，当诉讼当事人的所在地等在某一行政区域内时，诉讼就由设在该行政区域内的人民法院管辖。

第二，诉讼标的、诉讼标的物或者法律事实与人民法院辖区之间的隶属关系。即诉讼标的、诉讼标的物或者法律事实在哪个法律的辖区内，案件就由辖区内的人民法院管辖。

2. 民事诉讼地域管辖的种类

根据上述标准，《民事诉讼法》将地域管辖分为一般地域管辖和特殊地域管辖。

（1）一般地域管辖

一般地域管辖又称普通管辖或一般管辖，是指以当事人所在地与法院辖区之间的隶属关系所确定的管辖。

由于当事人有原告与被告之分，所以要确定管辖法院，还必须明确以哪一方的当事人所在地为标准。对此，一般地域管辖的通行做法是实行"原告就被告"原则，即案件由被告所在地的人民法院管辖。我国《民事诉讼法》第22条确认了这一原则："对公民提起的民事诉讼，由被告住所地人民法院管辖；被告住所地与经常居住地不一致的，由经常居住地人民法院管辖，对法人或其他组织提起的民事诉讼，由被告住所地人民法院管辖。"

（2）特殊地域管辖

特殊地域管辖又称特别管辖或特殊管辖，是以被告住所地、诉讼标的或者引起法律关系发生、变更、消灭的法律事实所在地为标准而确定的管辖法院。特殊地域管辖是相对于一般地域管辖而言的，针对案件的特殊情况，由法律所确定的有两个以上的法院对特殊案件有管辖权的特殊地域管辖方式。

《民事诉讼法》第26条规定，因保险合同纠纷提起的诉讼，由被告住所地或者保险标的物所在地的人民法院管辖。最高人民法院为了进一步明确涉及运输工具和货物运输的保险纠纷的管辖，在关于适用《民事诉讼法》若干问题的意见的司法解释中第25条规定："因保险合同纠纷提起的诉讼，如果保险标的物是运输工具或者运输中的货物，由被告住所地或者运输工具登记注册地、运输目的地、保险事故发生地的人民法院管辖。"

课堂讨论

保险合同纠纷的管辖法院有哪些？

（三）民事诉讼的流程

民事诉讼的流程如图 1-2 所示。

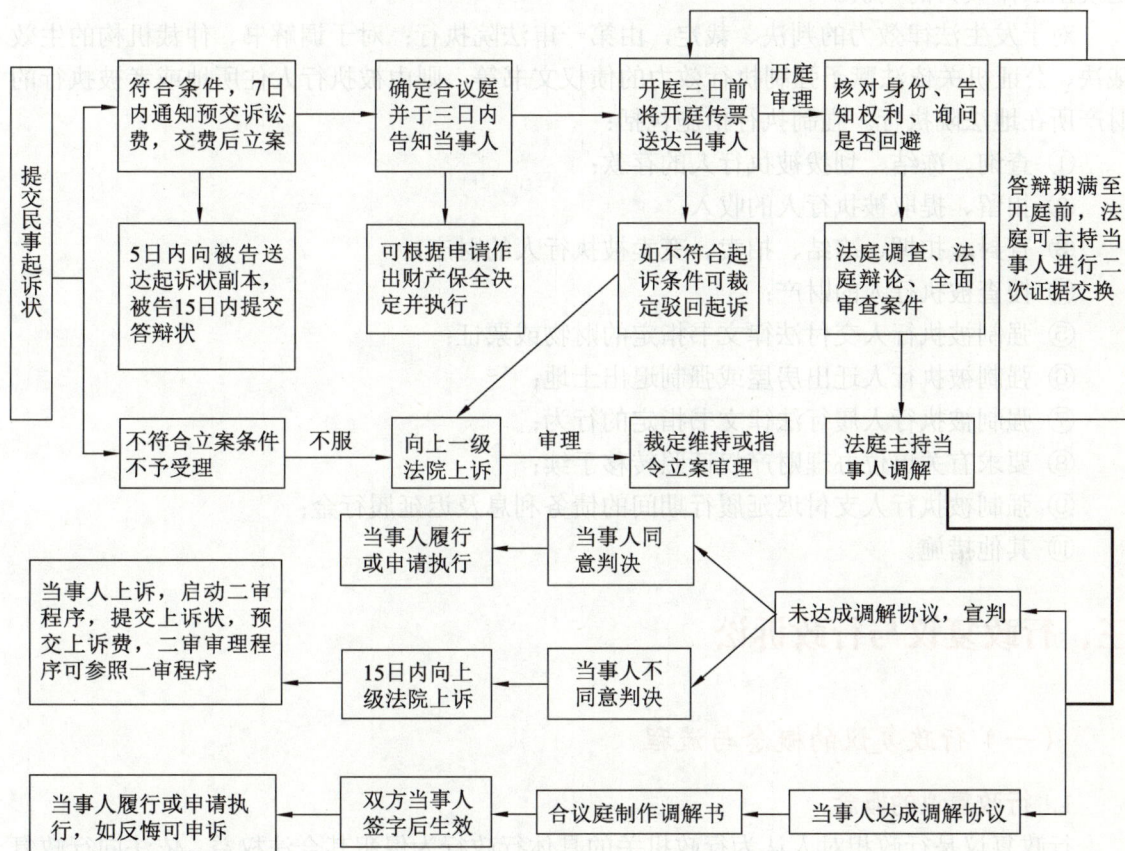

图 1-2　民事诉讼的流程

（四）民事诉讼当事人的权利与义务

1. 当事人的诉讼权利

当事人有权委托代理人提出回避申请，收集、提供证据，进行辩论，请求调解，提起上诉，申请执行，提出再审申请等。当事人可以查阅本案有关材料，并可以复制本案有关材料和法律文书。双方当事人可以自行和解。原告可以放弃或者变更诉讼请求。被告可以承认或者反驳诉讼请求，有权提起反诉。

2. 当事人的诉讼义务

当事人必须依法行使诉讼权利，遵守诉讼秩序，履行发生法律效力的判决书、裁定书和调解书。

（五）民事诉讼的判决与执行

人民法院审理民事案件，除涉及国家秘密、个人隐私或者法律另有规定的以外，应当公开进行。法院审理民事案件，可以根据当事人的意愿进行调解。当事人不服法院第一审判决的，有权在判决书送达之日起15日内向上一级法院提起上诉。

第二审法院的判决，以及最高法院审判的第一审案件的判决，都是终审的判决，也就是发生法律效力的判决。

对于发生法律效力的判决、裁定，由第一审法院执行；对于调解书、仲裁机构的生效裁决、公证机关依法赋予强制执行效力的债权文书等，则由被执行人住所地或者被执行的财产所在地法院执行。强制执行措施包括：

① 查询、冻结、划拨被执行人的存款；
② 扣留、提取被执行人的收入；
③ 查封、扣押、冻结、拍卖、变卖被执行人的财产；
④ 搜查被执行人的财产；
⑤ 强制被执行人交付法律文书指定的财物或票证；
⑥ 强制被执行人迁出房屋或强制退出土地；
⑦ 强制被执行人履行法律文书指定的行为；
⑧ 要求有关单位办理财产权证照转移手续；
⑨ 强制被执行人支付迟延履行期间的债务利息及迟延履行金；
⑩ 其他措施。

三、行政复议与行政诉讼

（一）行政复议的概念与流程

1. 行政复议的概念

行政复议是行政相对人认为行政机关的具体行政行为侵犯其合法权益，依法向行政复议机关提出复查该具体行政行为的申请，行政复议机关依照法定程序对被申请人的具体行政行为进行合法性、适当性审查，并作出行政复议决定的一种法律制度。

2. 行政复议的流程

行政复议的流程如图1-3所示。

```
┌─────────────────────────────────────┐
│    当事人申请（口头申请或者书面申请）    │
└─────────────────────────────────────┘
                  │
                  ▼
         ╱─────────────────╲          ┌──────────────────────────────┐
        ╱  受理部门审查申请事项  ╲ ───────▶│ 5日内对不符合行政复议法规定的行    │
        ╲                    ╱         │ 政复议申请决定不予受理，并书面告   │
         ╲─────────────────╱          │ 知申请人                      │
                  │                    └──────────────────────────────┘
                  ▼
┌─────────────────────────────┐        ┌──────────────────────────────┐
│        受理行政复议           │ ──────▶ │ 复议受理人员自受理复议申请之日起   │
└─────────────────────────────┘        │ 7日内，将复议申请书副本发送给被   │
                  │                     │ 申请人                        │
                  ▼                     └──────────────────────────────┘
┌─────────────────────────────┐
│   受理后60日内做出行政复议决定书   │
└─────────────────────────────┘
                  │
                  ▼
┌─────────────────────────────┐
│       送达行政复议决定书        │
└─────────────────────────────┘
```

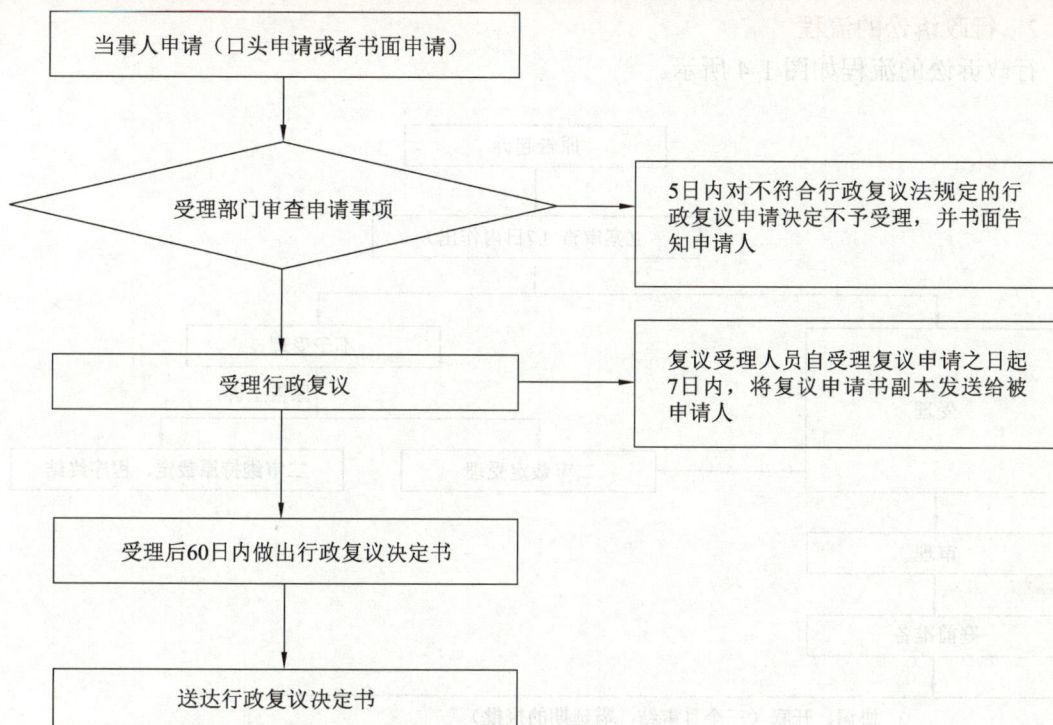

图 1-3　行政复议的流程

3. 行政复议决定的法律效果

行政复议决定为终局裁决时，无论当事人意思表示如何，行政复议决定书一经作出并送达，即发生法律效力。当事人不能提出再复议，也不能提起行政诉讼。

行政复议决定不是终局裁决时，当事人因不服行政复议决定而提起诉讼后，原行政复议决定不发生法律效力，如果当事人在法定期限内没有向人民法院提起诉讼的，行政复议决定从起诉期间届满之日起，即发生法律效力。

行政复议决定在诉讼期间，除非被认为需要停止执行的，或者原告申请停止执行，人民法院认为该具体行政行为的执行会造成难以弥补的损失，并且停止执行不损害社会公共利益，裁定停止执行的；或者法律、法规个别规定停止执行的除外，行政复议决定一般仍具有执行力。对于发生法律效力的行政复议决定，当事人必须在法定期限内予以履行。否则，行政机关有权依法强制执行或申请人民法院强制执行。

（二）行政诉讼的概念与流程

1. 行政诉讼的概念

行政诉讼是法院应公民、法人或者其他组织的请求，通过审查行政行为合法性的方式，解决特定范围内行政争议的活动。行政诉讼具有以下特征：

第一，行政诉讼是法院通过审判方式进行的一种司法活动。

第二，行政诉讼是通过审查具体行政行为合法性的方式解决行政争议的活动。

第三，行政诉讼是解决特定范围内行政争议的活动。

2. 行政诉讼的流程

行政诉讼的流程如图 1-4 所示。

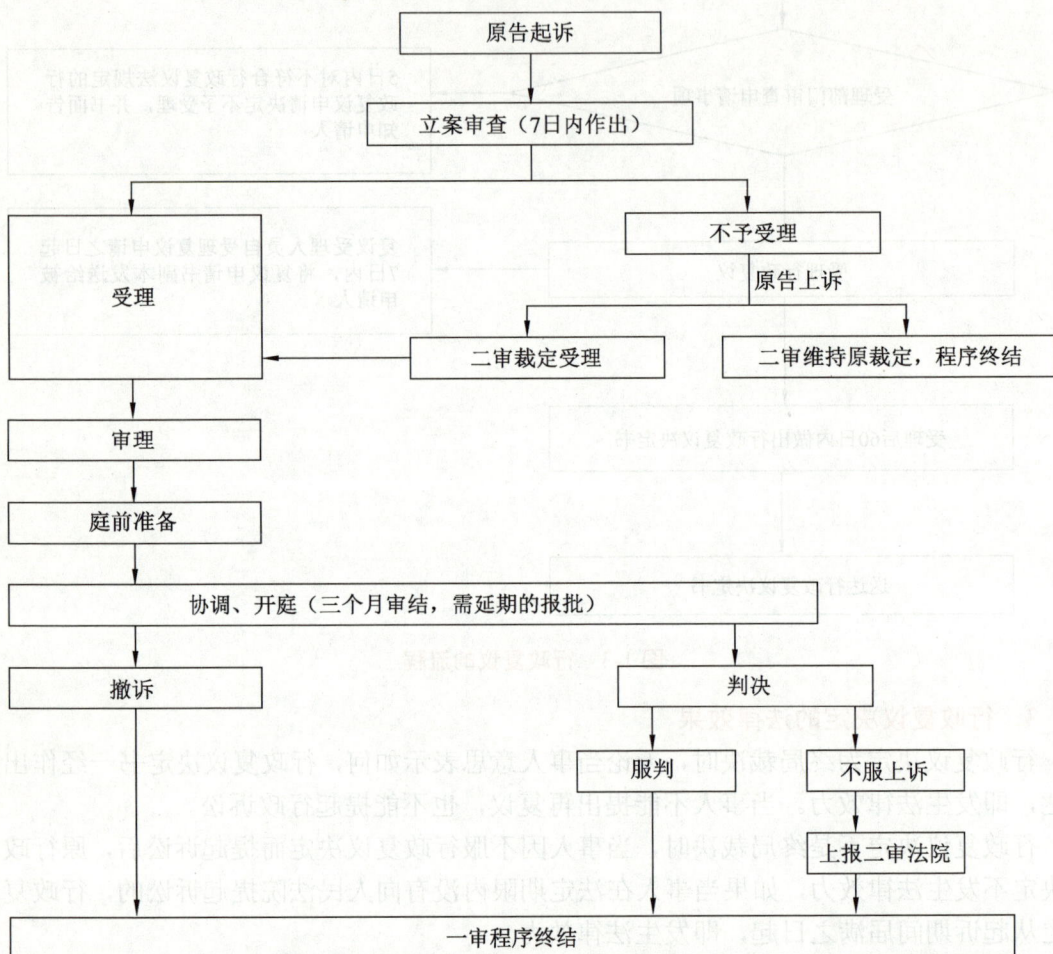

```
                    原告起诉
                       │
               立案审查（7日内作出）
                       │
            ┌──────────┴──────────┐
            │                  不予受理
            │                     │
          受理                  原告上诉
            │            ┌────────┴────────┐
            │      二审裁定受理      二审维持原裁定，程序终结
            │◄───────────┘
          审理
            │
         庭前准备
            │
    协调、开庭（三个月审结，需延期的报批）
            │
      ┌─────┴──────────────┐
    撤诉                  判决
      │            ┌────────┴────────┐
      │          服判            不服上诉
      │            │                 │
      │            │            上报二审法院
      │            │
      └────────一审程序终结────────┘
```

图 1-4　行政诉讼的流程

3. 行政诉讼的判决结果

人民法院经过审理，根据不同情况，分别作出以下判决：

（1）具体行政行为证据确凿，适用法律、法规正确，符合法定程序的，判决维持。

（2）具体行政行为有下列情形之一的，判决撤销或者部分撤销，并可以判决被告重新作出具体行政行为：① 主要证据不足的；② 适用法律、法规错误的；③ 违反法定程序的；④ 超越职权的；⑤ 滥用职权的。

（3）被告不履行或者拖延履行法定职责的，判决其在一定期限内履行。

（4）行政处罚显失公正的，可以判决变更。

人民法院判决被告重新作出具体行政行为的，被告不得以同一的事实理由作出与原具体行政行为基本相同的具体行政行为。

课堂讨论

你认为保险合同争议解决的最有效的途径是什么？说说你的理由。

练一练

中国保监会监管函（监管函〔2017〕9号）

复星保德信人寿保险有限公司：

2017年2月，我会收到你公司报送的"复星保德信小福星少儿两全保险（万能型）"产品备案材料。经核查发现，该万能型产品存在以下问题：一是该产品设有两个个人子账户，且最低保证利率不同，违反了《万能保险精算规定》（保监发〔2015〕19号）第十条的规定；二是该产品各子账户之间可进行账户价值转换，产品最低保证利率不确定，违反了《万能保险精算规定》第四条的规定。根据有关规定，现对你公司提出以下监管要求：

一、针对你公司产品开发管理存在的问题，我会不予备案上述产品。你公司应立即停止使用该产品。对于已承保客户，你公司应做好客户服务等后续工作。

二、自本监管函下发之日起三个月内，禁止你公司申报新的产品。

三、你公司应高度重视产品开发管理方面存在的问题，严格按照监管政策、监管要求，对产品开发管理工作进行整改。我会将视你公司整改落实情况，采取进一步监管措施。

中国保监会

2017年3月3日

请思考：

（1）中国保监会监管函的法律性质是什么？

（2）若复星保德信人寿保险有限公司不服，该如何合法应对？

思考题

1. 法律关系的构成要素有哪些？试举例说明。
2. 法的渊源形式有哪些？其效力等级如何？它们之间的冲突如何化解？
3. 保险代理的法律特征有哪些？如何划分其种类？
4. 索赔时效如何计算？索赔时效中止、中断及延长的适用情形有哪些？
5. 保险纠纷的解决途径有哪些？
6. 保险合同纠纷诉讼的地域管辖规定是怎样的？

第二章

民事法律制度

内容提要

　　民法是规范财产关系和人身关系的最基本的法律。每一个人、每一个团体的存在和发展，都离不开人身关系和财产关系。社会中的每个人、每个家庭、每个团体置身于民法的网络之中是必然的、永久的。本章在民法总则颁布的背景下介绍了民事法律方面的一些基本的制度。

学习目标

知识目标

- 了解民法的概念、民法的调整对象和民法的基本原则
- 理解民法的时间效力和空间效力
- 理解民事法律行为的概念和分类
- 理解何为意思表示
- 理解民事法律行为的效力类型
- 了解民事责任的构成
- 了解民事责任的承担方式
- 理解民事责任的免责事由
- 了解诉讼时效制度

能力目标

- 能够运用法律分析与民事法律相关的案例

引导案例

某市为加强道路交通管理，规范日益混乱的交通秩序，决定出台一项新举措。由交通管理部门向市民发布通告，凡自行摄录机动车辆违章行驶、停放的照片、录像资料，送交通管理部门确认，被采用并在当地电视台播出的，一律奖励人民币200元～300元。此举使许多市民踊跃参与到积极举报违章车辆的行动中。当地的交通秩序一时间明显好转，此举得到了市民好评。新闻报道后，省内甚至外省不少城市都来取经、学习。但与此同时，也发生了一些意想不到的事情：有违章驾车者去往不愿被别人知道的地方，电视台将车辆及背景播出后，引起家庭关系、同事关系的紧张，甚至影响了当事人此后的正常生活的；有乘车人以肖像权、名誉权受到侵害，把电视台、交管部门告上法庭的；有违章司机被单位开除，认为是交管部门超范围行使权力引起的；有抢拍者被违章车辆故意撞伤后，向交管部门索赔的；甚至有利用偷拍照片向驾车人索要高额"保密费"的；等等。报刊将上述新闻披露后，某市治理交通秩序的举措在社会上引起了不同的看法和较大争议。

请思考：

交通管理部门的行为是否正当？被曝光的司机有没有请求法院保护其隐私的权利？

第一节　民法概述

一、民法的概念和调整对象

（一）民法的概念

民法是调整平等主体之间的财产关系和人身关系的法律规范的总称。《中华人民共和国民法通则》（以下简称《民法通则》）第2条规定，我国民法调整平等主体的公民之间、法人之间、公民与法人之间的财产关系和人身关系。

提　示

根据法律调整内容的不同，我国有三大实体法，即民法、刑法和行政法。其中，民法被称为私法，刑法与行政法被称为公法。

（二）民法的调整对象

民法调整的是平等主体之间的人身和财产关系。所谓平等主体，是指主体以平等的身份介入具体的社会关系，而不是在一般意义上判断主体间的平等性。平等是指在财产关系和人身关系中当事人的地位平等，并不涉及在政治关系中当事人的地位平等问题。

1. 平等主体之间的人身关系

人身关系是民事关系的一种，是人格关系和身份关系的合称，是指民事主体基于相互间一定的人格和身份而形成的法律关系。人格是指作为民事主体的人所应当具备的主体性要素的总和。其主要包括生命、健康、姓名、名称、隐私、肖像、名誉、荣誉等人格要素。身份在法律上主要指民事主体在亲属法中的相应地位。人身关系主要存在于自然人之间，其他民事主体在一定条件下也可以形成人身关系。例如法人的名称，村委会作为监护人的情形。

2. 平等主体之间的财产关系

财产关系是指民事主体间基于财产而形成的法律关系。民法中的财产是指一切具有经济属性的客体。自然人作为主体，不能作为客体。因此自然人以及自然人特有的人格要素不是财产。

民法调整的平等主体之间的财产关系，包括财产所有关系和财产流转关系。

财产所有关系是指人们在占有、使用、收益和处分财产过程中所发生的社会关系，表明财产的归属，以及财产所有人与他人的关系。这是静态的财产关系，这一部分主要由物权法来调整。财产流转关系，是指在财产交换和转移过程中发生的社会关系。这是动态的财产关系，主要由合同法、继承法、知识产权法等调整。

课堂讨论

近年来，我国足球运动中出现了许多案例，比如运动员转会、黑哨事件、俱乐部垄断及恶性竞争等，其中涉及对于足协管理权的争议。有一种观点认为，中国足协不是政府机关，因此不能适用行政法来对待足协的决定，也就是说，足协无法承担行政法律责任；但是中国足协也不是民间组织，所以也不能依据民法来追究足协的民事责任。你认为足协应该归谁管？

二、民法的基本原则

民法的基本原则是民法的主旨和基本准则，是制定、解释、执行和研究民法的出发点，它贯穿在整个民法制度和规范之中，是民法的本质和特征的集中体现，也是高度抽象的、最一般的民事行为规范和价值判断标准。

（一）平等原则

所谓平等原则，就是指民事主体在法律地位上是平等的，其合法权益应当受到法律平等保护。我国《民法通则》第 3 条规定："当事人在民事活动中的地位平等。"《中华人民共和国民法总则》（以下简称《民法总则》）第 4 条规定："民事主体在民事活动中的法律地位一律平等。"民事主体地位平等原则，是我国民法将平等主体之间的财产关系和人身关系作为其调整对象的必然体现。民法的平等原则集中反映了民法所调整的社会关系的本质特征，也是全部民事法律制度的基础。

平等原则不仅仅是民法的基本原则，而且也是民法的首要原则。这是因为其他的各项民法基本原则和基本的民法制度都建立在民事主体平等的假定之上，没有民事主体之间的平等，民法也就丧失了存在的前提。

应当指出的是，民事主体在法律地位上的平等，不等于在实际的民事法律关系中，每个当事人所享有的具体的民事权利和承担的民事义务都是一样的。在具体的民事法律关系中，各个当事人根据法律和自身的意志，享有不同的权利和义务。

（二）意思自治原则

所谓意思自治原则，是指民事主体依据自己的理性判断与自身意愿从事民事活动。《民法总则》第 5 条规定："民事主体从事民事活动，应当遵循自愿原则，按照自己的意思设立、变更、终止民事法律关系。"意思自治是私法的重要支柱，也是区分公法与私法的重要特征。

当然，意思自治不是绝对的，而是有一定的限制。民事主体按照自己的意思设立、变更和终止民事法律关系需要具备相应的民事行为能力。而且民事主体的行为必须在法律允许的范围之内。

（三）公平原则

所谓公平原则，就是指民事主体应本着公平、正义的观念实施民事行为。我国《民法总则》第 6 条规定："民事主体从事民事活动，应当遵循公平原则，合理确定各方的权利和义务。"公平原本是一个道德概念，表示道德上合适的对待。民法中的公平原则是以利益均衡作为价值判断标准来分配各民事主体之间的权利义务关系的。其要求在民事活动中各方享有的权利和承担的义务要大致均衡。当客观情况发生变化，导致民事活动的后果变得极不公平时，民法会采取调整手段以实现公平的结果。

（四）诚实信用原则

所谓诚实信用原则，是指民事主体应当具有基本的善意，本着诚实守信的态度从事民事活动。诚信原则被称为民法的"帝王条款"。《民法总则》第 7 条规定，民事主体从事民事活动，应当遵循诚信原则，秉持诚实，恪守承诺。诚实信用原则要求民事主体应当以诚实的主观状态来进行民事活动。不能欺诈，不得规避法律和故意曲解约定。对于附条件的民事法律行为，应该让条件自然地成就或不成就。

（五）公序良俗原则

公序良俗是由"公共秩序"和"善良风俗"两个概念构成的。我国《民法通则》中没有采用"公序良俗"的概念，《民法通则》第 7 条规定："民事活动应当尊重社会公德，不得损害社会公共利益。"在《民法总则》中直接对于公序良俗作出规定。《民法总则》第 8 条规定："民事主体从事民事活动，不得违反法律，不得违背公序良俗。"《民法总则》的这一规定将法律和公序良俗都直接体现到了原则当中。公序良俗是一个模糊性的概念，且其内容也有可能随着社会的变迁而变化，为社会一般人所认可。民法采纳公序良俗的原则，有助于弥补强行法规定的不足，也有助于对私法自治进行必要的限制。此外，该原则的采纳也有助于弘扬社会公共道德，建立稳定的社会秩序。

（六）绿色原则

这是《民法总则》新加入的一条倡议性的原则。《民法总则》第 9 条规定，民事主体从事民事活动，应当有利于节约资源，保护生态环境。该原则倡导民事主体应当选择低耗能、环境友好的生产、生活方式，以实现节约资源、保护环境、绿色发展的理念。尽管没有与本条原则直接相对应的法定义务和责任，但我国民法倡导节约资源、保护生态，这将从法的价值方面引导民事主体的行为选择。

课堂讨论

四川省某市居民黄某与其妻蒋某于 1963 年结婚，无婚生子女，有较长期间分居的经历。1990 年因居住地拆迁，夫妻共同得到一处拆迁房。1996 年，黄某与张某（女）相识并在外租房同居，生有一子。2001 年初，黄因患肝癌晚期住院治疗，同年 4 月 18 日立下书面遗嘱：死后将其所得的住房补贴金、公积金、抚恤金及与蒋共同拥有住房的一半共计价值 6 万余元的财物全部赠送给张某。公证处对黄某的遗嘱进行了公证。两天后，黄某去世。张某在要求获得遗嘱所称财物被蒋某拒绝后向法院提起了诉讼。此案经 4 次审理，最后法院以违反公序良俗为由，否定了黄某遗嘱的效力，将全部遗产判归蒋某拥有。

请分析法院在此案中运用公序良俗原则是否有充分的理由。

三、民法的效力

民法的效力是指民法在何种时间范围、空间范围内对何种人有效。民法的效力包括民法的时间效力、空间效力和对人的效力。

（一）民法的时间效力

民法的时间效力，即民法可以发挥作用的时间范围。民事法律规范开始生效的时间通常有以下两种情况：一是自民事法律颁布之日起生效，二是民事法律通过并颁布以后经过一段时间再开始生效。例如，我国《民法总则》于 2017 年 3 月 15 日颁布，2017 年 10 月 1 日开始施行。

（二）民法的空间效力

民法的空间效力即地域效力，是指民法能够发挥作用的地域范围。《民法通则》第 8 条第一款，《民法总则》第 12 条均规定："在中华人民共和国领域内的民事活动，适用中华人民共和国法律，法律另有规定的除外。"这是各国主权对内的绝对性和对外的排他性所导致的。当然，就地方性民事法规而言，也有空间效力的限制，例如，湖北省地方民事法规就不能在湖南省境内发生效力。

（三）民法对人的效力

民法对人的适用范围，就是民事法律规范对于哪些人具有法律效力。一国法律的对人效力，存在两种不同的理论：一是属人原则，不论其处于国内或国外，只要该人具有本国国籍，属本国国民即适用本国的法律；二是属地原则，即是以领土主权为原则，以地域为标准，确定法律对人的拘束力。凡是居住在本国领土之内的人，无论其国籍属于本国还是外国，均受本国法律的管辖。

我国采纳的属地原则。《民法通则》第143条规定："中华人民共和国公民定居国外的，他的民事行为能力可以适用定居国法律。"但是，依照我国民法的特别规定和我国缔结或参加的国际条约、双边协定，以及我国认可的国际惯例，应当适用我国民法的，仍然适用我国民法。

四、民法的适用

法的适用，有广义和狭义之分。广义的法的适用是指运用法律规范调整社会关系。它包括法的遵守和司法适用。而狭义的法的适用，就是司法适用，即法院和仲裁机构依据法定职权和法定程序行使司法权、运用法律处理具体案件的专门活动。在此采用广义的法的适用的概念。

由于民法法源的多元化，民法的适用应当遵循一定的原则，以便准确适用法律。具体说来，民法的适用应当遵循以下基本原则：

（一）上位法优先于下位法原则

所谓上位法优先于下位法原则，是指在效力较高的规范性法律文件与效力较低的规范性法律文件相冲突的情况下，应当适用效力较高的规范性法律文件。

（二）新法优先于旧法原则

我国《立法法》第83条规定："同一机关制定的法律、行政法规、地方性法规、自治条例和单行条例、规章……新的规定与旧的规定不一致的，适用新的规定。"该原则主要适用于同一位阶的规范之间，也就是说是针对两个具有同等级别的法律时所适用的规则。当然，如果在新的普通法中明文规定修改或废止特别法，则新的普通法优于特别法。

（三）特别法优先于普通法原则

在法理上，根据法律的适用范围有无限制，可以将法律分为普通法和特别法。所谓民事普通法，是指适用于全国领域、规定一般事项，并且无适用的时间限制的民事法律。民事特别法是指适用于特定区域、特定的事项，或在适用时间上有限制的民事法律。普通法和特别法只有在同一法律部门内部，并且法律规定的事项为同类的情况下才能作出区分。

（四）法律文本优先于法律解释规则

法律文本是法律的书面条文的表现形式，而法律解释是对法律条文的含义所作的分析说明，这种解释包括立法解释与司法解释。一般来说，法律解释与法律文本的含义是不冲突的，因为法律本身通过解释才得以适用。但是在特殊情况下，如果法律解释与法律文本的含义完全不符，或者数个解释机关彼此之间也相互冲突，仍然应当以法律文本为准。

读一读

如何"找法"

某厂家未经某明星许可，在其产品上使用该明星的肖像，为其产品进行宣传促销，后该明星知晓而提起诉讼。面对这样一个纠纷，法官或者律师会首先运用关于现行法律体系的知识，判断其是一个民法上的问题。然后，他们会基于请求权关系而逐一判断，审视该诉讼请求的基础是什么。厂家和该明星之间并无授权使用肖像的合同，法官自然会排除基于合同及违约而产生的请求权。所以法官和律师会在侵权责任的法律体系中寻找请求权依据，从而适用民法上关于侵权的规定处理该案。进一步来看，由于该明星告诉的是侵害肖像权，而肖像权属于人身权，所以，法官和律师会适用侵犯人身权的法律条文对原告进行救济，并对被告予以制裁。

第二节 民事主体

一、民事主体概述

（一）民事主体的概念

民事法律关系的主体，简称民事主体，是指依法参与民事法律关系，享有民事权利和承担民事义务的人。民事主体具有多样性，自然人、法人、其他组织和国家都可能成为民事主体。民事主体具有民法规定的主体资格。民事主体的法律地位平等。

（二）民事主体资格

民事主体资格是指民事主体通过自己的民事活动，或者借助他人的民事活动，参与民事关系，取得和行使民事权利，承担和履行民事义务的资格。

1. 民事权利能力

民事权利能力是指民法赋予自然人和法人等作为民事主体的资格，是指民事主体取得权利，承担民事义务的资格。

读一读

2. 民事行为能力

民事行为能力是指民事主体以自己的行为取得和行使民事权利,承担和履行民事义务的资格。民事主体的民事行为能力也是由法律直接规定的,主要表现为主体通过自己的行为进行民事活动的能力。

二、自然人

自然人是指基于自然规律出生的人,民法上的自然人与法人相对应,是基本的民事主体。自然人的民事权利能力始于出生,终于死亡。但是自然人要通过自己的独立行为取得和行使民事权利,设定民事义务,则必须具有相应的民事行为能力。

(一)自然人的民事权利能力

自然人的民事权利能力是自然人参与民事法律关系,享有民事权利和承担民事义务的资格。自然人的民事权利能力与自然人的人身不可分离,既不能转让,也不能随意被限制和剥夺。自然人的民事权利能力是民法赋予的,凡自然人都具有民事权利能力。

自然人从出生时起至死亡时止,具有民事权利能力。自然人的出生时间和死亡时间,以出生证明、死亡证明记载的时间为准;没有出生证明和死亡证明的,以户籍登记或者其他有效身份登记记载的时间为准。有其他证据足以推翻以上记载时间的,以该证据证明的时间为准。因此自然人的出生和死亡一般以医院的证明为准,但是宣告死亡的以法院的判决为准。

关于胎儿的民事权利能力,我国《民法总则》做出了具体的规定。涉及遗产继承、接受赠予等胎儿利益保护的胎儿视为具有民事权利能力。但是胎儿娩出时为死体的,其民事权利能力自始不存在。这是全面保护胎儿的利益的表现。

(二)自然人的民事行为能力

人的判断和认识能力主要受年龄和智力因素的影响,因此,我国民法根据年龄和智力因素把自然人的民事行为能力划分为三种:即完全民事行为能力、限制民事行为能力和无民事行为能力。关于民事行为能力，我国民法总则对于民法通则的内容做了较大的改变，根据新法优于旧法的原则，本书对《民法总则》的规定做一简要介绍。

1. 完全民事行为能力

完全民事行为能力是指自然人可以独立进行民事活动，并享有民事权利和承担民事义务的资格。我国民法总则规定，18周岁以上的自然人为成年人，成年人为完全民事行为能力人。16周岁以上的未成年人，以自己的劳动收入为主要生活来源的，视为完全民事行为能力人。

2. 限制民事行为能力

限制民事行为能力是指自然人享有的民事权利和承担的民事义务的资格受到一定的限制。根据我国《民法总则》的规定，8岁以上的未成年人和不能完全辨认自己行为的成年人为限制民事行为能力人，可以独立实施纯获利益的民事法律行为或者与其年龄、智力、精神状况相适应的民事法律行为。对于其他的民事法律行为必须由其法定代表人实施或者经其法定代理人的同意和追认。

3. 无民事行为能力

无民事行为能力是指自然人不具有以自己的行为享有民事权利和承担民事义务的资格。根据我国民法总则的规定，不满8岁的未成年人和不能辨认自己行为的成年人为无民事行为能力人。无民事行为能力人的民事活动由其法定代表人代理实施。

典型案例

> 1985年2月5日，理查德·怀特海夫妇与威廉·斯特恩在美国纽约不育中心（ICNY）签署了一项代为生育的协议，协议规定，由医生将斯特恩的精子注入怀特海的妻子的子宫内，将来因此而出生的孩子属于斯特恩夫妇，怀特海夫妇与孩子不存在任何伦理和法律上的关系，怀特海夫人在将一个活的婴儿交给斯特恩时，有权从斯特恩手中取得1万美元。
>
> 1986年3月27日，怀特海夫人生下了一个女儿。她把孩子从医院带回家，并且拒绝领取那1万美元。3月30日，斯特恩夫妇将孩子抱回自己家。31日，孩子回到怀特海家。随后不久，怀特海夫人告诉斯特恩夫妇她永远都不能放弃自己做母亲的权利，她绝不让孩子离开她。于是，斯特恩夫妇聘请了律师将本案提交法庭解决。
>
> 这是美国1988年的一个判例。如果你是审理本案的法官，你将如何判决？

（三）监护

监护制度是民法上的一项重要制度，在《民法通则》中规定了监护是为了照顾未成年人和具有精神障碍的成年人的生活及其财产。但在《民法总则》中，我国将成年子女对父母的监护也纳入其中，《民法总则》第26条规定，父母对未成年子女负有抚养、教育和保护义务。成年子女对父母负有赡养、扶助和保护的义务。

1. 监护人的设立

关于监护人的设立，《民法总则》规定了法定监护、指定监护、遗嘱监护和意定监护四种。

（1）法定监护

法定监护是指由法律直接规定无行为能力人或者限制行为能力人的监护人。《民法总则》明确规定了担任未成年人和无民事行为能力人和限制民事行为能力人法定监护人的顺位和范围。未成年人的监护人第一顺位的是父母，在当第一顺位监护人死亡或者丧失行为能力时，由① 祖父母、外祖父母；② 兄姐；③ 其他愿意担任监护人的个人和组织按照顺序担任监护人。但必须经未成年人住所地的居民委员会、村民委员会或者民政部门同意。

无民事行为能力或者限制民事行为能力的成年人，由① 配偶；② 父母、子女；③ 其他近亲属；④ 其他愿意担任监护人的个人或组织担任监护人，但必须经被监护人住所地的居民委员会、村民委员会或者民政部分同意。

对于没有依法具有监护资格人的，由被监护人住所地的民政部门、居民委员会、村民委员会担任监护人。

（2）指定监护

指定监护是指在没有法定监护人或者遗嘱监护人时，由法院或者其他有权指定监护人的机构为无行为能力人或者限制行为能力人指定监护人。在对于监护人的确认有争议的情况下，才会出现指定监护。

关于监护人的指定方式有两种：一是有关组织，即被监护人住所地的居民委员会、村民委员会或者民政部门；二是人民法院，即有关当事人对指定不服的，可以向人民法院申请指定监护人，也可以直接向人民法院申请指定监护人。各个组织在指定监护人时要依据最有利于被监护人的原则来指定监护人。除人民法院外，其他组织可以根据自己掌握的情况主动指定监护人。

（3）遗嘱监护

遗嘱监护是指父母亲通过遗嘱方式为未成年子女指定监护人。这是《民法总则》新增的一种监护人的设立方法。《民法总则》第29条规定，被监护人的父母担任监护人的，可以通过遗嘱指定监护人。遗嘱监护要以尊重被监护人的真实意愿和最有利于被监护人为原则。当父母指定的监护人不一致时，如果被监护人有足够的能力进行判断和选择，应当首先依据被监护人的主观意愿选择监护人，如果被监护人没有足够的能力进行判断和选择，则最终应当依据客观上最有利于被监护人利益保护的原则确认监护人。

（4）意定监护

意定监护是当事人自己通过委任契约的方式来指定监护人。这也是《民法总则》新增的一种监护人的设立方法。《民法总则》第33条规定，具有完全民事行为能力的成年人，可以与其近亲属、其他愿意担任监护人的个人或组织事先协商，以书面形式确认自己的监护人，协商确定的监护人在该成年人丧失或者部分丧失民事行为能力时，履行监护职责。此方式来源于我国《老年人权益保障法》第26条第1款的规定。

2．监护人的职责

《民法总则》和《民法通则》及其司法解释规定了监护人的职责范围。监护人的职责是代理被监护人实施民事法律行为，保护被监护人的人身、财产及其他合法权益。司法解释进一步细化了监护人的职责范围，监护人的职责有两个方面的内容：一是保护被监护人的身体健康，照顾被监护人的生活，并对被监护人进行管理和教育；二是管理和保护被监护人的财产，代理被监护人进行民事活动和诉讼活动。

在实践中，经常出现必须将监护的职责部分或者全部委托给他人的情形，司法解释承认了这种委托监护方式并规定了承担责任的主体。

3. 监护的终止

监护的终止，有自然终止和诉讼终止两种情形：自然终止是指设立监护的客观情况已经自动消灭，从而使监护已经失去存在的必要，监护随之消灭。一旦未成年人已经成年或者精神病人已经恢复正常的精神状态，他们获得完全行为能力，监护的原因就已经不存在，因而监护终止。诉讼终止是指由于监护人不履行职责或者侵害了被监护人利益的，经利害关系人的申请可以撤销监护人的监护资格。《民法总则》第36条规定了监护权撤销的情形，包括：① 实施严重损害被监护人身心健康行为的；② 怠于履行监护职责，或者无法履行监护职责，并且拒绝将监护职责部分或者全部委托给他人，导致被监护人处于危困状态的；③ 实施严重侵害被监护人合法权益的其他行为的。

课堂讨论

15岁的高中生徐文颖颇具绘画天才。在一次国际绘画比赛中，她获得了一等奖，奖金10 000元。徐文颖的爷爷在农村，生活非常清贫。徐文颖和爷爷的关系非常深厚。因此，徐文颖的父亲征得她的同意，拿出其中的5 000元邮寄给在农村的爷爷。为了奖励孩子，徐文颖的父亲给了她1 000元作为零用钱，并将其余的4 000元存入了银行。一天，在放学回家的路上，徐文颖看见在大华商场门口贴了一个通告，通告说该商场正在进行有奖销售，奖券为20元一张，最高奖金为5 000元，恰好她的油画材料用完了，于是就购买了价值800元的油画材料，领到40张奖券。几天后，抽奖结果公布，徐文颖所持的一张奖券中了最高奖。徐文颖凭身份证领奖时，商场工作人员以她是未成年人为由，认为买卖合同是无效的，拒绝支付。

请思考：

（1）徐文颖对其绘画作品能否取得著作权？为什么？

（2）徐文颖的父亲把钱邮寄给徐文颖爷爷的行为，是否合法？

（3）徐文颖能否领得奖金？

（4）如果徐文颖购买的是20元的洗发水，领了一张奖券，中了最高奖，她是否能够取得该奖金？

（四）宣告失踪和宣告死亡

1. 宣告失踪

宣告失踪是指经利害关系人的申请，由法院依照法定条件和程序，宣告下落不明满一定期限的公民为失踪人的民事法律制度。

（1）宣告失踪的条件

《民法总则》第40条规定，宣告自然人失踪，必须具备两个条件：① 须自然人下落不明满二年；② 须由利害关系人申请。所谓下落不明，是指自然人最后的确切行踪消失后没有音讯，处于生死不明的状态。对于仍可确定其生存，只是无法正常通讯联系的，或者已经确知其死亡的，则不能适宜宣告失踪。这里的二年是从其失去音讯之日起计算的。对于战争期间下落不明的从战争结束之日起计算，或者从有关机关确定的下落不明之日起计算。利害关系人是指有权提出申请的利害关系人，包括被申请宣告失踪人的配偶、父母、子女、兄弟姐妹、祖父母、外祖父母、孙子女、外孙子女及其他与被申请人有民事权利义务关系的人。有权申请自然人为失踪人的利害关系人没有先后顺序，只要有利害关系人提出，即使其他没有提出申请的利害关系人提出反对意见的，也不影响法院受理宣告失踪案。法院遵循"不告不理"的原则，不能主动宣告某失踪的自然人为失踪人。

（2）宣告失踪的效力

自然人被宣告失踪以后，其效力是对被宣告失踪人财产的管理和财产义务的履行。宣告失踪的效力，主要体现在以下两个方面：

一是失踪人的财产管理。宣告失踪的目的之一，是为失踪人的财产设置管理制度。失踪人的配偶、父母、成年子女或者关系密切的其他亲属、朋友为失踪人的财产代管人。失踪人的上述财产代管人没有顺序的限制，也不存在谁申请谁享有财产代管权的问题，而是遵循谁管理财产对失踪人有利就由谁管理的原则。

财产代管人在管理失踪人的财产时，应当妥善管理失踪人的财产，代管人在保管、维护、收益时，应当与管理自己的财产尽同一注意义务；在进行必要的经营时，应当尽善良管理人的注意义务。代管人不得擅自利用和处分失踪人的财产。如果代管人不履行代管职责而造成失踪人的财产损失，或者侵害了失踪人的财产利益，失踪人的利害关系人可以向法院请求财产代管人承担民事责任。

二是失踪人的义务履行。自然人被宣告失踪后，并不丧失权利主体资格，原来所享有的权利仍然有效，承担的义务仍然应当履行。失踪人的义务包括失踪人失踪前所欠的税款、所欠的债务、失踪期间应当支付的赡养费与扶养费，以及因代管财产所产生的管理费等其他费用。如果失踪人的财产代管人拒绝支付失踪人所欠的税款、债务和其他费用，债权人提起诉讼的，法院应当将代管人列为被告。失踪人的财产代管人向失踪人的债务人要求偿还债务的，可以作为原告提起诉讼。

（3）宣告失踪的撤销

自然人被宣告失踪的事实一旦消除，法律上继续认定该自然人失踪就丧失了事实依据，应当撤销对该自然人的失踪宣告。根据《民法通则》的规定，被宣告失踪的人重新出现或者确知他的下落的，经本人或者利害关系人申请，人民法院应当撤销对他的失踪宣告。这一规定既表明了撤销失踪宣告的条件，又表明了撤销失踪宣告的程序。

在以下两种情况下，有关当事人可以申请撤销失踪宣告：第一，被宣告失踪人重新出现。即被宣告失踪人已经返回原来的居住地、住所或者工作单位。第二，他人确实知道失踪人的下落。失踪人的亲属、朋友、同事等通过各种渠道，得知失踪人的确切下落。

撤销失踪宣告，首先应当由失踪人或者其他利害关系人向法院提出撤销失踪宣告的申请。利害关系人包括失踪人的配偶、父母、子女、祖父母、外祖父母、兄弟姐妹，以及与被宣告失踪有民事权利义务关系的自然人和法人。

2. 宣告死亡

宣告死亡是指根据法律规定的条件和程序，自然人在下落不明满一定期限时，经利害关系人的申请，由法院宣告该自然人死亡的制度。

（1）宣告死亡的条件与程序

宣告死亡的条件比宣告失踪的条件为更严格，宣告死亡应符合以下两个条件：① 自然人下落不明满四年，在意外事故中失踪的自然人下落不明满二年；② 利害关系人的申请。利害关系人的申请是宣告死亡的基本条件之一，又是宣告死亡的程序要求。根据司法解释的规定，申请宣告死亡的利害关系人的顺序为：配偶；父母、子女；兄弟姐妹、祖父母、外祖父母、孙子女、外孙子女；其他有民事权利义务关系的人。由于宣告有配偶的失踪自然人死亡，不仅涉及财产利益，而且还涉及身份利益，特别是婚姻利益，而婚姻利益不仅高于财产利益，而且还高于其他身份利益，因此，前一顺位的利害关系未申请宣告死亡的，后一顺位的利害关系人不得提出申请。

法院受理书面申请后，应当立即发出寻找失踪人的公告，普通失踪的公告期为一年，因意外事故失踪的公告期为三个月。公告期满后，仍然不能确定下落不明的人尚生存的，法院作出宣告死亡判决。宣告死亡的判决应当确定被宣告死亡人的死亡日期，判决中没有确定日期的，以判决宣告之日为被宣告死亡人的死亡日期。

（2）宣告死亡的效力

宣告死亡的效力，主要体现在以下三个方面：

一是财产关系。被宣告死亡人的债权债务要进行清理，继承关系开始。被宣告死亡人的法定继承人继承其遗产；遗嘱继承开始，继承人按照遗嘱的规定继承其财产。被宣告死亡人的财产权属发生变化，财产所有权归于消灭。

二是婚姻关系。被宣告死亡人与配偶的婚姻关系，从死亡宣告之日起消灭。被宣告死亡人的配偶可以另行结婚。

三是子女收养关系。被宣告死亡人被宣告死亡后，其子女可依法被他人收养。

（3）宣告死亡的撤销

被宣告死亡的人重新出现，就证明宣告死亡这种推定不能成立，应当撤销死亡宣告。经本人或者利害关系人的申请，法院应当撤销其死亡宣告。死亡宣告的撤销，将产生三个方面的效力：

一是婚姻关系。被撤销宣告死亡人的婚姻关系有以下三种情形：① 配偶再婚或者书面向婚姻登记机关申明不愿意恢复婚姻关系的，婚姻关系不能恢复；② 配偶再婚后离婚的，婚姻关系不能自行恢复；③ 配偶一直未婚的，婚姻关系从撤销死亡宣告之日起自行恢复。

二是子女收养关系。在被宣告死亡期间，被撤销宣告死亡人的子女被人依法收养的，撤销死亡宣告之后，收养关系仍然有效。

三是财产关系。被撤销死亡宣告人有权要求返还财产。依照继承法取得其财产的自然人或者组织，应当返还原物，原物不存在的，应当给予适当补偿。

农民杨封出外打工，下落不明达 6 年之久。家人多方查找无着，于是向法院申请宣告杨封死亡。一年后法院宣告杨封死亡。其后，杨封的妻子王丽把女儿给张战收养，并办理了合法的收养手续。之后王丽与赵东结婚。不久，赵东在一次车祸中死亡。杨封的遗产有存款 20 000 元，以及价值 2 000 元的彩电一台。遗产由杨封的父母继承，王丽继承了彩电，并将其转让给了李明。实际上杨封并没有死亡，只因为他在外地工作无着，一直无脸与家人联系。经努力积攒了一笔钱，在被宣告死亡后，他与赵明订立了一个买卖 10 台计算机的合同。

请问：

（1）在杨封的近亲属中，谁是宣告杨封死亡的第一顺序人？

（2）杨封能否与王丽自动恢复婚姻关系？

（3）杨封如果要解除其女儿的收养关系，应如何办理？

（4）杨封被继承的遗产应如何处理？

（五）自然人的住所

住所是指民事主体发生法律关系的中心地域。通常，自然人与他人发生的民事法律关系，是以其居住地为中心展开的。

自然人以他的户籍登记地或者其他有效身份登记记载的居所为住所，经常居住地与住所不一致的，经常居住地视为住所。最高人民法院《关于贯彻执行〈中华人民共和国民法通则〉若干问题的意见（试行）》第 9 条规定："公民离开住所地最后连续居住一年以上的地方为经常居住地。但住医院治病的除外。公民由其户籍所在地迁出后至迁入另一地之前，无经常居住地的，仍以其原户籍所在地为住所。"

三、法人

（一）法人的概念与特征

法人是相对于自然人而言的一类民事权利主体，是具有民事权利能力和民事行为能力，依法独立享有民事权利和承担民事义务的组织。法人的基本特征为：① 法人是一种社会组织，是按照一定的宗旨和条件，依据一定程序建立起来的具有明确的活动目的和内容，有一定组织结构的有机整体；② 法人拥有独立的财产和经费；③ 法人具有独立的人格，能够以自己的名义参加民事活动；④ 法人能够独立承担民事责任。

关于法人有没有一般人格权，理论上的争议一直很大。如果说一般人格权凸显的是自然人的主体性价值，那么法人有没有一般人格权呢？如果法人有人格权的话，法人可以拥有哪些人格权呢？

（二）法人的分类

关于法人的分类，各国的规定均不相同，我国《民法通则》以法人活动的性质为标准，将法人分为企业法人、机关法人、事业单位法人和社会团体法人。《民法总则》对这一分类进行了修改，将法人分为营利法人和非营利法人。其中，非营利法人包括事业单位、社会团体、基金会、社会服务机构四大类。

（三）法人的成立与终止

1. 法人的成立

法人的成立，是指法人取得权利能力和行为能力的法律事实，相当于自然人的出生。根据法律规定，法人的权利能力和行为能力始于法人成立，终于法人终止。法人的成立具备以下条件：第一，依法成立，我国《民法通则》《民法总则》和《公司法》规定了各类法人成立的条件和程序；第二，要有必要的财产和经费，必要的财产和经费是法人享有民事权利和承担民事义务的基础；第三，有自己的名称、组织机构和场所；第四，能够独立的承担民事责任。

2. 法人的终止

法人的终止是指因法定事由的出现而导致法人主体资格的丧失。根据我国《民法总则》的规定，导致法人终止的法定事由有法人解散、法人被宣告破产，以及法律规定的其他原因。

（四）法人的民事能力和法人机关

法人的民事能力是指法人的民事权利能力和民事行为能力，与自然人相比，法人的民事权利能力与民事行为能力同时产生、同时终止。法人的民事权利能力受其属性的限制。一些自然人专有的权利如生命权、继承权等法人不能享有。法人的民事权利能力受其经营范围的限制。法人的民事行为能力通过法人机关来行使。

法人机关是指根据法律、章程或条例的规定形成法人的意志，并指挥法人活动的领导机构。法人机关由权力机关、执行机关和监督机关构成。执行的主要负责人是法人代表，法人代表是依照法律和章程的规定，经主管机关核准登记注册的，代表法人形式职责的负责人。

四、非法人组织

我国《民法通则》对于非法人组织没有给出直接的规定，而是以其他组织的名义进行了一定的规制，《民法总则》正式确定这类组织为自然人、法人之外的第三类民事主体。《民法总则》规定，非法人组织是不具有法人资格，但是能够依法以自己的名义从事民事活动的组织，包括个人独资企业、合伙企业、不具有法人资格的专业服务机构等。对于非法人组织的民事责任，《民法总则》规定，非法人组织的财产不足以清偿债务的，其出资人或者设立人承担无限责任。

课堂讨论

王明明与李珊珊两人成立了一个"跑得快"速递有限责任公司。某日，正在热恋的李二黑打电话给该公司，要求该公司 4 月 3 日在其住处取送玫瑰花 99 朵，送给其女友王桂花，以庆祝其生日。4 月 3 日，该公司的员工胡一刀如约上门取送鲜花。胡一刀将鲜花送到王桂花的住处时，王桂花恰好不在。于是胡一刀将鲜花交给王桂花的邻居马大哈，叮嘱他一定要当天交给王桂花，马大哈在速递单上代王桂花签了字。中午，马大哈骑车买菜时，被车撞伤，住进了医院。玫瑰花也没有送给王桂花。直到三天后，马大哈出院，才将花送给王桂花。在此期间，王桂花误以为李二黑忽视了她，已与李二黑绝交。李二黑于是向法院起诉"跑得快"公司。

请思考：本案应如何处理？

第三节　民事权利

民事权利是指民事法律规范赋予民事主体满足其利益的法律手段。权利人可以在法定范围内享有某种利益或实施一定的行为；权利人可以请求义务人为一定的行为或不为一定的行为，以保证其享有某种利益；权利人因他人的行为而使其利益受到侵害时，可以请求有关国家机关采取强制措施予以保护。

一、民事权利的特征

民事权利是由民法所确认的一种权利，受到国家强制力的保障。对该权利的侵犯一般通过民事诉讼的方式予以解决，适用民事诉讼程序提供救济。

民事权利是由民事主体所享有的利益。民事权利的内容体现了权利人的利益。民事权利分为财产权利和人身权利，分别体现为财产利益和人身利益。权利的本质就在于对个人利益的确认。

民事权利体现为民事主体一定范围内的行为自由。因为权利的存在，就为民事主体的行为提供了一定的自由的空间，民事主体可以在权利范围内自由地行为。

典型案例

1999 年，李某以人民币 185 000 元购得住房一套。购房后，李某委托上海某家庭装潢有限公司对该房装修，双方签订了施工合同，约定由装潢公司部分承包施工。在即将完工之际，李某与装潢公司的工作人员共同前往装修施工现场，发现该公司为李某住房进行油漆施工的员工崔某已自缢身亡于李某房子的客厅。经警方勘验确认，死者身旁放有一本迷信书刊，自缢身亡已有一周左右。事件发生后，李某以该房已无法用于婚房，及目睹现场惨状造成精神上恐惧、焦虑等为由诉诸法院，请求判令上海某家庭装潢有限公司承担侵权损害赔偿责任，赔偿购房、装潢等经济损失人民币251 206.99 元；赔偿精神损害赔偿金人民币 5 万元。

二、民事权利的内容

（一）财产所有权

财产所有权是指所有人依法对自己的财产享有占有、使用、收益和处分的权利。与其他物权相比，财产所有权具有如下特征：① 所有权为自物权；② 所有权为独占权；③ 所有权为原始物权；④ 所有权为完全物权；⑤ 所有权是具有弹性力、回归力的权利。

（二）债权

债是按照合同的约定或者依照法律的规定，在当事人之间产生的特定的权利和义务关系。债权是请求他人为一定行为（作为或不作为）的民法上的权利。债作为一种民事法律关系，有如下特征：① 债的关系当事人都是特定的；② 债的关系的客体包括物、知识产权和行为；③ 债权的实现必须依靠义务人履行义务的行为；④ 债可以因合法行为而发生，也可以因不法行为而发生。

根据债发生的根据，可以把债分为：① 合同之债，合同是债发生的最重要、最普遍的根据；② 侵权行为之债，侵权行为是指民事主体非法侵害公民或法人的财产所有权、人身权利或知识产权的行为；③ 不当得利之债，不当得利是指没有法律上或合同上的根据，取得不应获得的利益而使他人受到损失的行为；④ 无因管理之债，无因管理是指没有法定的或者约定的义务，为避免他人利益遭受损失，自愿为他人管理事务或财物的行为。

（三）人身权

人身权是指法律赋予民事主体的，与其生命和身份延续不可分离而无直接财产内容的民事权利。人身权分为人格权和身份权两个方面的内容。

人格权是法律规定的民事法律关系主体所应享有的权利，主要包括：① 姓名权；② 荣誉权；③ 名誉权；④ 生命权；⑤ 身体健康权；⑥ 自由权；⑦ 肖像权。

根据社会的发展，《民法总则》确定了一种新的权利——个人信息权。个人信息即指个人数据。《民法总则》第 111 条规定，自然人的个人信息受法律保护，任何组织和个人需要获取他人个人信息的，应当依法取得并确保信息安全。

身份权指因民事主体的特定身份而产生的权利，主要包括：① 知识产权中的人身权利；② 监护权；③ 公民在婚姻家庭关系中的身份权，即亲权；④ 继承权。

《民法通则》第 120 条规定了适用保护人身权的民事责任形式，包括：① 停止侵害；② 消除影响；③ 恢复名誉；④ 赔礼道歉；⑤ 赔偿损失。

（四）知识产权

知识产权又称智力成果权，是指智力成果的创造人和工商业生产经营标记的所有人依法所享有的权利的总称。其内容包括著作权、专利权、商标权、发现权、发明权和其他科技成果权。

三、民事权利的取得和消灭

（一）民事权利的取得

民事权利的取得，是指民事主体依据合法的方式或根据获得民事权利。民事权利的合法取得方式可分为原始取得与继受取得两种。所谓原始取得，是指根据法律规定，最初取得民事权利或不依赖于原权利人的意志而取得某项民事权利。在物权法领域，原始取得的根据主要包括劳动生产、天然孳息和法定孳息、添附、没收、无主财产收归国有等。所谓继受取得，又称传来取得，是指通过某种法律行为从原权利人那里取得某项民事权利。继受取得的根据主要包括买卖、赠与、继承遗产、接受遗赠、互易等形式。

（二）民事权利的消灭

民事权利的消灭可以分为两类：一是绝对消灭，如所有权因标的物的灭失而消灭。二是相对消灭，即权利主体变更，如所有权移转，对原权利人而言即为所有权的消灭。具体来说，民事权利消灭的原因主要包括如下几项：① 权利人抛弃权利，按照私法自治原则，民事权利的权利人在行使权利的过程中，只要不损害他人利益和社会公共利益，就可以将其权利予以抛弃；② 转让，即权利人通过与他人订立合同将其权利移转给他人。通过转让使一方丧失了权利，另一方取得了权利；③ 权利人死亡，权利是由特定权利人所享有的利益，一旦权利主体死亡，法律上不可能存在无主体的权利，因此权利将发生消灭；④ 客体灭失，如果权利的客体因为消费、灭失等原因而不存在，权利失去了客体，该权利在一般情况下将不复存在；⑤ 超过一定的期限不行使权利，导致权利消灭，这主要指具有除斥期间限制的权利，如撤销权、追认权等形成权。

读一读

科尔伯格"道德困境"

民事权利的行使应依据权利人的自由意思，原则上应不受外力干涉。但是法律也同样规定了权利不能滥用原则。权利滥用具有一定的违法性。科尔伯格"道德困境"就是关于权利滥用的典型案例。

欧洲的一个妇女将要死于癌症。只有同村的一个药剂师新发明的一种药可以治疗。药剂师要价2 000英镑，是他的成本的10倍。妇女的丈夫向每一个他认识的人都借过钱，但是只筹到了药费的一半。他告诉药剂师，他的妻子就要死亡了，希望药剂师便宜一点卖给他，或者先欠款。但是药剂师拒绝了。丈夫在绝望中偷走了药剂师的药拯救妻子。

第四节　民事法律行为和代理

一、民事法律行为概述

（一）民事法律行为的概念

《民法通则》第 54 条规定："民事法律行为是公民或者法人设立、变更、终止民事权利和民事义务的合法行为。"这一规定强调民事法律行为必须为合法行为。《民法总则》对其定义做出了较大的改变。《民法总则》第 133 条规定："民事法律行为是民事主体通过意思表示设立、变更、终止民事法律关系的行为。"民事法律行为不再要求必须为合法行为。

（二）民事法律行为的构成要件

民事法律行为的构成要件可以分为一般成立要件与特别成立要件。前者指所有民事法律行为均具备的要件，一般包括当事人、标的、意思表示。后者指个别民事法律行为特有的要件，例如要式行为要求采用特定的形式。

（三）民事法律行为的特征

民事法律行为具备两个特征：一是民事主体实施的，以发生民事法律后果为目的的行为，二是其应是以意思表示为构成要素的行为。

（四）民事法律行为的分类

1. 单方法律行为、双方法律行为、多方法律行为和决议行为

单方法律行为是指根据一方的意思表示就能够成立的行为，单方法律行为大体上可以分为三种：即处分自己的权利、为他人设权、行使法律或者当事人约定的权利。

双方法律行为是指双方当事人意思表示一致才能成立的法律行为。双方法律行为的典型形式是合同。

多方法律行为是基于两个或两个以上共同的意思表示一致而成立的法律行为。

决议行为是指法人、非法人组织按照法律或者章程规定的议事方式和表决程序作出的决议的行为。

2. 诺成法律行为与实践法律行为

诺成法律行为是指当事人一方的意思表示一旦经对方同意，即能产生法律效果的法律行为，即"一诺即成"的行为。此种法律行为的特点在于当事人双方意思表示一致，法律行为即告成立。

实践法律行为是指除当事人双方意思表示一致以外，尚需交付标的物才能成立的法律行为。在这种行为中，仅凭双方当事人的意思表示一致，不能产生一定的权利义务关系，

还必须有一方实际交付标的物的行为，才能产生法律效果。例如，对小件寄存合同而言，只有寄存人将寄存的物品交付保管人，合同才能成立。

3. 要式法律行为与不要式法律行为

根据法律行为是否应以一定的形式为要件，可将法律行为分为要式法律行为与不要式法律行为。

所谓要式法律行为，是指应当根据法律规定或当事人约定的方式而实施的法律行为。对于一些重要的交易，法律常常要求当事人必须采取特定的方式实施法律行为。例如，对于中外合资经营企业合同，只有其获得批准时，合同方为成立或生效。

所谓不要式法律行为，是指当事人实施的法律行为依法并不需要采取特定的形式，当事人可以采取口头方式、书面形式或其他形式。合同除法律、法规有特别规定以外，均为不要式法律行为。

课堂讨论

威廉的叔叔允诺威廉，如果威廉在 21 岁以前不抽烟、不喝酒、不打牌、不说脏话，在威廉 21 岁时，他将给威廉 5 000 美元。威廉在 21 岁时，写信告诉其叔叔表明他已经履行了诺言，希望叔叔能够给他 5 000 美元。叔叔回信表示他相信威廉已经履行了诺言，但是他希望将 5 000 美元先存入银行，在威廉有能力妥善使用这笔钱时，将该笔款项连本带利交给威廉。后来，威廉的叔叔去世，其继承人没有将该笔款项交与威廉，威廉由此提出诉讼。

结合本节讨论的法律行为的概念，请思考：依据中国的法律，威廉与其叔叔的协议是否是法律行为？有没有强制执行效力？

二、意思表示

（一）意思表示的概念

民事法律行为是以意思表示为核心的行为，没有意思表示就没有法律行为。所谓意思表示，是指向外部表明意欲发生一定私法上效果的意思的行为。意思表示中的"意思"是指设立、变更、终止民事法律关系的内心意图。所谓"表示"，是指将此种内心意图表示于外部的行为。

（二）意思表示的生效

1. 无相对人的意思表示的生效

无相对人的意思表示属于单方意思表示，该意思表示不存在受领人。当事人是否作出意思表示、何时作出意思表示都取决于本人。因此，这种意思表示应从意思表示行为完成时就发生法律效力。它的成立时间和生效时间完全一致，如所有人抛弃自己的动产，就从抛弃行为时起生效。

但是某些情况下，无相对人的意思表示的成立时间与生效时间并不一致。如当事人订立遗嘱的行为，遗嘱是生前订立的，但在当事人死亡之后才能发生法律效力。

2. 有相对人的意思表示的生效

有相对人的意思表示又可以分为对话的意思表示与非对话的意思表示。

对话的意思表示中的"对话"就是直接以语言口头交流，当事人可以是面对面的交流，也可以是隔地的电话交流。对于对话的意思表示的生效时间，我国《民法总则》规定相对人知道其内容时生效。

非对话的意思表示，是指当事人不是直接以言语交流，而是以言语以外的方式作出意思表示的如书面、电报等。对于非对话的意思表示，我国法律采取的是到达主义原则，即意思表示到达相对人时生效。

3. 特殊意思表示的生效时间

（1）新闻媒体及其他公告方式的意思表示的生效

通过电视、广播进行意思表示的，意思表示在播放时发生法律效力；通过报刊、公告进行意思表示的，在报刊出版和公告发布时发生法律效力。这是因为，通过电视、广播和报刊及其他公告形式发布的意思表示的特点是，它往往没有特定的、明确的相对人，任何人都有接近这些媒体的可能性。公共媒体播放、刊发该意思表示后，法律就视为该意思表示到达了相对人的支配范围内，处于当事人随时可以了解的状态。至于事实上相对人是否知道该意思表示，不影响该意思表示的生效。

（2）采用数据电文形式的意思表示的生效

采用数据电文形式进行意思表示，相对人指定特定系统接收数据电文的，于该数据电文进入该特定系统时发生效力；未指定特定系统的，于该数据电文进入相对人的任何系统时发生效力。"数据电文"，仅仅指电子数据交换和电子邮件形式。电报、电传和传真只是合同的书面形式，而不是数据电文。

（三）意思表示的形式

根据我国法律的规定，意思表示有明示和默示两种形式。明示的意思表示是指行为人以语言、文字或者其他方式直接将内心意思予以表示。默示的意思表示是指行为人以能够被推知的方式间接的将内心意思予以表示。

（四）意思表示的撤回

意思表示的撤回，就是指意思表示在发出以后，在尚未到达意思表示的受领人之前，表意人将其意思表示撤回。只要撤回的通知先于意思表示到达或者与意思表示同时到达，该撤回就是有效的。由于意思表示生效才能发生相应的法律约束力，因此，在其生效之前，表意人发出撤回表示，且撤回表示在原意思表示生效之前生效或同时生效的，原意思表示当然不能生效。意思表示的撤回，只有在有相对人的时候才有意义。

（五）意思表示的解释

所谓意思表示的解释，就是指在意思表示不清楚、不明确而发生争议的情况下，法院或仲裁机构对意思表示进行的解释。根据法律规定，意思表示解释的规则有：

1．文义解释

文义解释是指通过对意思表示所使用的文字、语句的含义的解释来探求意思表示所表达的表意人的真实意思。

2．目的解释

目的解释是指对于意思表示的文字存在作两种解释的可能时，应当选取其中最合于意思表示目的的解释。

3．习惯解释

习惯解释是指在意思表示发生争议以后，应当根据当事人所知悉或实践的生活和交易习惯来对意思表示进行解释。

4．依据诚实信用原则解释

依据诚实信用原则解释就是指在意思表示发生争议以后，应当根据诚实信用原则来填补有关合同漏洞，对有争议的意思表示进行解释。

课堂讨论

古罗马法学家提到过这样一个案件：某男在临死前，妻子已有身孕，遂立下遗嘱：如果妻子生的是儿子，那么他的遗产的分配方案是：妻子得1/3，儿子得2/3。如果生下的是女儿，那么妻子得2/3，女儿得1/3。但后来他的妻子却给法官出了一个难题：妻子生下了一男一女。那么，依据其遗嘱，丈夫的遗产应当如何分配呢？

三、民事法律行为效力

（一）民事法律行为的生效要件

法律行为成立后，并不表示法律行为就一定能够发生法律上的效力。要发生法律上的效力，其还必须符合如下条件：

1．行为人有相应的民事行为能力

完全民事行为能力人可以独立从事所有的民事活动（除结婚必须到法定婚龄外）；限制民事行为人可以从事与其年龄，智力或者其精神健康状况相适应的民事活动。法人必须具有独立的法人资格，并在法律批准和章程规定的业务范围内从事民事活动。

2．行为人意思表示真实、自由

行为人表现于外部的意思与其内在的真实意思必须是一致的。包括：① 内部意思与外部表示一致；② 意思表示出于行为人的自愿。意思表示不真实、不自由的，会影响法律行为的效力。

3．不违反法律、行政法规的禁止性条款

民法中的条文可以分为强行性条款与任意性条款。强行性条款又包括强制性条款和禁止性条款。强制性条款是指当事人必须为一定行为，否则就是违法的；禁止性条款是指当事人不能为一定行为，否则就是违法的。民法中的大多数条款，尤其是合同法的条款都是

任意性条款，当事人可以约定适用，也可以排除其适用。对物权法中的条款和亲属法中的条款，当事人则不能排除其适用，因为这些条款基本上都是强制性条款和禁止性条款。必须注意的是，所有当事人只有违背法律的强制性条款和禁止性条款时，法律行为才无效。

4．不违反公序良俗

法律行为不能违反公序良俗，否则无效。

（二）效力待定的法律行为

1．效力待定的法律行为的概念

所谓效力待定的法律行为，是指法律行为成立之后，是否能发生效力尚不能确定，有待于其他行为或事实使之确定的法律行为。效力待定的法律行为包括以下类型：

（1）限制民事行为能力人从事的依法不能独立实施的法律行为

关于限制民事行为能力人依法不能独立实施的民事行为，根据我国《民法通则》第58条的规定，该行为无效；《民法总则》第145条规定，这类行为经法定代理人同意或者追认后有效。

（2）无代理权人因无权代理而从事的法律行为

无权代理行为人没有代理权、超越代理权或者在代理权终止后，以被代理人的名义实施的民事行为，只有经过被代理人的追认，该民事行为才能生效。当然，无权代理行为如构成表见代理，则为有效的法律行为。

（3）无处分权人因无权处分而从事的法律行为

无处分权的人处分他人之物或权利，只有该当事人事后取得了有处分权人的追认或取得处分权，该民事行为方可生效。但是，行为人实施无权处分行为时，受让人是善意的且无过失，构成动产善意取得的要件，该无权处分行为也可以成为有效的法律行为。也就是说，善意取得可以补正无权处分行为权源上的瑕疵。

2．效力待定法律行为的效力的确定

能够确定效力待定法律行为效力的法律事实是真正权利人行使追认权，对效力未定的法律行为进行事后追认。对限制民事行为能力人的效力待定的民事法律行为的追认权必须在收到通知之日起的一个月内做出，善意相对人行使撤销权，从而使效力待定的法律行为归于无效。

（三）无效的民事行为

1．无效民事行为的概念

无效的民事行为是指虽然已经成立，但因其在内容上违反了法律、行政法规的强制性规定和公序良俗而应当被宣告无效的民事行为。无效民事法律行为可以部分无效也可以全部无效，无效部分是自始、当然的不发生效力。

2．无效民事行为的分类

无为能力人实施的民事法律行为无效；以虚假的意思表示实施的民事法律行为无效；与相对人恶意串通，损害他人合法权益的民事法律行为无效；违反法律、行政法规的强制性规定民事法律行为无效；违背公序良俗的民事法律行为无效。

（四）可撤销的民事行为

1．可撤销的民事行为的概念

所谓可撤销的民事行为，是指当事人在从事民事行为时，因意思表示不真实，法律允许撤销权人通过行使撤销权而使该已经生效的法律行为归于无效。

2．可撤销民事行为的分类

（1）因重大误解而作出的民事行为

重大误解的民事行为是指一方因自己的过错而对民事行为的内容等发生误解而从事的某种民事行为。误解直接影响到当事人所应享有的权利和承担的义务。误解既可以是单方面的误解（如出卖人误将某一标的物当作另一物），也可以是双方的误解（如买卖双方误将本为复制品的油画当成真品买卖）。

（2）因欺诈而作出的民事行为

欺诈是一种故意违法行为。根据最高人民法院的解释，欺诈是指"一方当事人故意告知对方虚假情况，或者故意隐瞒真实情况，诱使对方当事人作出错误意思表示"的行为。

（3）因受胁迫而作出的民事行为

胁迫是以将来要发生的损害或以直接施加损害相威胁，使对方产生恐惧并因此而作出的行为。可见，胁迫行为包括两种情况：一是以将要发生的损害相威胁，所谓将要发生的损害，是指涉及生命、身体、财产、名誉、自由、健康、信用等方面的损害；二是胁迫者以直接面临的损害相威胁，也就是说，胁迫者通过实施某种不法行为，形成对对方当事人及其亲友人身的损害和财产的损害，而迫使对方作出民事行为。如对对方施行暴力（殴打、肉体折磨、拘禁等），或散布谣言、毁人名誉、毁损房屋等。

（4）显失公平的民事行为

显失公平的民事行为是指一方在从事某种民事行为时，因情况紧迫或缺乏经验而作出的明显对自己有重大不利的行为。显失公平的构成要件应包括两个方面：一是客观要件，即客观上当事人之间的利益不平衡；二是主观要件，即一方故意利用其优势或另一方的轻率、无经验等从事了显失公平的民事行为。

3．撤销权的行使

撤销权通常由因意思表示不真实而受损害的一方当事人享有，如重大误解中的误解人、显失公平中遭受重大不利的一方。《民法总则》规定，享有撤销权的一方只能以请求人民法院或者仲裁机构予以撤销的方式来行使撤销权，须提起诉讼或仲裁，要求人民法院或仲裁机构予以裁决。

撤销权因撤销权行使期间的经过而消灭。我国《民法总则》对于撤销权形式的期间有明确的规定，当事人应当在知道或者应当知道撤销事由之日起一年内行使撤销权。重大误解的应该在知道或者应当知道撤销事由之日起三个月内行使撤销权。被胁迫的，应当在胁迫行为终止之日起一年内行使撤销权。当事人知道撤销事由之日起 5 年内没有行使撤销权的，撤销权消灭。当事人也可以明示或者以自己的行为表示放弃撤销权。

撤销权一旦行使，经法院确认，使法律行为的效力溯及既往地消灭。法律行为一经撤销，发生等同于无效的效果，当事人应当依法互相返还财产、回复原状。

四、附条件法律行为与附期限法律行为

（一）附条件法律行为

1. 附条件法律行为的概念

所谓附条件的法律行为，是指当事人在法律行为中特别规定一定的条件，以条件的是否成就来决定法律行为效力的发生或消灭的法律行为。

2. 附条件法律行为的条件

"条件"是指决定民事法律行为的效力产生和消灭的未来不确定的事实。在附条件的法律行为中，条件具有限制法律行为效力的作用。但法律行为中所附的条件必须是将来发生的不确定的事实，该事实必须是双方当时意定的具有合法性和成就的可能性。

3. 条件拟制

条件拟制是为防止当事人认为的干涉条件的成就与不成就设立的一种机制，是指当事人为自己的利益不正当地组织条件成就时，视为条件已成就；不正当地促成条件成就的，视为条件不成就。

（二）附期限法律行为

所谓附期限法律行为，是指当事人在法律行为中设定一定的期限，并将期限的到来作为法律行为效力发生或消灭根据的法律行为。

（三）附条件、附期限法律行为的效力

附条件、附期限法律行为在于使法律行为的效力在时间和条件上受到限制。所以，对于附生效条件和期限的法律行为，当期限到来或条件成就时，法律行为发生效力；对于附终止条件和期限的法律行为，当期限到来或条件成就时，法律行为丧失效力。在期限到来之前，当事人虽然未实际取得一定的权利或者使一定的权利恢复，但存在取得权利或恢复权利的可能性，因此与附条件的法律行为一样，当事人享有期待权，这种权利也应受到法律保护。当期待权受到侵害的时候，受害人享有请求损害赔偿的权利。

课堂讨论

中学生赵小虎天资聪颖，酷爱足球运动。一天，他在大街上踢球，把邻街王大明家的玻璃踢坏了。王大明发现后非常生气，要赵小虎赔偿损失。赵小虎说："王大叔，明天我就让我父亲找人来给你修好。"王大明因为认识赵小虎的父亲，这才放了赵小虎。赵小虎非常沮丧，回家时发现社区有一个路路发施工队。于是就进去说："我们家的玻璃坏了，我父亲让你们明天早上去修理，并说好了价格200元。"同时把王大明的住址告诉了路路发施工队。第二天，路路发施工队派了两人去王大明家修理玻璃。王大明见来了施工队非常高兴，认为赵小虎非常守信用。玻璃修好之后，路路发施工队向王大明要200元的工钱

时，王大明才发现自己上了当，无奈只好支付了 200 元。愤怒的王大明第二天就到赵小虎家找他理论了。

对于本案，你认为应当如何处理？

五、代理

（一）代理的概念和范围

代理，是指代理人以被代理人的名义实施的，其法律效果直接归属于被代理人的行为。我国《民法总则》第 162 条规定：代理人在代理权限内，以被代理人的名义实施民事法律行为，对被代理人发生效力。

《民法总则》第 161 条规定了两种不得代理的情形：一是法律规定应当由本人亲自实施的民事法律行为，例如，我国《继承法》第 17 条规定，立遗嘱的行为只能由本人实施，不得代理；二是当事人约定只能由本人亲自实施的行为，不得代理。这主要是指委托代理中代理权范围的问题，例如，在民事诉讼中，诉讼代理人不得为代理权限范围之外的行为。

课堂讨论

唐大牙和米小书是一对情人，双方约定于情人节当日登记结婚，以表明自己婚姻的纪念意义。在两人前往办理婚姻登记的路上，唐大牙被车撞伤，送往医院抢救，但唐大牙不愿让自己的婚姻在情人节这天因此泡汤，就动员弟弟唐小牙以唐大牙的名义与米小书一起去办理结婚登记。不久，在医院治疗的唐大牙对护士王妹妹产生恋情，就以自己没有亲自办理婚姻登记为由，要求认定自己与米小书的婚姻无效。

根据代理的构成要件及我国《婚姻法》的规定，请分析唐小牙代理婚姻登记的性质及唐大牙与米小书之间结婚行为的效力。

（二）代理的分类

1. 委托代理和法定代理

《民法总则》第 163 条规定：代理包括委托代理和法定代理。《民法总则》的这一规定对《民法通则》作出了较大的改变，去掉了指定代理这一类型。

（1）委托代理

委托代理是指基于被代理人的委托授权而发生代理权的代理。代理人所享有的代理权是由被代理人授予的，因此，此种代理又称为授权代理。

（2）法定代理

法定代理是指依据法律规定而产生代理权的代理。法定代理权的发生不需要依赖于任何授权行为，而直接来源于法律的规定。法定代理主要是为无行为能力人和限制行为能力人设定的代理，由于无行为能力人和限制行为能力人本身欠缺相应的行为能力，需要由他人代理其行为，而其自身又不能为自己委托代理人，因此在法律上有必要设定法定代理人。

2. 单独代理和共同代理

所谓单独代理，是指代理权属于一人的代理。所谓共同代理，是指代理权由数人共同行使的代理。在法定代理中，父母的代理权原则上应由父母共同行使。在委托代理中，如果被代理人选定了数个代理人，其代理权限也应当共同行使。可见，一旦代理人为数人，便构成共同代理。在共同代理的情况下，代理权由数人共同享有，如果由一人从事代理行为，将构成无权代理，非经本人或其他数个代理人的承认，将不发生代理效果。代理人中的一人或者数人未与其他代理人协商，所实施的行为侵害被代理人权益的，由实施行为的代理人承担民事责任。

被代理人为数人时，其中一人或者数人未经其他被代理人同意而提出解除代理关系，因此造成损害的，由提出解除代理关系的被代理人承担。

3. 本代理和复代理

根据代理人的选任和产生方式的不同，代理可以分为本代理和复代理。所谓本代理，是指由本人选任代理人或者直接依据法律规定产生代理人的代理，一般的代理都是本代理。所谓复代理，又称为再代理，是指代理人为了实施其代理权限内的行为，以自己的名义选定他人担任被代理人的代理人的代理。

（三）代理的终止

代理的消灭，又称为代理的终止，是指代理人与被代理人之间的代理关系消灭。我国《民法通则》对委托代理、法定代理的终止都有明确规定。

1. 委托代理的终止原因

根据《民法总则》第173条的规定，委托代理因下列原因而终止：

（1）代理期限届满或者代理事务完成

代理期限实际上就是授予代理权的期限。代理人只能在该期限内享有代理权。如果代理期限规定不明确，或者代理事务范围不清楚，一般认为，在此情况下，被代理人有权随时以单方意思表示加以确定。如果代理的事务本来就不明确，代理人也可在完成某项代理事务后，随时提出终止代理关系。

（2）被代理人取消委托或者代理人辞去委托

取消委托和辞去委托，在性质上都是一种单方行为，只需要以单方意思传达于对方。如果因为单方解约而构成违约的，应当对对方承担违约责任。

（3）代理人丧失民事行为能力

代理人在代理权授予时具有行为能力，但后来代理人因各种原因而不具有行为能力的，将导致代理权终止。如果被代理人自愿选择一个限制民事行为能力人作为代理人代理其事务，则被代理人不得主张代理人的代理行为无效。

（4）代理人或者被代理人死亡

代理关系具有严格的人身属性，因此代理权必须由代理人亲自行使。代理人死亡以后，代理关系自然终止，代理权不能发生继承。被代理人死亡，代理关系原则上消灭，只有下列情况下，委托代理人实施的代理行为有效：① 代理人不知道并且不应当知道被代理人死亡的；② 被代理人的继承人均予承认的；③ 被代理人与代理人约定到代理事项完成时代理权终止的；④ 在被代理人死亡前已经进行，而在被代理人死亡后为了被代理人的继承人的利益继续完成的。由此可见，被代理人的死亡并不能当然导致委托代理的终止。

（5）作为被代理人或代理人的法人、非法人组织终止

如果法人是被代理人或代理人，法人因各种原因终止的，其民事主体资格不复存在，代理关系因为缺乏一方主体，也不应当继续存在。但是，法人被吊销营业执照，其主体资格并没有消灭，不能认为法人终止。在清算期间，法律允许清算法人从事必要的事务，如果已经成立代理关系，则应当继续有效。

2. 法定代理的终止原因

根据《民法通则》第 70 条的规定，法定代理因下列原因而终止：① 代理人取得或恢复完全民事行为能力；② 代理人丧失民事行为能力的；③ 被代理人或者代理人死亡；④ 法律规定的其他情形。例如，收养关系的解除导致收养人和被收养人之间的监护关系消灭，则收养人的代理资格丧失。

在代理关系终止以后，代理权归于消灭，代理人不得再以被代理人的身份从事代理活动，否则构成无权代理。

课堂讨论

赵涛是一家公司的董事长，他将自己的一套房屋赠予 5 岁的儿子赵小，他作为赵小的法定代理人接受该赠予，并到房地产登记机关办理了房屋所有权的转移登记，赵小成为该房屋的所有权人。之后随着房产市价的升高，赵涛代理赵小按照市价将该房屋出售给自己的公司，并办理过户登记手续。

请回答：

（1）赵涛代理赵小接受赠予房屋的行为是否为代理权的滥用？

（2）赵涛代理赵小将房屋出售给自己的公司的行为是否违背诚实信用原则？

（四）表见代理

1. 表见代理的概念

所谓表见代理，是指行为人没有代理权、超越代理权或者代理权终止后，以被代理人名义订立合同，相对人有理由相信行为人有代理权的，该代理行为有效。《民法总则》第 172 条明确规定："行为人没有代理权，超越代理权或者代理权终止后，仍然实施代理行为，相对人有理由相信行为人有代理权的，该代理行为有效。"表见代理属于一种物权代理。

2. 表见代理的构成要件

（1）无权代理人并没有获得本人的授权

表见代理属于广义的无权代理，因此只能在代理人无代理权而从事代理行为的情形下发生。需要指出的是，因授权不明而实施的代理行为并非无权代理，而是有权代理行为，

此种行为不构成表见代理，而应当由被代理人向相对人承担责任。

（2）第三人有合理的理由相信——权利外观

权利外观是指本人的授权行为已经在外部形成了一种表象，即能够使第三人有合理的理由相信无权代理人已经获得了授权。

（3）相对人主观上是善意的

所谓主观上的善意，是指相对人不知道或不应当知道无权代理人实际上没有代理权。

（4）相对人必须是无过失的

如果要将相对人的善意作为表见代理的构成要件，还应当强调相对人的无过失。所谓无过失，是指相对人不知道行为人没有代理权并非因疏忽大意或懈怠造成的。如果相对人明知行为人无代理权，或者应当知道行为人无代理权，却因过失而不知，则其对无权代理行为亦负有责任，在法律上没有必要对其进行保护。

（5）无权代理行为的发生与本人有关

在确定是否存在权利外观的情况下，应当考虑该权利外观是否是基于本人的意志而形成。只要本人的行为与权利外观的形成具有一定的牵连性，本人就应当承受表见代理的后果。

3．表见代理的法律效果

表见代理的法律效果要从两个方面来分析，一是本人与相对人之间的关系，二是无权代理人与本人之间的关系。在无权代理构成表见代理的情况下，表见代理人所从事的代理行为应直接归属于本人，即本人应受到表见代理人与相对人订立的合同的约束，直接享受或承担合同的权利和义务。在这一点上，表见代理与一般的有权代理是完全相同的。本人不得以其未授予代理人以代理权、代理行为违背自己的意志和利益等为由，而要求确认表见代理行为无效或拒绝接受代理行为的拘束。因此，所谓代理行为有效是就本人与相对人的关系而言的，在这方面，表见代理将发生和有权代理一样的效果，但是就本人与无权代理人的关系而言，并不因为表见代理产生有权代理的后果而使无权代理人免除其应当向本人承担的责任。在本人向相对人承担责任以后，代理人应依其过错而向本人承担损害赔偿责任。

课堂讨论

于飞开设了一家工厂从事铁粉生产和加工，其急需铁矿石，就委托当地"能人"金可代其购买铁矿，并出具授权委托书一份。金可据此持续为于飞购买铁矿石时间达一年，后来，于飞发觉金可为其购买的铁矿石价格过高，就中断了与金可之间的代理关系，并收回了授权委托书。此时，于飞的身份证遗失，恰好被金可捡到，金可就持此身份证继续以于飞的名义高价购进铁矿石。

请问：金可的行为是否构成表见代理？

第五节 民事责任

一、民事责任的概念和特点

民事责任是指当事人不履行民事义务所应承担的民法上的后果。民事责任具有如下特点：

第一，民事责任是民事主体违反民事义务而承担的不利后果。先有民事义务，而后才能产生民事责任。

第二，民事责任是对当事人的一种补偿责任。民事责任是违法行为人对受害人所应当承担的责任。民事责任的功能在于对受害人提供补救，使受害人遭受的全部损失得到恢复。

第三，民事责任具有强制性和一定程度的任意性。民事责任的任意性体现在，受害人可以不请求责任人承担民事责任，责任人可以与受害人通过协商的方式确定民事责任的承担。民事责任的强制性表现在，民事责任最终必须以国家强制力为保障，必须由法院最终确定责任的承担。如果受害人请求责任人承担责任，而责任人拒绝承担，受害人有权请求法院运用国家公权力强制执行。

课堂讨论

甲忘带家门钥匙，邻居乙建议甲从自家阳台攀爬到甲家，并提供绳索以备不测，丙、丁在场协助固定绳索。甲在攀爬时绳索断裂，从三楼坠地致重伤。各方当事人就赔偿事宜未达成一致，甲诉至法院。

请问：本案该如何处理？为什么？

二、民事责任的分类

（一）违约责任和侵权责任

违约责任是指合同当事人违反法律、合同规定的义务而应当承担的责任。侵权责任是指行为人因其过错侵害他人财产、人身，依法应当承担的责任，以及没有过错，在造成损害以后，依法应当承担的责任。违约损害赔偿仅限于财产损失赔偿，而且因为违约造成的损失并非都应当由违约方赔偿，只有那些违约方在订约时能够合理预见到的损失才应由违约方赔偿。而违约造成的人身伤亡和精神损害，一般不应当根据《合同法》提供补救。侵权损害赔偿，则既包括财产损失，也包括人身伤害和精神伤害，只要是因为侵权所造成的各种损失，无论是直接损失还是间接损失，都应当由侵权行为人赔偿。

（二）过错责任、无过错责任、公平责任

过错责任，是指在一方违反民事义务并致他人损害时，应以过错作为确定责任的要件和确定责任范围的依据的责任。若当事人没有过错，则虽有损害发生，行为人也不负责任。

无过错责任，是指行为人只要给他人造成损失，不问其主观上是否有过错而都应承担的责任。在无过错责任中，受害人并不需要就加害人的过错举证，而由行为人就其没有过错的事由予以反证，并且法律对行为人的免责事由作出严格的限制。

公平责任，是指在当事人双方对造成损害均无过错的情况下，由人民法院根据公平的观念，在考虑当事人的财产状况及其他情况的基础上，责令加害人对受害人的财产损失给予适当补偿的一种责任形式。

（三）按份责任、连带责任、不真正连带责任

按份责任，是指多个当事人按照法律的规定或者合同的约定，各自承担一定份额的责任。当法律没有规定或者当事人没有明确约定份额时，应当推定责任人承担均等的责任份额。某个债务人清偿债务超过自己应分担的份额的，有权向其他债务人追偿。

连带责任，是指当事人按照法律的规定或者合同的约定，连带地向权利人承担责任。在此种责任中，权利人有权要求责任人中的任何一个人承担全部的或者部分的责任，责任人也有义务承担部分的或者全部的责任。根据债权人不同的请求，每一个债务人可以清偿全部的或部分的债务。任何一个连带债务人对于债权人作出全部的清偿，都将导致责任消灭。

不真正连带责任，是指数个债务人基于不同的发生原因而对于同一债权人负有以同一给付为标的的数个债务，因一个债务人的履行而使全体债务均归于消灭。此时数个债务人之间所负的责任即为不真正连带责任。例如，甲引诱乙违约，致丙损失 100 元，甲、乙均负有向丙赔偿的责任。

三、民事责任的形式

（一）停止侵害

行为人实施的侵害他人财产和人身的行为仍在继续进行中时，受害人可依法请求法院责令侵害人停止其侵害行为。任何正在实施侵权行为的不法行为人都应立即停止其侵害行为，所以，停止侵害的责任形式可适用于各种侵权行为。

此种责任形式的主要作用在于：能够及时制止侵害行为，防止侵害后果扩大。但这种责任形式以侵权行为正在进行或仍在延续中为适用条件，对尚未发生的或业已终止的侵权行为则不能适用。

（二）排除妨碍

不法行为人实施的侵害行为使受害人无法行使或不能正常行使自己的财产权利、人身权利的，受害人有权请求排除妨碍。例如，在通道上施工、设置障碍影响路人通行的，应将障碍除去。若不法行为人自己不排除妨碍，受害人可请求人民法院责令不法行为人排除

妨碍。受害人在请求排除妨碍时，应注意妨碍行为必须是不正当的，可以是实际存在的，也可以是将来可能出现的。

（三）消除危险

行为人的行为对他人人身和财产安全造成威胁，或存在着侵害他人人身或财产的可能，他人有权要求行为人采取有效措施消除危险。例如，房屋的所有人或管理人不修缮房屋，致使房屋处于随时倒塌、危及他人人身和财产安全状态时，应负消除危险的民事责任。适用消除危险的责任形式必须是损害尚未实际发生，也没有妨碍他人的民事权利的行使，但行为人的行为又确有可能造成损害的后果，对他人造成威胁。适用此种责任方式，能有效地防止损害的发生，充分保护民事主体的民事权利。

（四）返还财产

返还财产是使不当变化的财产关系恢复到变动前的状况的一种民事责任方式，在侵占他人财产或者没有合法理由占有他人财产的情况下，该财产的权利人可以请求不法占有人返还该财产。不法占有者依据权力人的请求或者法院的判决，应当返还财产，使其回归于权利人的支配之下。物权法上，返还财产是返还原物；合同法或者侵权法上，返还财产可能是返还原物，也可能是返还价值相当的种类物或者金钱。

（五）恢复原状

恢复原状是指恢复权利被侵犯前的原有的状态。对于要恢复原状的权利首先要有修复的可能，然后要有修复的必要。如果财产被破坏得已无法修复，或者虽可修复，但所有人已不需要，则不能适用恢复原状的民事责任，而应当折价赔偿。在恢复原状时，应由加害人以自己的费用进行修理，受害人进行监督。

（六）修理、重作、更换

这是《民法总则》针对经济发展的新情况增加的一种新的民事责任方式。修理是指对交付的标的物进行修理，去除瑕疵，以使其达到约定的质量要求。重作通常是指在承揽合同中，承揽人重新制作标的物，以达到预定的要求。更换则发生在买卖合同等交付标的物的合同关系中，出卖人提供新的标的物替换已经交付但是存在或者可能存在瑕疵的标的物。

（七）继续履行

继续履行是违反合同法的民事责任方式之一。在合同关系中，一方当事人不履行合同义务或者不完全履行合同义务，权利人可以请求违约方继续履行合同项下的全部义务。

（八）赔偿损失

赔偿损失是指行为人因违反合同或侵权行为而给他人造成损害的，应以其财产赔偿受害人所受的损害的一种责任形式。赔偿损失是适用最为广泛的一种责任形式，它既可以适用于违约责任，也可以适用于侵权责任。赔偿损失是侵权责任中最基本的责任形式，也是因侵权行为而产生的债的关系。法律允许受害人向加害人提出赔偿请求，对于有效地保护受害人的利益、维护社会秩序、消除违法行为的后果具有极为重要的意义。

（九）支付违约金

支付违约金是违反合同的民事责任之一，合同双方可以在订立合同时对违约金的数额、计算方法和支付条件等作出约定。出现违约情况时，违约方应当按照约定支付违约金。该责任方式以当事人存在有效合同关系为前提。以一方不履行或者不适当履行合同构成违约为事实要件。违约金与违约损害赔偿不排斥。在违约金不足赔偿时，权利人还可以请求赔偿损失，当事人对违约金的数额约定过高时，法院要依据《合同法》的有关规定，予以必要调整。

（十）消除影响、恢复名誉、赔礼道歉

消除影响是指行为人因其侵害了公民或法人的人格权而应承担的在影响所及的范围内消除不良后果的一种责任形式。恢复名誉是指行为人因其行为侵害了公民或法人的名誉，应在影响所及的范围内将受害人的名誉恢复至未受侵害时的状态的一种责任形式。赔礼道歉是指责令违法行为人向受害人公开认错、表示歉意，主要适用于侵害人身权的情况。赔礼道歉既可由加害人向受害人口头表示承认错误，也可以由加害人以写道歉书的书面形式进行。当事人在诉讼中以赔礼道歉的方式承担了民事责任的，应当在判决书中叙明。

（十一）惩罚性赔偿

惩罚性赔偿是指超过受害人人身损害、财产损失和精神损害范围之外的金钱赔偿。其制度意义在于惩罚责任人而不是救济受到损害的一方。

四、免责事由

（一）正当防卫

正当防卫指行为人为保护自己的、他人的合法权益或者社会公共利益，而采取的一种防卫措施。正当防卫是受法律鼓励的合法行为，在性质上是针对正在实施的不法侵害行为所采取的必要限度内的防卫措施。

正当防卫的构成要件有：① 正当防卫必须针对侵害的实施者进行；② 正当防卫是针对不法行为所采取的必要措施，以达到防卫目的，免于侵害为限；③ 目的的正当性是实施正当防卫的免责理由和正当防卫权存在的基础，这就要求正当防卫人不仅必须认识到不法侵害的现实存在，还必须认识到其实施防卫行为是为了保护本人或他人的合法利益；④ 正当防卫必须是对正在进行的、尚未结束的侵害进行防卫，即防卫必须有紧迫性，防卫人不得在不法行为发生之前进行"事前防卫"，也不能在不法行为结束后进行"事后防卫"。

对于正当防卫造成的损害，不承担民事责任。对于防卫超过必要的限度，造成不应有的损害的，正当防卫人应当承担适当的民事责任。

（二）紧急避险

紧急避险是指紧急避险人为了使本人或者第三人的人身、财产或公共利益免受正在发生的、实际存在的危险而不得已采取的一种加害于他人的人身和财产的行为。

紧急避险产生于两种法律保护的利益之间的冲突，要么丧失自己的财产或生命，要么牺牲他人的财产或生命。紧急避险必须符合下列条件才能构成：① 必须有现实的危险，危险的来源可以是大自然的力量，如洪水、风暴，动物的袭击，疾病、饥饿等特殊情况及人的危害行为；② 危险必须是迫在眉睫、正在发生的；③ 必须是不得已而损害他人的合法利益，而且是为了避险而损害他人的合法利益；④ 必须没有超过必要的限度和造成不应有的危害。如果造成了不应有的危害的，构成避险过当，应承担法律责任。

（三）不可抗力

不可抗力是指不能预见、不能避免并不能克服的客观情况。《民法通则》第 153 条、《民法总则》第 180 条、《合同法》第 117 条对于不可抗力的规定是一致的。因不可抗力不能履行民事义务的，不承担民事责任。

第六节　诉讼时效

一、诉讼时效的概念

诉讼时效是指权利人知道或者应当知道权利受到损害的事实状态持续经过一定期间而未行使权利，义务人即产生不履行义务的抗辩权的一项制度。

二、诉讼时效的种类

根据《民法总则》的规定，诉讼时效分为两种，即普通的诉讼时效和最长诉讼时效。普通诉讼时效是指普遍适用请求权法律关系的诉讼时效，又称一般诉讼时效。《民法总则》第 188 条规定，向人民法院请求保护民事权利的诉讼时效期间为三年。最长诉讼时效是指对于各类请求权予以保护的最长时效，其时效期间是 20 年。

三、诉讼时效的计算

依据《民法总则》第 188 条的规定，诉讼时效期间应从请求权人知道或应当知道权利被侵害时开始计算。对于约定分期履行的债务，诉讼时效自最后一期履行期限届满之日起计算。无民事行为能力人或者限制民事行为能力人对其法定代理人的请求权的诉讼时效，自该法定代理终止之日起计算。未成年人遭受性侵害的损害赔偿请求权的诉讼时效期间，自受害人年满 18 周岁之日起计算。

四、诉讼时效的中止

所谓诉讼时效中止，是指在时效期间行将完成之际，有与权利人无关的事由而使权利人无法行使其请求权，法律为保护权利人而使时效期间暂停计算，待中止事由消灭后继续计算。

根据法律的规定，诉讼时效的中止发生在诉讼时效期间的最后 6 个月，法律规定的中止事由有：① 不可抗力；② 无民事行为能力人或者限制民事行为能力人没有法定代理人，或者法定代理人死亡、丧失民事行为能力、丧失代理权；③ 继承开始后未确认继承人或者遗产管理人；④ 权利人被义务人或者其他人控制的；⑤ 其他导致权利人不能行使请求权的障碍。

五、诉讼时效的中断

诉讼时效的中断是指在有法定事由发生时，此前已计算的时效期间全归无效，待中断事由消灭后，时效期间重新计算。

诉讼时效中断的事由包括：① 权利人向义务人提出履行请求；② 义务人同意履行义务；③ 权利人提起诉讼或者申请仲裁；④ 与提起诉讼或者申请仲裁具有同等效力的其他情形。

时效期间中断的效力，在于使此前已经进行的时效期间归于无效，另从中断时起重新计算时效期间。但因发生中断的原因不同，其重新计算时效期间的起算点亦有不同：

属于提起诉讼、提起仲裁、申请调解或向有关机构或机关要求保护民事权利等原因而致中断的，应从判决、裁定、裁决或调解协议生效，或有关机构或机关作出决定之时起，重新计算时效期间。

属于以其他方式主张权利的，应从中断原因发生时起重新计算时效期间。

属于义务人同意履行义务的，亦应从中断原因发生时起重新计算时效期间。

根据法律规定，法院可以依职权延长诉讼时效。

思考题

1. 试述民法的调整对象。
2. 简述民法的基本原则。
3. 什么是自然人的民事权利能力，什么是自然人的民事行为能力，是如何划分的？
4. 民事法律行为的概念和特征是什么？
5. 民事法律行为有哪些有效要件？
6. 什么是附条件和附期限的民事法律行为？它们的效果如何？
7. 代理的概念和特征是什么？
8. 什么是表见代理，表见代理的特征是什么，其法律后果如何？
9. 什么是诉讼时效？我国民法对诉讼时效是如何规定的？

第三章

合同法律制度

内容提要

　　合同是当事人经过平等协商达成一致意思后订立的协议，规定了相互之间必须履行的义务和应当享有的权利。既能保护当事人双方的正当权利，又具有维护社会稳定，促进经济发展的作用。本章从合同和合同法的概念入手，详细讲解了与合同有关的法律知识。

学习目标

知识目标

- 了解合同与合同法的概念
- 掌握合同的订立程序
- 掌握合同的基本内容
- 掌握合同的效力
- 掌握合同的履行
- 掌握合同的责任

能力目标

- 能够拟定合同
- 能够根据合同法的相关知识处理与合同有关的纠纷

引导案例

2010年4月，史某以其女儿王某为被保险人向保险公司投保两份国寿福禄双喜两全保险（分红型），合同成立日期为2010年4月2日，每份保险合同保险金额为22 738.5元，保险期间为32年，交费期满日为2015年4月2日，标准保费为15 000元。史某从2010年4月至2012年4月连续三年共缴纳保费90 000元，被保险人对保险人缴纳保费情况从未提出异议。2013年1月，王某到保险公司投诉，称其对涉案两份保险合同事先不知情，事后也没有追认，本人未签名。法律规定以死亡为给付保险金条件的保险合同，未经被保险人同意并认可保险金额的，合同无效，要求全额退费，但被保险公司拒绝。于是史某申请仲裁，请求裁决确认保险合同无效，退还已交保险费并支付利息。

请思考：该保险合同是否有效？

第一节　合同法律制度概述

一、合同的概念与特征

合同也称"契约"，其本意为"共相交易"。《中华人民共和国合同法》（以下简称《合同法》）准确地界定了合同的概念，即"合同是平等主体的自然人、法人、其他组织之间设立、变更、终止民事权利义务关系的协议。婚姻、收养、监护等有关身份关系的协议，适用其他法律的规定"。合同作为一种民事法律关系，与行政法律关系、经济法律关系、劳动法律关系有不同之处。其主要特征表现在以下几个方面：

首先，合同是平等主体之间的民事法律行为，这是由合同的法律属性所决定的。因为只有在当事人法律地位完全平等的前提下，当事人经过协商订立的合同条款才能体现权利与义务的对等。

其次，合同是两个或两个以上当事人意思表示一致的民事法律行为。根据《合同法》规定，单方意思不能构成合同关系，只有两个或两个以上当事人意思表示一致才能构成合同关系。

再次，合同是以设立、变更或终止民事权利义务关系为目的的民事法律行为。所谓设立民事权利义务关系，是指合同一旦有效成立，就在当事人之间确立了一定的民事权利义务关系；所谓变更民事权利义务关系，是指当事人之间因合同而确立的权利义务关系经过协商使之变化，从而形成新的民事权利义务关系；所谓终止民事权利义务关系，是指合同依法成立后，由于一定的法律事实出现，使得当事人之间由合同确立的民事权利与义务归于消灭。

最后，合同是基于各方当事人自愿意思表示而产生的民事法律行为。合同当事人在法律上具有完全平等的主体资格，这就意味着当事人在合同订立和履行时，任何一方不得凭借其优势地位将自己的意志强加于对方，当事人可按自己的意志自愿订立或不订立合同，拥有选择合同对方当事人的权利，合同条款应在各方意志的基础上经充分协商达成一致。这既是合同当事人法律地位平等的要求，也是衡量当事人法律地位平等的标准。

二、合同法及其基本原则

（一）合同法概述

合同法，即有关合同的法律规范的总称，是调整平等主体之间交易关系的法律。

在我国，合同法归属于民法，是我国民法的组成部分。合同法调整平等主体之间基于平等、自愿等原则而发生的转让物品或权利、完成工作和提供劳务的交易关系，故为交易法。这些交易关系可用货币衡量评价，具有财产价值，故合同法为财产法。合同法规范多为当事人交易的模式，允许当事人依其意思加以改变，故合同法基本上为任意法。合同法直接界定市场要素，全面规范市场交易活动，是市场经济的核心交易规则，故合同法为市场经济的基本法律。

（二）合同法的基本原则

合同法的基本原则，是指合同立法的指导思想及调整合同主体之间合同关系所必须遵循的基本方针和准则，贯穿于整个合同法律规范之中。合同法的基本原则也是制定、解释、执行和研究我国合同法的依据和出发点。我国合同法的基本原则主要包括平等原则、合同自由原则、诚实信用原则、合法原则和鼓励交易原则。

1. 平等原则

平等原则是指民法赋予民事主体平等的民事权利能力，并要求所有民事主体共同受法律的约束。这一原则反映在合同法中，就是肯定当事人合同地位平等，在权利义务的分配上平等协商，肯定合同主体受平等的法律保护。

2. 合同自由原则

合同自由原则即自愿原则，民事法律关系的基本特征是自愿，这也是民事法律关系与其他法律关系的主要区别。根据自愿原则，合同当事人享有自愿订立合同的权利，通过协商一致，自愿决定和调整相互权利义务关系。自愿原则也称为自由原则，它是合同法律制度的核心，反映了商品经济的客观要求。

3. 诚实信用原则

诚实信用原则是指当事人在合同订立、履行及合同关系终止前的整个过程中，必须诚实无欺，恪守诺言，讲究信用，相互协作，以善意方式履行合同义务，负有不得滥用权力及规避法律的义务。诚实信用原则作为合同法的基本原则，对当事人的全部合同行为有指导作用。

诚实信用原则作为合同法的一项基本原则，理应具有强制性规范的性质。在实践中，如果合同双方当事人的利益或当事人与社会、他人的利益发生冲突，而合同法对此又无具体规范时，需要用诚实信用原则予以调整。

4. 合法原则

合同法要求当事人在订立及履行合同时，应当遵守法律、法规，不得扰乱社会经济秩序。这一规定使得其他法律、法规的规定得以对合同行为的合法性和有效性做出限制。当事人通过合同形式进行交易，为达到交易成功，确保合同中的权益得以实现，合同必须合法。只有合法合同才受国家法律保护，违反法律的合同不受国家法律的保护。

5. 鼓励交易原则

合同法以调整交易关系为对象。各种纷繁复杂的交易关系，都要表现为合同关系，并要借助于合同法予以规范。合同法的规则就是规范交易过程并维护交易秩序的基本原则。

第二节　合同的订立与成立

一、合同的订立

（一）合同订立的程序

合同订立，是指缔约人为意思表示并达成一致意见的状态。我国《合同法》第 13 条明确规定："当事人订立合同，采取要约、承诺方式。"

1. 要约

要约，是一方当事人以缔结合同为目的，向对方当事人提出合同条件，希望对方当事人接受的意思表示。在商业活动及对外贸易中，要约常被称作发价、发盘、出盘、报价等。要约既可以采取口头形式，如直接对话或电话方式，也可以采取书面形式，如交换信函、电报、电传、电子邮件或传真等。构成要约须符合以下条件：

（1）要约的目的应明确，即要约人发出的意思表示必须是以订立合同为目的。

（2）要约必须是特定人所为的意思表示。这里的特定人可以是自然人、法人，也可以是本人或者代理人。所谓特定的人，并不是指某个具体确定的人，而是指凡能为外界所客观确定的人，都可视为特定的人。例如，自动售货机的设置也可视为一种要约。

（3）要约必须是向相对人作出的意思表示。要约必须经过相对人的承诺才能发生要约人希望的效果，即订立合同。因此，要约必须是要约人向相对人发出的意思表示。相对人一般为特定的人，一般情况下，要约人在特定的时间和场合只能与特定的对方当事人订立特定内容的合同。但是，对于不特定的人作出而又无碍要约所达目的时，要约也可成立。例如，商店柜台标明商品价格出售，其要约是面对任何顾客的，这是对一定范围的不特定人发出的要约。悬赏广告是以广告的方式声明对完成一定行为的人给予报酬的意思表示，它是以广告方式对不特定人的要约，相对人以完成一定行为作出承诺，合同即告成立。

（4）要约必须具有订立合同的主观目的。要约必须以订立合同为目的。凡不是以订立合同为目的的行为都不是要约。

（5）要约的内容必须具体、确定。即要约应表达出订立合同的意思，并包括一经承诺合同即足以成立的各项基本条款。

口头形式的要约，自受要约人了解时发生效力。书面形式的要约，《合同法》第16条第1款明确规定："要约到达受要约人时生效。"所谓到达，是指要约送达受要约人能够控制的地方。此外，《合同法》第16条第2款规定："采用数据电文形式订立合同，收件人制定特定系统接收数据电文的，该数据电文进入该特定系统的时间，视为到达时间，未指定特定系统的，该数据电文进入收件人的任何系统的首次时间，视为到达时间。"

在要约有效期内，要约人不得随意改变要约的内容，不得撤回要约，否则，由此给受要约人造成损失的，必须承担赔偿责任。受要约人在要约发生效力时，取得其承诺而成立合同的法律地位。如果受要约人对要约予以承诺，便使合同成立。受要约人没有必须承诺的义务，若不承诺，合同不成立。依照法律规定或一般商业惯例负有承诺义务的情况，受要约人不能拒绝承诺。例如，供方不得拒绝承诺订货方依某项指令性计划提出的要约。

要约人在要约生效之前，为了使要约不发生法律效力，可以撤回要约，要约撤回的通知必须先于或同时与要约到达受要约人，才能产生撤回的效力。要约被撤回后，即对要约人失去约束力。在要约生效后，要约人欲使要约丧失法律效力可以撤销要约，要约撤销的条件为撤销要约的通知应当在受要约人发出承诺通知之前到达受要约人。但有下列情形之一的，要约不得撤销：① 要约人确定了承诺期限或者以其他形式明示要约不可撤销的；② 受要约人有理由认为要约是不可撤销的，并已经为履行合同做了准备工作的。

有下列情形之一的，要约丧失法律效力：

（1）受要约人拒绝要约。受要约人可以通知的方式拒绝要约，或者采用沉默的方式拒绝。即使已经承诺，如果对要约内容进行扩张、变更或者限制，也视为拒绝要约。

（2）要约人依法撤销要约。

（3）承诺期限届满。受要约人未在有权承诺的期限内作出承诺的，要约即失效。

（4）受要约人对要约的内容作出实质性变更。受要约人只要对要约中有关合同的标的、数量、质量、价款或者报酬、履行期限、履行地点和方式、违约责任和解决争议方法等内容作出修改，均是对要约的内容作出了实质性变更，此种情况实际上是受要约人向要约人发出了新要约。

读 一 读

要约与要约邀请的区别

要约是希望和他人订立合同的意思表示。发出要约的是要约人，接受要约的称为受要约人、相对人、承诺人。要约是合同订立所必须经过的一个阶段。要约要具备法律效力必须符合规定的有效条件，不具备这些要件，要约不能成立，也就不具备法律效力。

要约邀请是指一方当事人邀请对方当事人向自己发出要约的意思表示。我国《合同法》第15条明确规定，寄送的价目表、拍卖公告、招标公告、招股说明书、商业广告等为要约邀请。要约和要约邀请的区别如下：

第一，二者的性质不同。要约邀请在性质上是一种事实行为，本身不具有法律意义。因为，要约邀请是邀请当事人订立合同的意思表示，是订立合同前的一种预备行为，并没有法律约束力，行为人在法律上无须承担责任；要约是具有法律意义的行为，一经受要约人承诺，就产生合同关系。要约发出之后对要约人和受要约人都有法律约束力。

第二，二者的内容不同。要约邀请是当事人表达某种意愿的事实行为，其内容是希望对方主动向自己提出订立合同的意思表示；而要约是希望和他人订立合同的意思表示。要约的主要内容是未来合同的内容，一般包括合同的主要条款。

第三，约束力不同。要约邀请不含有要约人表示愿意接受受要约人承诺约束的内容，要约邀请人将自己处于一种可以选择是否接受对方要约的地位；而要约中含有当事人表示愿意接受受要约人承诺约束的内容，要约人将自己置于一旦对方承诺，合同即告成立的无可选择的地位。

2. 承诺

承诺，是受要约人作出的同意要约以成立合同的意思表示。在商业交易中，承诺又称为接盘、收盘。承诺的构成要件如下：

（1）承诺必须由受要约人作出。受要约人除其本人外，还包括受要约人授权的代理人。代理人在授权的范围内所作的承诺与受要约人的承诺有同等的效力。

（2）承诺必须向要约人作出，也包括要约人授权的代理人。

（3）承诺的内容应当与要约的内容一致。承诺是受要约人愿意按照要约的内容与要约人订立合同的意思表示，所以，欲取得成立合同的法律效果，承诺就必须在内容上与要约的内容一致。

（4）承诺必须在要约的存续期间内作出。要约指定了承诺期限的，所指定的期限即为有效期限。要约未指定有效期限的，通常认为合理的期限即为有效期限。

作为意思表示的承诺，其表示方式应当与要约一致。我国《合同法》第22条规定："承诺应当以通知方式作出，但根据交易习惯或者要约表明可以通过行为作出承诺的除外。"承诺的表示方式应注意以下几点：① 要约以对话方式作出的，除当事人另有约定外，应当即时作出承诺，过后承诺的，要约人有权拒绝要约；② 承诺的表示一般应以通知的方式作出，通知可以是口头的或者书面的，但依法必须以书面形式订立的合同，其承诺必须以书面形式作出；③ 根据交易习惯或者要约表明可以通过行为作出承诺的，行为也可以作为承诺的表示方式；④ 当事人可以约定数据电文作为承诺方式。

承诺人阻止承诺发生法律效力的意思表示为承诺的撤回。撤回的通知必须先于或同时与承诺到达要约人，才能发生阻止承诺生效的效力。如果迟于承诺到达要约人，因承诺已经生效，合同往往随之成立，则不发生承诺撤回的效果。

（二）合同的形式

合同的形式又称合同的方式，是当事人合意的表现形式，是合同内容的外部表现，是合同内容的载体。《合同法》第10条规定，当事人订立合同，有书面形式、口头形式和其他形式。法律、行政法规规定采用书面形式的，应当采用书面形式。

1. 口头形式

口头形式是指当事人只用语言为意思表示订立合同，而不用文字表达协议内容的合同形式。

2. 书面形式

书面形式是指以文字或数据电文（包括电报、电传、传真、电子数据交换和电子邮件）等表现当事人所订合同的形式。合同书及任何记载当事人的要约、承诺和权利义务内容的文件，都是合同的书面形式的具体表现。

3. 其他形式

依照我国《合同法》的规定，其他形式是指行为推定形式。行为推定形式只适用于交易习惯许可或者要约明确要求时，不能普遍适用。《合同法》第 26 条规定："承诺不需要通知的，根据交易习惯或者邀约的要求作出承诺的行为时生效。"

（三）合同的内容

合同的内容也称为合同的条款，是由当事人约定的。我国《合同法》第 12 条明确规定，当事人的约定只要不违背法律、行政法规的禁止性规定，当事人便可自由决定合同的各项条款。但为了方便当事人订立合同时有可供参考的内容，《合同法》提示合同一般包括以下 8 个条款：① 当事人的名称或者姓名和住所；② 标的；③ 数量；④ 质量；⑤ 价款或报酬；⑥ 履行期限、地点和方式；⑦ 违约责任；⑧ 解决争议的方法。

二、合同的成立

（一）合同成立的要件

合同成立是指订约当事人就合同的主要条款达成合意。合同的成立要件分为一般成立要件和特别成立要件。合同的一般成立要件有：

（1）应有订立合同的双方或多方当事人。合同反映的是双方或多方当事人的意志，仅有一方当事人合同无从成立。

（2）当事人各方意思表示一致，即要约得到了承诺。双方当事人只有意思表示一致，才能在双方当事人之间产生合同关系。仅有单方意思表示或当事人意思表示不一致，即不能达成合意，合同便无法完成。

（3）当事人各方一致的意思表示所设立、变更或终止的民事权利义务关系可能履行。如果合同约定的权利义务无法履行，合同的目的就无法实现，最终丧失订立合同的意义。

（4）具备合同基本的条款。标的、质量、数量条款属于合同中的基本条款，缺失此类条款，合同就无法履行。

合同的特别成立要件，则是依法规定或依交易惯例确定或依当事人特别约定的合同成立要件。如对于实践合同，交付标的物即是合同成立的必要条件。

（二）合同成立的时间

合同成立的时间是指合同当事人确立债权债务关系的时间。由于订立合同的形式不同，确定合同成立时间的标准不一样，所以，在合同成立的时间上也就存在差异，主要包括以下几种情况：

（1）以直接对话方式订立的合同，以承诺人表示承诺的时间为合同成立的时间。

（2）当事人采用书面形式订立合同的，合同成立时间为合同双方签字或者盖章的时间；签字、盖章有先后的，以最后签字盖章的时间为合同成立的时间。

（3）当事人采用信件、数据电文等形式订立合同的，可以在合同成立之前要求签订确认书，签订确认书时合同成立，即承诺在确认书签订之日才正式生效。

（4）法律、法规规定应当采用书面形式或者当事人约定应当采用书面形式订立合同，当事人未采用书面形式，但当事人一方已经履行了合同主要义务，并且对方接受的，合同成立，对方接受履行的时间为合同成立时间。

（5）签订要式合同，以法律、法规规定的特殊形式要求完成的时间为合同成立的时间。如当事人特别约定合同需要经鉴定、公证、登记程序的，则必须在履行全部手续后合同才算成立。

（三）合同成立的地点

合同成立的地点是指完成合同订立程序的地点。以对话方式缔约时，承诺之地为合同成立的地点；以非对话方式缔约，并采用书面形式的，以在合同书上签字或盖章之地为合同成立的地点，合同约定的签订地与实际签字或盖章地点不符的，人民法院应当认定约定的签订地为合同签订地，合同没有约定签订地，双方当事人签字或盖章不在同一地点的，人民法院应当认定最后签字或盖章的地点为合同签订地。若采取口头形式，要以承诺生效的地点为合同成立地。

电子合同采取电子签名，不同于传统的在纸质文件上签字或盖章，因此在确定电子合同的成立地点方面具有特殊性。按照《合同法》第 34 条第 2 款的规定，收件人的主营地为合同成立的地点。没有主营业地的，其经常居住地为合同成立的地点。

第三节　合同的效力

一、合同的效力概述

合同的效力是合同对当事人所具有的法律的约束力，使合同具有法律效力是当事人订立合同的最基本，也是最重要的要求。合同法对合同的成立和合同生效规定了统一的要件，同时，当事人也可以约定合同生效的特殊要件，只有符合法定条件或约定条件的合同才具有法律效力，不符合法定条件的合同，被认定为无效合同，未具备约定条件的合同称为不生效的合同。

已经成立的合同，根据不同的情况，可能出现以下几种结果：一是有效合同，二是效力待定合同，三是无效合同，四是可撤销合同。其中，可撤销合同是相对无效合同。对于已经成立但欠缺某些生效要件的效力待定合同，则应区别对待其效力。经过补正，符合法定生效要件的效力待定合同，属于有效合同，反之，则是无效合同。

二、合同的生效

（一）合同生效的要件

合同生效是指依法成立的合同在当事人之间发生相应的法律效力。其生效要件包括以下四个方面：

1. 当事人在缔结合同时应有相应的缔约能力

所谓缔约能力，是指合同主体能够通过自己的行为缔结合同并享有合同权利，承担合同义务的资格。我国《合同法》第 9 条明确规定："当事人订立合同，应当具有相应的民事权利能力和民事行为能力。当事人依法可以委托代理人订立合同。"无论自然人、法人、其他组织还是其委托的代理人，在签订合同时都应当具备相应的缔约能力。对自然人而言，只有完全民事行为能力人才能够亲自订立合同。限制民事行为能力人可订立纯获利益的合同及与其年龄、智力、精神健康状况相适应的合同，但订立的其他合同只有经其法定代理人追认后，方能生效。无民事行为能力人不具有合同的主体资格，也不具备相应的缔约能力，不能单独订立合同，必须由其法定代理人代为订立合同。但在我国民法理论中，通常认为无行为能力人订立的纯获利益的合同与其智力状况、年龄相适应的供给其日常学习、生活需要物品的合同（如接受赠与的合同、购买文具的合同等），无须追认当然有效。

对法人和其他组织而言，其民事权利能力和民事行为能力的范围通常以法人或其他组织核准的经营范围为准。法人或者其他组织的法定代表人、负责人超越其经营范围订立的合同，只要不违反国家限制经营、特许经营，以及法律、行政法规禁止经营规定的，该合同仍然有效。

2. 当事人的意思表示要真实

意思表示真实，是指缔约人的表示行为应真实地反映其内心的效果意思，即要求其效果意思与表示行为相一致。它作为合同的有效要件，是意思自治原则的当然要求。

意思表示不真实，对合同效力的影响应视具体情况而定。在一般误解等情况下，合同仍为有效。在重大误解时，合同则可变更或撤销。在乘人之危致使合同显失公平的情况下，合同可被变更或撤销。在因欺诈、胁迫而成立合同场合，若损害国家利益，合同无效；若未损害国家利益，合同可被变更或撤销。

3. 不违反法律和社会公共利益

合同不违反强制性法律规范及公序良俗，是其生效的一个重要条件。强制性法律规范分为强制不作为规范（又称禁止性规范）和强制作为规范（又称命令性规范）。这类规范不允许当事人违反，否则将导致法律的全然否定性评价。我国《合同法》第 52 条第 3 款、第 5 款明确规定，以合法形式掩盖非法目的的合同和违反法律、行政法规强制性规定的合同是无效合同。社会公共利益，是指社会公共秩序和善良风俗，包括社会生活的政治基础、社会秩序、道德准则和善良风俗习惯等在内。《合同法》第 52 条第 4 款明确规定，损害社会公共利益的合同无效。

4. 合同标的的确定和可能

合同标的的确定，是指合同标的在合同成立时已确定或处于将来履行时可以确定的状态。所谓"处于可以确定的状态"，包括合同约定了将来确定标的的方法；或者依照法律补缺性规定补充当事人意思不足而可以确定合同的标的，或者以交易习惯和商业惯例可以确定合同的标的；或经法官、仲裁员对合同的解释能够确定合同标的。

合同标的的可能，是指合同标的客观上有实现的可能。客观上不可能实现的标的，民法理论上称之为标的不能。

综上所述，只有同时具备了以上四个条件，合同才能够生效。它们是合同生效的一般要件。

（二）合同生效的时间

合同生效的时间，是指合同产生法律效力的起始时间。由于合同成立和合同生效是两个不同的概念，所以合同成立的时间不完全等同于合同生效的时间。根据我国《合同法》的规定，合同生效的时间主要有以下四种情况。

1. 合同成立时生效

依法成立的合同，自成立时生效。这是一般情况下合同生效的时间。

2. 合同自办理批准、登记等手续后生效

法律、行政法规规定应当办理批准、登记等手续生效的，依照其规定办理批准、登记等手续后生效。如《担保法》规定，房屋抵押合同自办理登记手续之日起生效。

3. 合同自所附生效条件成就时生效

当事人对合同的效力可以约定附条件，约定的条件不得违反法律、法规或者社会公共利益。附生效条件的合同，自条件成就时生效。附解除条件的合同，自条件成就时失效。当事人为自己的利益不正当地阻止条件成就的，视为条件已成就；不正当地促成条件成就的，视为条件不成就。

4. 合同自所附生效期限届至时生效

当事人对合同的效力可以约定附期限。附期限的合同，是指当事人在合同中附有将来确定发生的期限，并在该期限到来时作为合同生效或失效依据的合同。附期限的合同包括附生效期限的合同和附终止期限的合同两种。前者所附期限，又称始期或延缓期限，是决定合同效力发生的期限；后者所附期限，又称终期或解除期限，是决定合同效力终止的期限。

三、无效合同与可变更或可撤销合同

（一）无效合同

无效合同，是指已经成立的合同，因严重欠缺法定生效要件而全部或部分不发生法律

效力，不具有法律约束力的合同。合同无效的原因有以下几种：

1. 一方以欺诈、胁迫的手段订立合同，损害国家利益

为了防止当事人利用合同损害国家利益，达到保护国家财产的目的，同时又能充分体现意思自治原则，保护合同当事人的利益，保障交易的顺利进行，《合同法》将以欺诈、胁迫手段订立的合同效力状态分为两种情况：如果一方以欺诈、胁迫的手段订立合同，损害了国家利益的，为无效合同。如果一方以欺诈、胁迫的手段使对方在违背真实意思的情况下订立合同，但没有损害国家利益的，为可变更或可撤销的合同。

2. 恶意串通，损害国家、集体或者第三人的利益

所谓恶意串通，是指合同的当事人为了私利而共同预谋，相互勾结，以非法的方式共同实施损害国家、集体或第三人的利益的行为。

3. 以合法形式掩盖非法目的

以合法形式掩盖非法目的，是指当事人通过实施形式合法的行为来掩盖其非法的目的。形式上合法是当事人掩盖其非法目的的一种手段，其实质是规避法律，对他人造成损害。由于这种合同目的的违法性，因此属于无效合同。

4. 损害社会公共利益

社会公共利益涉及全体社会成员的共同利益，如果不加以保护，社会将处于混乱状态，个人利益也将受到损害，因此，损害社会公共利益的合同为无效合同。如有违反公平竞争、限制经济自由、有损人格尊严、破坏公序良俗等内容的合同，必然不受法律保护。

5. 违反法律、行政法规的强制性规定

《合同法》第52条第5款明确指出，"违反法律、行政法规的强制性规定"的合同无效。这一规定表明：当事人在合同中不得排除法律、行政法规的强制性规定的适用。

除此之外，《合同法》第40条和第53条还规定了合同部分条款无效的情形：① 造成对方人身伤害的免责条款和因故意或者重大过失造成对方财产损失的免责条款无效；② 格式条款具有《合同法》第52条、第53条规定情形的，或者提供格式条款的一方利用优势在拟定的合同中有免除其责任、加重对方责任、排除对方主要权利的条款无效。

（二）可变更或可撤销合同

可变更或可撤销合同，是指因存在法定事由，合同一方当事人可请求人民法院或者仲裁机构撤销或者变更合同。其中，当事人请求变更或撤销的权利统称为撤销权。所谓变更，是指对合同某些内容的改变。合同的变更不影响合同的效力。所谓撤销，是指当事人通过行使撤销权，使已经生效的合同归于无效。可变更合同或可撤销合同是当事人一方请求变更或撤销，并且经人民法院或者仲裁机构予以变更或撤销为前提条件的。即变更合同或者撤销合同应当由当事人一方来选择，但需经过人民法院或仲裁机构的确认，当事人不得擅自变更或者撤销合同。

合同可变更或可撤销的法定事由如下：

1. 因重大误解订立的合同

重大误解，是指当事人对合同的性质，对方当事人，标的物的种类、质量、数量等涉及合同后果的重要事项存在错误认识，违背其真实意思表示订立合同，并因此受到较大损

失的行为。

2. 在订立合同时显失公平的合同

显失公平的合同，是指一方当事人利用自己的优势或对方没有经验，在订立合同时，致使双方权利义务不对等，使一方遭受重大不利。在显失公平的合同中，一方当事人处于优势，另一方当事人则处于不利地位。而这种不利地位是一方当事人缺乏经验或对方利用自己的优势造成的，并不是该当事人的真实意思表示。

3. 一方以欺诈、胁迫的手段使对方在违背真实意思但不损害国家利益的情况下订立的合同

所谓欺诈，是指当事人一方故意隐瞒真实情况或者编造虚假情况，是对方陷入错误而违背自己真实的意思表示的行为。所谓胁迫，是指当事人一方以未来的不法损害相恐吓，使对方发生恐惧，并且因此作出违背自己真实意思的表示。

当事人一方以欺诈、胁迫的手段使对方在违背真实意思的情况下订立的合同，如果没有损害国家利益的，为可变更或可撤销合同。法律便将合同效力的决定权交给受欺诈、胁迫的当事人，使其在权衡利弊得失后，自主作出是否变更或撤销合同的决定。

4. 乘人之危使对方在违背真实意思的情况下订立的合同

乘人之危，是指当事人一方利用对方的急迫需要或处于危险处境，迫使对方作出违背其真实意思，接受于其非常不利的条件的现象。

根据合同法的规定，对因重大误解订立的合同和在订立合同时显失公平的合同，撤销权的主体为当事人任何一方；因以欺诈、胁迫的手段或者乘人之危，使对方在违背真实意思的情况下订立的合同，撤销权的主体为受损害方。但根据《合同法》第 55 条的规定，有下列情形之一的，撤销权消灭：

（1）具有撤销权的当事人自知道或者应当知道撤销事由之日起一年内没有行使撤销权的。此"一年"时效为不变期间，不适用诉讼时效中止、中断或者延长的规定。

（2）具有撤销权的当事人知道撤销事由后明确表示或以自己的行为放弃撤销权的。

（三）无效合同与可变更或可撤销合同的法律后果

合同被确认无效和被撤销都将产生无效的法律后果，合同没有履行的，当事人不得履行；已经履行的，则应恢复到合同未履行的状态。因此，无效合同和被撤销合同主要有以下几种财产责任：

1. 返还财产

返还财产，是指合同当事人在合同被确认无效或被撤销以后，交付财产的一方享有请求返还该财产的权利，同时接受财产的一方负有返还该财产的义务；如果双方都取得了对方的财产则应互相返还。返还财产的范围，以全部返还为原则，既包括原物，也包括原物所产生的孳息。

2. 折价补偿

折价补偿是指在合同被确认无效或被撤销以后，当事人一方因合同取得对方的财产不能返还或者没有必要返还的，按照所取得财产的价值进行折算，以相应的对价对其进行补偿。

3. 赔偿损失

损害补偿以过错责任为归责原则，即主观上对合同无效或被撤销有过错的一方当事人，应赔偿因此给对方造成的损失；如果合同的无效和被撤销是双方当事人的过错所致，即双方都有过错，应当由双方当事人按照其过错的大小及责任的主次，各自承担相应的责任。

4. 收归国家所有或者返还集体、第三人

《合同法》第 59 条规定："当事人恶意串通，损害国家、集体或者第三人利益，因此取得的财产收归国家所有或者返还集体、第三人。"

同时，《合同法》第 56 条规定："合同部分无效，不影响其他部分效力的，其他部分仍然有效。"如果违法条款影响其他条款的效力的，其他条款也随之无效；如果违法条款不影响其他条款的效力，其他条款仍然有效，即该合同部分有效。《合同法》第 57 条规定："合同无效，被撤销或者终止的，不影响合同中独立存在的有关解决争议方法的条款的效力。"根据这一规定，在合同确认无效或被撤销后，合同中解决合同争议的方法的条款继续有效。

四、效力未定合同

（一）效力未定合同的概念与特征

效力未定的合同，是指已成立的合同，因当事人缺乏缔约能力、代订合同的资格或处分能力，致使合同效力能否发生尚未确定，须经过事后由权利人追认方可生效，在一定期限内不予追认则为无效的合同。

效力未定合同既不属于无效合同，也不是可撤销合同。它有以下几个方面的特征：

（1）合同已成立，且内容合法，无意思表示瑕疵。该类合同从内容上看，既不违反法律、行政法规的强制性规定，也不违反公序良俗原则。

（2）合同的效力处于未确定状态。该类合同虽然成立，内容合法，但由于合同主体资格上存在欠缺，其效力能否发生尚未确定。所以，它既可能发生法律效力，也可能不发生法律效力。

（3）合同是否生效取决于事后权利人是否追认。

（二）效力未定合同的种类及其处理

1. 限制民事行为能力人依法不能独立订立的合同

《合同法》第 47 条第 1 款规定："限制民事行为能力人订立的合同，经法定代理人追认后，该合同有效，但纯获利益的合同或者与其年龄、智力、精神健康状况相适应而订立的合同，不必经法定代理人追认。"

限制民事行为能力人依法不能独立订立合同效力的核心问题是法定代理人的追认权。追认权是一种形成权，是指有权人事后承认限制民事行为能力人超出其缔约能力所订立合同效力的一种单方意思表示。法定代理人追认的意思表示一经作出，即发生追认的效力，该合同即自始有效。追认权可以是限制民事行为能力人的法定代理人自行行使，也可以经

相对人催告后行使，但行使追认权须采用明示的方式。法定代理人对合同的效力没有明确追认的，法律规定实行推定，即根据法定代理人没有作出明确追认的意思表示的事实，推定其对该合同的效力拒绝追认。

由于法律对限制民事行为能力人给予了特殊保护，同时为了防止相对人的正当利益受到损害，《合同法》在赋予限制民事行为能力人的缔约权和法定代理人的追认权的同时，还赋予相对人催告权和撤销权。《合同法》第 47 条第 2 款规定："相对人可以催告法定代理人在一个月内予以追认。法定代理人未作表示的，视为拒绝追认。合同被追认之前，善意相对人有撤销的权利。撤销应当以通知的方式作出。"

2. 无权代理行为人订立的合同

所谓无权代理行为人订立的合同，是指不具有代理权的行为人以被代理人名义与第三人订立的合同。它包括三种情况：① 行为人没有代理权而订立的合同，即行为人未经过被代理人的授权，就以被代理人的名义签订合同；② 行为人超越代理权而订立的合同，即行为人与被代理人之间有代理关系存在，但代理人超越了被代理人的授权范围而与第三人签订合同；③ 行为人的代理权终止后订立的合同，即行为人与被代理人之间原有的代理关系终止后，仍然以被代理人的名义与第三人签订合同。《合同法》第 48 条规定："行为人没有代理权、超越代理权或代理权终止后以被代理人名义订立的合同，未经被代理人追认，对被代理人不发生效力，由行为人承担责任。相对人可以催告被代理人在一个月内予以追认。被代理人未作表示的，视为拒绝追认。合同被追认之前，善意相对人有撤销的权利。撤销应当以通知的方式作出。"

同时，《合同法》第 49 条又规定："行为人没有代理权、超越代理权或代理权终止后以被代理人名义订立合同，相对人有理由相信行为人有代理权的，该代理行为有效。"该无权代理构成表见代理。虽然表见代理的法律后果应当由被代理人承担，但被代理人对有过错的行为人享有追偿权。被代理人因为承担该合同法律后果所造成的损失，有权请求行为人赔偿。

3. 法人或者其他组织的法定代表人、负责人超越权限订立的合同

法人或者其他组织的法定代表人、负责人是法人或者其他组织的机关，对外代表法人或其他组织，他们应当在其权限范围内代表法人或者其他组织从事民事活动。《合同法》第 50 条规定："法人或者其他组织的法定代表人、负责人超越权限订立的合同，除相对人知道或者应当知道其超越权限的以外，该代表行为有效。"这一规定表明，为了维护交易安全，保护善意相对人的利益，对于法定代表人或者负责人超越权限订立的合同，如果相对人知道或者应当知道其超越权限的，该代表行为无效，其所签订的合同属于无效合同；否则，该代表行为有效，其所签订的合同则属于有效合同。

4. 无处分权人订立的合同

无处分权人订立的合同一般具有以下特点：一是行为人在订立合同时对他人的财产没有处分权；二是行为人实施了处分他人财产的行为；三是行为人以自己的名义与相对人订立处分他人财产的合同，这是无权处分行为与无权代理行为的区别；四是该合同属于效力待定合同。《合同法》第 51 条规定："无处分权的人处分他人财产，经权利人追认或者无处分权的人订立合同后取得处分权的，该合同有效。"由此可见，无处分权人订立的合同

可能产生两种法律后果：① 未经权利人追认或者在订立合同后行为人仍未取得处分权的，该合同无效；② 经权利人追认后或者无处分权人订立合同后取得处分权的，该合同有效。

课堂讨论

2011 年 4 月 27 日，宋某所在单位某县运输总公司向保险公司投保综合意外伤害保险，保险金限额为 20 万元，投保意外医疗责任保险，保险金限额为 2 万元，保费 260 元。投保单备注栏手写注明："符合报销范围的意外医疗费用，扣除 100 元免赔额后，按 80% 的比例给付保险金，长途司机职业的被保险人，营运过程中的保险责任属本合同除外责任。"保险生效期间为 2011 年 4 月 28 日起至 2012 年 4 月 27 日止。

2012 年 1 月 11 日 3 时 5 分，宋某驾驶大客车发生交通事故而受伤致残，其通过所在单位向保险公司提出理赔申请。保险公司根据《团体保险投保单》中约定的"长途司机职业的被保险人，营运过程中的保险责任属本合同的除外责任"，即约定合同的投保范围不包括长途司机的营运过程的意外伤害事故为由拒赔，原告宋某遂向法院提起诉讼。

请问：保险合同手写注明的除外责任是否具有法律效力？

第四节　合同的履行

一、合同的履行概述

（一）合同履行的概念和特征

合同的履行，是指合同双方当事人正确、全面、适当地完成合同规定的各项义务的行为。当事人应当按照约定全面履行自己的义务。当合同义务执行完成时，合同也就履行完毕。合同的履行有以下法律特征：

1. 履行是当事人的履约行为

合同义务的当事人，一般是合同当事人，但在特殊情况下也可以是合同以外的第三人。履行合同义务的行为一般都表现为当事人的积极行为，但在特殊情况下，消极的不作为也是合同的履行。

2. 履行是当事人全面完成合同义务的行为过程

当事人完成合同义务的整个行为过程，与每一个执行合同义务的行为结合在一起，构成了一个合同履行的完整过程。

3. 合同履行的前提是合同的有效成立

依法不成立的合同，不受法律保护，其权利义务对双方当事人均无约束力，合同当事人也不能实现订立合同时的目的。

（二）合同履行的原则

合同履行的原则，是指合同当事人在履行合同债务时所应遵循的基本准则。合同履行的特有原则包括：

1. 诚信原则

《合同法》第 60 条第 2 款规定："当事人应当遵循诚实信用原则，根据合同的性质、目的和交易习惯履行通知、协助、保密等义务。"此规定可以理解为在合同履行问题上将诚实信用作为基本原则的确认。

2. 全面履行原则

《合同法》第 60 条第 1 款规定："当事人应当按照约定全面履行自己的义务。"这一规定，确立了全面履行原则。全面履行原则，又称适当履行原则或正确履行原则。它要求当事人按合同约定的标的及其质量、数量，合同约定的履行期限、履行地点，适当的履行方式，全面完成合同义务的履行原则。

3. 协作履行原则

协作履行原则，是指当事人不仅适当履行自己的合同债务，而且应基于诚实信用原则的要求协助对方当事人履行其债务的履行原则。合同的履行，只有债务人的给付行为，没有债权人的受领给付，合同的内容仍难实现。因此，履行合同，不仅是债务人的事，也是债权人的事，协助履行往往是债权人的义务。

4. 经济合理原则

经济合理原则，是指双方当事人履行合同时，要讲求经济效益，付出最小的成本，取得最大的合同利益。合同作为市场经济的重要手段，它的履行必须以追求效益最大化为目标。例如，在运输合同中，当事人选择的运输路线、运输方式等都要有助于实现合同的最大利益；在保管合同中，保管人应及时处理临近失效期或有异常状况的物品。

5. 情事变更原则

情事变更，是指在合同有效成立后，履行前，因不可归责于双方当事人的原因而使合同成立的基础发生变化，如继续履行合同将会造成显失公平的后果。在这种情况下，法律允许当事人变更合同的内容或者解除合同，以消除不公平的后果。

二、合同履行的规则

合同履行的规则是指合同在履行过程中需要遵守的具体准则。我国《合同法》对合同履行规则的规定有如下几种：

（一）内容约定不明确的履行规则

《合同法》第 60 条规定："合同生效后，当事人就质量、价款或者报酬、履行地点等内容没有约定或约定不明确的，可以协议补充；不能达成补充协议的，按照合同有关条款或者交易习惯确定。"

如果合同当事人对合同该条款没有约定或者约定不明确，既不能通过补充协议来确定合同内容，又不能按照合同有关条款或者交易习惯来确定合同内容时，应当按照《合同法》第 62 条的规定，对约定不明确的合同内容进行补充确定。

（1）合同标的质量条款约定不明确的，按照国家标准、行业标准履行；没有国家标准、行业标准的，按照通常标准或者符合合同目的的特定标准履行。所谓通常标准，是指该标的物在通常流通中所适用的标准。所谓符合合同目的的特定标准，是指符合合同标的用于特殊用途的质量要求。

（2）合同价款或者报酬不明确的，按照订立合同时履行地的市场价格履行；依法应当执行政府定价或者政府指导价的，按照规定履行。

（3）履行地点条款不明确的履行，给付货币的，在接受货币一方所在地履行；交付不动产的，在不动产所在地履行；其他标的，在履行义务一方所在地履行。

（4）履行期限条款不明确的履行，债务人可以随时履行，债权人也可以随时要求履行，但应当给对方必要的准备时间。

（5）履行方式条款不明确的履行，按照有利于实现合同目的的方式履行。

（6）履行费用指合同义务履行的费用，包括运费、技术鉴定费、产品包装费等。如果合同对于履行费用没有约定或者约定不明确，由履行义务一方负担。

（二）政府定价或者指导价变动的履行规则

《合同法》第 63 条规定："执行政府定价或者政府指导价的，在合同约定的交付期限内政府价格调整时，按照交付时的价格计价。逾期交付标的物的，遇价格上涨时，按照原价格执行；价格下降时，按照新价格执行。逾期提取标的物或者逾期付款的，遇价格上涨时，按照新价格执行；价格下降时，按照原价格执行。"由此可知，《合同法》对执行政府定价或者政府指导价的合同履行规定了三种情况：

1. 按期履行合同时的价格确定

在合同约定的交付期限内，政府定价或者政府指导价发生调整，不论价格上涨或者下降，凡是按期履行合同的，都应按照交付标的物时的价格履行。

2. 逾期交付标的物的价格确定

逾期交付标的物的，遇价格上涨时，按照原价格执行；遇价格下降时，按照新价格执行。这种规定在法律上体现了对违约方的惩罚与对守约方的保护，其目的是为了促使合同当事人全面履行合同义务。

3. 逾期提取标的物或者逾期付款的价格确定

逾期提取标的物或者逾期付款的，遇价格上涨时，按照新价格执行；遇价格下降时，按照原价格执行。这一规定也属于价格制裁条款，也是为了促使当事人全面履行合同义务。

（三）第三人介入的履行规则

根据合同相对性原则，合同的履行应当由双方当事人亲自履行，这是合同履行的一般要求，但为适应社会主义市场经济的需要，合同法突破了合同相对性原则，分别规定了向第三人履行和由第三人履行的情形。

1. 合同债务人向第三人履行的规则

《合同法》第 64 条规定："当事人约定由债务人向第三人履行债务的，债务人未向第三人履行债务或者履行债务不符合约定，应当向债权人承担违约责任。"向第三人履行债务的合同，具有以下法律特征：

（1）债务人向第三人履行必须是合同当事人在合同中的约定条款，如果当事人没有约定，只有在债务人同意的情况下，第三人才能成为合同接受履行的人。

（2）债务人向第三人履行债务增加的费用，属于债务人额外支出的费用，由债权人负担。

（3）债务人向第三人履行债务不当向债权人承担违约的责任，而不是向第三人承担违约责任。

（4）第三人在接受合同的履行中的违约行为，由债权人负责，债务人可以直接要求债权人承担相应的法律责任。如第三人迟延接受货物或者迟延支付价款的，迟延履行的责任由债权人承担，而不是由第三人承担。

（5）凡是国家法律、法规政策、计划等要求必须由当事人亲自履行的合同，合同性质决定必须由当事人亲自履行的合同，以及当事人约定必须亲自履行的合同，合同债务人都必须亲自履行，而不能由第三人代替履行。

2. 第三人向债权人履行债务的规则

《合同法》第 65 条规定："当事人约定由第三人向债权人履行债务的，第三人不履行债务或者履行债务不符合约定，债务人应当向债权人承担违约责任。"合同债务可以由第三人履行，但应符合下列条件：① 须债权人与债务人没有相反约定；② 须经第三人同意；③ 不得对债权人产生不利，必须确保债权人的债权能完全实现，而不能损害债权人的利益；④ 依债务的性质可以由第三人代为履行；⑤ 第三人的履行行为不能违反法律和社会公共利益。

三、合同的保全

合同的保全，是指法律为防止债务人的财产不当减少从而给债权人的债权带来危害时，允许债权人代债务人之位向第三人行使债务人的权利，或者请求法院撤销债务人与第三人的民事法律制度。前者为代位权制度，后者为撤销权制度。代位权是为保持债务人的财产而设，撤销权是为恢复债务人的财产而设。

（一）代位权

代位权，是指当债务人怠于行使其对第三人享有的到期债权而又危及债权人的利益时，债权人为保全自己的债权，可以自己的名义向人民法院请求代位行使债务人的权利。

行使代位权，必须具备以下六个条件：

（1）债权人与债务人之间必须有合法的债权债务关系存在。

（2）债务人享有对于第三人的权利。但专属于债务人自身的债权，即基于扶养关系、抚养关系、赡养关系、继承关系产生的给付请求权和劳动报酬、退休金、养老金、抚恤金、安置费、人寿保险、人身伤害赔偿请求权等权利除外。

（3）必须是债务人怠于行使其权利，对债权人造成损害的。

（4）必须是债权已届履行期，债务人已陷于迟延。

（5）有保全债权的必要。这是指债权人的债权有不能依债的内容获得满足的危险，有代位行使债务人权利以实现债权的必要。

（6）债权人代位行使的范围应以保全债权的实现为标准。

债权人行使代位权，可以起诉债务人，也可以同时或单独起诉次债务人，但次债务人对债务人的抗辩，可以向债权人主张。债权人胜诉的，诉讼费由次债务人负担，从实现的债权中优先支付。

（二）撤销权

所谓撤销权，又称撤销诉权或废罢诉权，是指债权人对于债务人实施的危及债权人利益的减少财产的行为，债权人可依法请求人民法院撤销的权利。撤销权成立必须满足以下条件：

首先，必须是债务人实施了一定的危及债权人的债权的行为，该行为在债权发生后才成立和生效，且继续存在，通常表现为放弃到期债权、无偿转让财产等。具体包括：债务人实施了法律意义上的财产处分行为；债务人处分财产的行为已经发生法律效力；债权人处分财产的行为严重损害债权。

其次，债权人行使撤销权必须是针对债务人在实施处分财产的行为时，债务人与第三人（即受益人）都具有主观恶意。如只有债务人的恶意，而第三人是善意时，债权人不能行使撤销权。债务人的恶意，是指债务人必须有损害的故意，或债务人对其行为可能引起或增加自己资历不足的状态并有害于债权人的利益认识不足；受益人的恶意，是指其受益时知道债务人的行为将有害于债权，而无须受益人自己具有危害债权的恶意。债权人的恶意证明，施行推定原则。

撤销权自债权人知道或应当知道撤销事由之日起一年内行使。债权人不知道或不应当知道撤销事由，自债务人的行为发生之日起5年内没有行使撤销权的，该撤销权消灭。

第五节 合同的责任

一、缔约过失责任

缔约过失责任，是指当事人在订立合同的过程中，因违反法律规定、违背诚信原则，导致合同未能成立，并给对方当事人造成损失的，应承担损害赔偿责任。

缔约过失责任以先合同义务为成立前提，也称前合同义务，是当事人在订立合同期间应承担的义务，即指合同成立前当事人负有的告知、协助、保密等诚信义务。其构成要件为：

（1）缔约一方违反前合同义务。

（2）违反前合同义务的当事人主观上有故意或者过失的过错。一方当事人只有在欺诈、隐瞒、胁迫等心理状态下所为的行为违反前合同义务时，才需承担缔约过失责任。

（3）违反前合同义务的一方当事人给对方造成了损失。

（4）违反前合同义务与损失之间有因果关系。

《合同法》第42条、第43条规定了四种须承担缔约过失责任的情形：

（1）假借订立合同，恶意进行磋商。

（2）故意隐瞒与订立合同有关的重要事实或者提供虚假情况。

（3）违反保密义务。当事人在订立合同的过程中知悉的商业秘密，无论合同是否成立，不得泄露或者不正当地使用。泄露或者不正当地使用该商业秘密给对方造成损失的，应当承担损害赔偿责任。

（4）有其他违背诚实信用原则的行为。

二、违约责任

（一）违约责任的概念和特征

违约责任，也称违反合同的民事责任，是指合同当事人不履行合同义务或履行合同义务不符合约定时，依照法律规定或合同约定应承担的责任。违约责任的产生是以合同的有效存在为前提的。合同一旦生效以后，将在当事人之间产生法律约束力，当事人应按照合同的约定全面、严格地履行合同义务。

违约责任具有以下特点：

（1）违约责任是民事责任的一种形式。

（2）违约责任的产生是以合同当事人不履行合同义务为条件的。

（3）违约责任具有相对性。违约责任只能在特定的当事人之间，即合同关系的当事人之间发生，合同关系以外的人，不负违约责任，合同当事人也不对其承担违约责任。债务的履行需要履行辅助人的，债务履行辅助人的行为由债务人向债权人负责。

（4）违约责任可以由当事人约定。根据《合同法》第114条的规定，"当事人可以约定一方违约时应当根据违约情况向对方支付一定数额的违约金，也可以约定因违约产生的损失赔偿额的计算方法。"

（5）违约责任以补偿性为主，同时也具有一定的制裁性。

（二）违约行为及其具体表现

违约行为，是指当事人一方不履行合同义务或者履行合同义务不符合约定的行为。违约行为有以下几种形态：

1. 不履行

不履行，即完全不履行，指当事人根本未履行任何合同义务的违约情形。债务人不履行合同义务可以采用明示或默示方式。根据当事人的主观态度，不履行可分为拒绝履行和履行不能。

拒绝履行是指履行期限到来后，债务人无正当理由拒绝履行债务的行为。履行不能即合同的不可能履行，是指合同债务人在客观上已失去履行合同的条件或能力。合同的履行不能与拒绝履行在表现形式方面，都是债务人不履行合同的行为。

2. 迟延履行

迟延履行，是指当事人履行合同义务违反了履行期限的规定。合同履行期限届满而未履行债务，但当事人最终履行了合同规定的义务。

3. 不适当履行

不适当履行是指债务人虽然履行了债务，但履行不符合合同规定的质量要求，即履行有瑕疵。

4. 部分履行

部分履行，是指合同虽然履行，但履行不符合数量的规定，或者说履行在数量上存在着不足。在部分履行的情况下，非违约方首先有权要求违约方依据合同规定的数量条款继续履行，交付尚未交付的货物、金钱及提供未提供的服务。非违约方也有权要求违约方依约支付违约金。如果因部分履行造成了损失，非违约方有权要求违约方赔偿损失。

（三）违约责任的承担方式

《合同法》第 107 条规定："当事人一方不履行合同义务或者履行合同义务不符合约定的，应当承担继续履行、采取补救措施或者赔偿损失等违约责任。"违约责任的承担方式主要有如下几种：

1. 继续履行

继续履行是指违约方不履行合同时，由法院或仲裁机关强迫债务人在指定期限内履行合同债务。

《合同法》第 109 条规定："当事人一方未支付价款或者报酬的，对方可以要求其支付价款或者报酬。"第 110 条规定："当事人一方不履行非金钱债务或者履行非金钱债务不符合约定的，对方可以要求履行，但有下列情形之一的除外：（一）法律上或者事实上不能履行；（二）债务的标的不适于强制履行或者履行费用过高；（三）债权人在合理期限内未要求履行。"

2. 损害赔偿

损害赔偿，是指违约方因不履行或不完全履行合同义务给对方造成损失，依法或者根据合同约定应承担的赔偿责任。

《合同法》第 112 条规定："当事人一方不履行合同义务或者履行合同义务不符合约定的，在履行义务或者采取补救措施后，对方还有其他损失的，应当赔偿损失。"赔偿损失的范围可由法律直接规定或者当事人事先约定。我国《合同法》第 113 条第 1 款对赔偿损失的范围作了明确规定，即"当事人一方不履行合同义务或者履行合同义务不符合约定，给对方造成损失的，损失赔偿额应当相当于因违约所造成的损失，包括合同履行后可以获得的利益，但不得超过违反合同一方订立合同时预见到或者应当预见到的因违反合同可能造成的损失。"由此可见，赔偿损失的范围应当包括直接损失和间接损失。

3．违约金

违约金是指合同当事人在合同中约定的，在合同债务人不履行或履行债务不符合约定时，向对方当事人支付的一定数额的金钱。违约金是违约责任中常见的责任形式之一。违约金作为违约责任的方式，直接来源于双方当事人在合同中的约定，若当事人在合同中未约定违约金条款，则不产生违约金责任。

《合同法》第 114 条规定："当事人可以约定一方违约时应当根据违约情况向对方支付一定数额的违约金，也可以约定因违约产生的损失赔偿额的计算方法。约定的违约金低于造成的损失的，当事人可以请求人民法院或者仲裁机构予以增加；约定的违约金过分高于造成的损失的，当事人可以请求人民法院或者仲裁机构予以适当减少。当事人迟延履行约定违约金的，违约方支付违约金后，还应当履行债务。"

（四）违约责任的免责事由

免责是指在合同履行的过程中，因出现了法定的免责条件或合同约定的免责事由，违约人将因此而免于承担违约责任。这些法定的免责条件和约定的免责事由被统称为免责事由。我国《合同法》仅承认不可抗力为法定的免责事由。不可抗力包括以下几种情况：

1．自然灾害

自然灾害如地震、台风、洪水、海啸等。尽管随着科学技术的进步，人类已经不断提高了对自然灾害的预见能力，但自然灾害仍频繁发生并影响着人们的生产和生活，阻碍合同的履行。因此，自然灾害属于典型的不可抗力。

2．政府行为

政府行为主要是指当事人在订立合同以后，政府颁布新政策、法律或行政措施而导致合同不能履行。

3．社会异常现象

社会异常现象主要是指一些偶发的事件阻碍合同的履行，如罢工、骚乱等。这些行为既不是自然事件，也不是政府行为，而是社会中人为的行为，但对于合同当事人来说，在订约时是不可预见的，因此也可以称为不可抗力事件。

课堂讨论

甲与乙订立了一份苹果购销合同，约定"甲向乙交付 20 万公斤的苹果，货款 40 万元，乙向甲支付了定金 4 万元；如果任何一方不履行合同应支付违约金 6 万元。"甲因将苹果卖给丙而无法向乙交付苹果，乙提出何种诉讼请求既能最大限度保护自己的利益，又能获得法院支持？

思考题

1. 合同法遵循哪些原则?
2. 合同的订立程序是什么?
3. 合同的主要内容包括什么?
4. 合同有几种效力情形?
5. 合同的履行规则有哪些?
6. 简述合同的责任。

第四章

保险法概述

内容提要

　　保险业是国民经济中发展最快的行业之一。随着行业规模的迅速扩大，保险业的服务经济社会发展全局方面的步伐明显加快，担当起越来越重要的责任。为了保证我国保险业的健康发展，相关部门必须依法规范保险活动，使保险活动完全纳入法制轨道，在订立保险合同、设立保险公司及经营保险业务等方面，都要严格遵循法律规定。本章从保险法的概念、保险法的适用范围和基本原则等方面，讲解保险法的相关内容。

学习目标

知识目标

- 了解什么是保险法
- 了解保险法的制定与修订
- 了解保险法的适用范围
- 理解保险法的基本原则

能力目标

- 能够在实践中具体运用保险法基本原则

引导案例

2016 年 4 月 24 日，原告李某向被告（某保险公司）业务员杨某购买了尊享人生保障责任险，保费为 380 元，保险金额为意外伤害最高 100 万元，航空 100 万元，意外身故 30 万元，意外伤残 30 万元，意外医疗 3 万元，意外住院津贴每天 100 元。因双方是通过网络沟通后达成的合同签订意向，被告业务员杨某没有向李某提供保险合同，也没有说明免赔范围，为此，原告李某还特意问杨某工伤是否可以理赔，对方说可以，于是原告决定购买这份保险，并依业务员杨某的要求将 380 元保费转入其指定账号。

2016 年 5 月 27 日，原告李某在工作中被机器压伤左手的拇指和食指，导致两个手指末节骨折。受伤后，李某在该市人民医院住院治疗，至 2016 年 7 月 1 日出院，住院 35 天，出院医嘱建议休息 1 个月。2016 年 8 月 1 日，原告李某向被告提出保险理赔要求。2016 年 10 月 16 日，被告向原告送达团体理赔退材料通知单，告知全额拒付，但未说明拒付理由。后来，经过拨打被告理赔电话才得知该险种有五类职业属于免赔范围，冲床便是其中之一。

原告认为，被告没有提供保险合同，也未对免赔范围做出说明，在原告询问工伤属否属于理赔范围后给出肯定答复，现原告因工作受伤，被告应当依据开始的承诺支付赔偿。为此，原告诉至法院，请求判令被告支付原告医疗费 11 427.3 元、住院津贴 3 500 元。

请思考：假如你是法官，你会如何处理此案？

第一节　保险法的概念

"保险法"一词有广义和狭义两种解释。广义的保险法指以保险关系为调整对象的一切法律规范的总称。广义上的保险法包括商业保险法和社会保险法两大类，具体分为保险业法、保险合同法、保险特别法和社会保险法四大类。

提　示

保险关系：是指因保险合同而发生的权利义务关系及在保险监管过程中所发生的各种关系。

保险业法：是调整保险团体组织及保险监管关系的法律规范。

保险合同法：是调整保险合同当事人、关系人及辅助人之间保险权利义务的法律规范。

保险特别法：是专门调整某一险种保险关系的法律规范。

> 社会保险法：是国家就社会保障所颁发的法令总称。是为了规范社会保险关系，维护公民参加社会保险和享受社会保险待遇的合法权益，使公民共享发展成果，促进社会和谐稳定而制定的法律。

狭义上的保险法特指商业保险法，其所调整的保险关系包括：保险人与投保人之间的保险合同关系；保险人与被保险人、受益人之间基于保险合同所形成的权利义务关系；投保人与被保险人、受益人之间基于保险合同所形成的权利义务关系；保险人与保险中介人之间的权利义务关系；保险人之间的权利义务关系；保险人内部的组织关系；保险监管机构与保险人、保险代理人、保险经纪人及保险公估人之间的监管与被监管关系。一般所说的保险法是指狭义的。

第二节　保险法的制定与修订

一、保险法的制定

1995 年 6 月 30 日，《中华人民共和国保险法》（以下简称《保险法》）在第八届全国人民代表大会常务委员会第十四次会议上通过，并于同年 10 月 1 日起施行，这是新中国成立以来第一部保险基本法。《保险法》的制定适应了我国保险业迅速发展的客观需要，填补了我国系统性保险立法的空白。同时，还适应了发展我国社会主义市场经济的需要，严格规范保险行为，全面保护被保险人和保险当事人的合法权益，强化对保险业的监督管理，保证保险事业的健康发展。

二、保险法的修订

2002 年 10 月 28 日，第九届全国人民代表大会常务委员会第三十次会议对《保险法》做了首次修订，并于 2003 年 1 月 1 日起施行。该次修改主要侧重于对保险监管法部分的进一步完善。

2009 年 2 月 28 日，第十一届全国人大常委会第七次会议对《保险法》进行了第二次修订，并于 2009 年 10 月 1 日起施行。这次修订对保险业发展和保险监管做出了许多新的规定，进一步完善了商业保险的基本行为规范和国家保险监管制度的主体框架。

2014 年 8 月 31 日，第十二届全国人民代表大会常务委员会对《保险法》再次修正。修订后的《保险法》共 8 章 187 条。

2015 年 4 月 24 日，第十二届全国人民代表大会常务委员会第十四次会议全国人民代表大会常务委员会对《保险法》再次修正。修订后的《保险法》共 8 章 185 条。

2015 年 10 月 14 日，国务院发布《保险法》第三次修订草案。本次《保险法》共新增 24 条，删除 1 条，修改 54 条，修改后共 9 章 208 条。其中，进一步放松业务管制，适度放松资金管制是此次修订的首要内容。另外，除首次提到的建立巨灾保险制度和互联网保险业务等外，还在拓宽保险业务、扩大保险行业的企业经营自主权、保障消费者的合法权益和加强偿付能力、违规处罚等方面作出修改。

第三节　保险法的适用范围

保险法作为规范保险活动的重要法律，与其他法律一样有其确定的适用范围。法律的适用范围就是指法律的效力范围，即法律在哪些地方、对哪些行为产生法律效力。法律的适用范围是由国家主权及其立法体制决定的，准确掌握法律的适用范围，对正确适用法律具有重要意义。

一、保险法的空间效力

我国《保险法》第 3 条规定："在中华人民共和国境内从事保险活动，适用本法。"由此说明，保险法适用的地域范围是在中华人民共和国境内。中华人民共和国境内即是我国行使国家主权的空间，包括陆地领土、领海、内水和领空四个部分，凡在上述主权管辖范围所及的全部领域发生的保险活动，都要适用保险法。

需要指出的是，香港和澳门虽然是我国领土，但由于历史原因，根据宪法、香港特别行政区基本法和澳门特别行政区基本法的规定，这些地区的保险活动可适用本地区的特别法规定，因此保险法不适用于这些地区的保险活动。

二、保险法对人的效力

虽然保险法没有明确其所适用的主体范围和客体范围，即哪些保险活动主体和哪类保险行为受本法调整，但是根据《保险法》第 3 条的规定可知，说明无论是中国自然人、法人还是外国自然人、法人及无国籍人，只要在中华人民共和国境内从事保险活动，包括处于保险人地位或处于投保人、被保险人、受益人地位的所有保险当事人，都必须遵守和执行本法；无论外国保险组织在中国境内设有机构或没有设立机构，只要从中国境内吸收投保，并依所订立的保险合同在中国境内履行保险责任，都受本法的约束。

同时本法第 2 条明确规定保险法仅调整商业保险活动，因此，在中国境内从事的所有商业保险活动，包括保险人的业务经营、保险代理人、保险经纪人和保险公估人等的业务活动及其他与保险有关的行为，都适用本法。

> ### 提　示
>
> 《保险法》第 2 条：本法所称保险，是指投保人根据合同约定，向保险人支付保险费，保险人对于合同约定的可能发生的事故因其发生所造成的财产损失承担赔偿保险金责任，或者当被保险人死亡、伤残、疾病或者达到合同约定的年龄、期限等条件时承担给付保险金责任的商业保险行为。

第四节　保险法的基本原则

一、最大诚信原则

最大诚信原则是指在订立或履行保险合同时，保险合同当事人应保持最大范围的诚意，不得互相隐瞒、欺骗。当事人双方不仅在保险合同订立时应遵守此项原则，在整个合同有效期间和合同履行过程中都应具有最大诚信。

（一）告知义务

告知也称"披露"或"陈述"，是指在保险合同订立时，以及在保险合同有效期内，投保人或被保险人应当将与保险标的有关的一切重要事实如实告诉保险人，若有隐瞒或误告，保险人有权选择解除合同；保险人应将与投保人利害相关的重要事实通告投保人。

所谓重要事实，是指足以影响保险人决定是否接受承保和确定收取保险费数额的一切相关事实。例如，在火灾保险中，房屋处所、构造、用途、消防设备、使用人等因素就属于重要事实；在人寿保险中，性别、年龄、身高、体重、嗜好、既往病史、家族病史等对人的寿命产生影响的因素都属于重要事实。

1. 投保人的告知义务

（1）告知的内容

投保人的告知通常称为如实告知，主要包括以下内容：① 在保险合同订立时根据保险人的询问，对已知的与标的及其危险有关的事实如实回答；② 保险合同订立后标的危险程度显著增加时应及时通知保险人；③ 标的转移或合同有关事项有变动，被保险人或受让人应及时通知保险人；④ 保险事故发生后应及时通知保险人；⑤ 在有重复保险的情况下，应将有关情况通知保险人。

提　示

受让人是指权利的接收方。例如，A 把自己的东西给了 B，那么 A 就是让与人，B 就是受让人。

（2）告知的形式

投保人告知的形式有两种：① 无限告知，是指保险人采用书面询问的形式向投保人了解一些重要情况，投保人应如实告知。除此之外，对于保险人没有询问的，只要是与标的有关的重要事实，投保人都应如实告诉保险人。② 询问告知，是指投保人告知的内容仅限于保险人询问的范围，而对于询问范围以外的内容没有义务告知。投保人对于保险人没有询问的事实，即便是重要事实，也没有告知义务，不构成对告知义务的违反。在我国，保险立法要求投保人采取询问回答的形式履行其告知义务。

（3）违反告知义务的后果

投保人（包括被保险人和受益人，以下相同）违反告知义务的后果包括以下几种情况：

① 保险合同自始无效。即保险人一旦发现被保险人有不实告知，保险合同依法自始丧失效力。这种做法把告知义务视为订立保险合同的必要条件，若有违反，则订立合同在法律上被视为无效合同。这种做法对被保险人的要求极为严格，而且保险人也无选择的余地。

② 保险人有权解除保险合同。与保险合同自始无效不同的是，这种合同具有有效合同的一切特征，但保险人可以因被保险人未履行告知义务而解除合同。我国《保险法》第16条第2款规定："投保人故意或者因重大过失未履行前款规定的如实告知义务，足以影响保险人决定是否同意承保或者提高保险费率的，保险人有权解除合同。"

为监督保险人尽快行使权力，维护双方的合法权益，《保险法》第16条第3款对保险人的合同解除权作了限制："自保险人知道有解除事由之日起，超过30日不行使而消灭。自合同成立之日起超过2年的，保险人不得解除合同；发生保险事故的，保险人应当承担赔偿或者给付保险金的责任。"

同时，我国《保险法》第16条第4款、第5款还针对投保人违反告知义务的不同主观心理状态作了相应规定："投保人故意不履行如实告知义务的，保险人对于合同解除前发生的保险事故，不承担赔偿或者给付保险金的责任，并不退还保险费。投保人因重大过失未履行如实告知义务，对保险事故的发生有严重影响的，保险人对于合同解除前发生的保险事故，不承担赔偿或者给付保险金的责任，但应当退还保险费。"

典型案例

【案情介绍】

小李是李某与田某之子。2014年6月21日，李某与某保险公司签订保险合同，合同约定：投保人为李某，被保险人为小李，保险受益人为李某和田某，投保险种为终身保险，保险期间为终身，保险金额为20 000元，如被保险人身故，保险公司将按基本保额的三倍给付身故保险金。合同签订后，李某按前述保险合同约定按期向保险公司缴纳了2014年至2016年的保险费，共计4 500元。2016年11月23日，被保险人小李因患肺结核死亡。李某认为属于保险责任事故，向保险公司提出理赔申请。保险公司与2016年12月25日向李某出具《拒绝给付保险金通知书》，该通知书载明的主要内容为："……经调查核实我公司不承担保险责任……该合同效力终止……退还保单现金价值2 116.74元……"李某、田某遂诉至法院，要求保险公司赔付保险金60 000元。另查明，小李于2008年和2015年接受过肺结核诊治。2014年6月19日，李某申请投保时，在填写个人保险投保单告知事项第7条C项："被保险人时候曾患有或接受治疗过哮喘、肺结核、肺气肿……疾病"时，均填写为"否"。

法院认为，李某在投保时就被保险人小李曾患"肺结核"的事实未向保险公司尽到如实告知义务，保险公司有权解除合同。根据在案事实，保险公司于2016年12月25日作出《拒绝给付保险金通知书》，该载明的内容可以确认，从2016年12月25日起保险公司就应当知道有解除事由，但保险公司在知道有解除事由之日起30日内未行使该解除权，其解除权已消灭。本案所设计保险合同未被解除的情况下，对双方仍具有约束力，保险公司应当按照本案所涉保险合同的约定承担给付李某等人保险金的责任。判决撤销原审民事判决，保险公司承担保险责任。

【评析】

《保险法》第 16 条赋予保险公司在投保人故意或因重大过失未履行如实告知义务时的解约权及拒赔权，但是，根据《保险法司法解释（二）》第 8 条规定，保险人未行使合同解除权，不得直接以存在《保险法》第 16 条第 4 款、第 5 款规定的情形为由拒绝赔偿，除非当事人就拒绝赔偿事宜及保险合同存续另行达成一致，因此解约权与拒赔权的行使是递进的，保险人只有先行行使解约权，才能行使拒赔权，而不能直接行使拒赔权。

2. 保险人的告知义务

（1）告知的内容

保险人的告知一般称为明确说明，《保险法》第 17 条明确规定："订立保险合同，采用保险人提供的格式条款的，保险人向投保人提供的投保单应当附格式条款，保险人应当向投保人说明合同的内容。对保险合同中免除保险人责任的条款，保险人在订立合同时应当在投保单、保险单或者其他保险凭证上作出足以引起投保人注意的提示，并对该条款的内容以书面或者口头形式向投保人作出明确说明；未作提示或者明确说明的，该条款不产生效力。"由此可见，对于保险合同及合同中的免责条款，保险人有明确说明和提示的义务。

（2）告知的形式

保险人告知的形式也有两种：① 明确列明，即保险人只需将保险的主要内容明确列明在保险合同中，即视为已告知投保人。② 明确说明，即保险人不仅要将保险的主要内容明确列明在保险合同中，还必须对投保人进行正确的解释。在国际保险市场上，一般只要求保险人做到明确列明保险合同的主要内容；在我国，则要求保险人采用明确说明的方式，保险人对保险合同的主要条款不仅要明确列明，还应明确说明，对免责条款还有提示的义务。

（3）违反告知义务的后果

保险人违反告知义务的后果包括以下几种情况：

① 保险人未尽说明义务的，投保人有变更或撤销权。在保险合同签订过程中，保险业务员对保险条款不作说明或说明不到位，可能导致投保人对保险合同存在重大误解或在订立合同时显失公平，甚至保险业务员的虚假陈述构成欺诈，因此应赋予投保人对合同的变更或撤销权，以保护善意投保人的权利。依照法律规定，撤销权的行使期间为一年，属除斥期间，投保人不行使就会丧失该项权利，有利于维护保险合同的稳定。

② 对理解有争议的格式条款，保险人应承担不利解释的法律后果。《保险法》第 30 条规定："采用保险人提供的格式条款订立的保险合同，保险人与投保人、被保险人或者受益人对合同条款有争议的，应当按照通常理解予以解释。对合同条款有两种以上解释的，人民法院或者仲裁机构应当作出有利于被保险人和受益人的解释。"这是基于格式条款不利解释原则的适用，保险人若不能举例证明己方已履行了说明义务，应推定其履行不能。当然，投保人对保险人履行了明确说明义务在相关文书上签字、盖章或者以其他形式予以确

认的,应当认定保险人履行了该项义务。但另有证据证明保险人未履行明确说明义务的除外。

③ 保险人未明确说明的免责条款无效。保险法规定,保险人在订立保险合同时未就免责条款向投保人明确说明的,该条款不产生效力,故对保险人未予以明确说明的免责条款应认定为无效。合同条款的部分无效不影响合同其他条款的效力,投保人可以依据有效的合同条款提出相应的请求。

典型案例

【案情介绍】

王某是某市公安局交警大队的一名民警,2016 年 11 月 11 日,王某驾车时出车祸当场死亡,肇事车逃逸未查获。事后,该市公安部门认为,王某在未取得机动车驾驶证的情况下,驾驶车辆在该次事故发生中具有过错,应承担事故的次要责任。据了解,事发前,交警大队曾为王某在中国平安财产保险公司购买了"平安团体意外伤害保险",意外伤害身故和残疾保险限额为 20 万元。事发后,王某家属向保险公司提出理赔,但遭到了拒绝。王某家属将保险公司告上了法庭,要求保险公司赔付保险金 20 万元。

法庭上,王某家属提供了王某的实习驾驶证,但有效期为 2011 年 8 月 12 日至 2012 年 9 月 11 日。王某家属认为,根据相关规定,实习驾驶证与驾驶证效力一致,王某属于超期驾驶,而非无证驾驶。对此,保险公司则认为,因王某未及时申请换发正式驾驶证,故其驾驶水平及身体条件都不能按照规定进行检查,王某在事故发生之日并不具有合法有效驾驶资格。

双方签订的保险条款中约定:"被保险人无有效驾驶证驾驶或驾驶无有效行驶证的机动车期间遭受伤害导致身故或残疾的,保险人不承担给付保险金责任。"但王某家属认为,这些字体明显小于正常字体,且没有加黑、加粗,即没有足以引起投保人注意的提示。法院调查认为,保险公司对免责条款、责任免除确实没有明显标志,因此不能证明将责任免除条款告知了投保人。最终,法院判决由保险公司赔偿王某家属保险金 20 万元。

【评析】

《保险法》第 17 条第 2 款规定:"对保险合同中免除保险人责任的条款,保险人在订立合同时应当在投保单、保险单或者其他保险凭证上作出足以引起投保人注意的提示,并对该条款的内容以书面或者口头形式向投保人作出明确说明;未作提示或者明确说明的,该条款不产生效力。"其中涉及提示注意和明确说明的程度问题,根据《保险法司法解释(二)》第 11 条第 1 款"应当以足以引起投保人注意的文字、字体、符号或者其他明显标志作出提示"的规定,一般认为,使用放大、加黑、不同字体等特别标识进行标示,使其达到引人注意的程度。

对于明确说明的程度,该条第 2 款规定"保险人对保险合同中有关免除保险人责任条款的概念、内容及其法律后果以书面或者口头形式向投保人作出常人能够理解的解释说明"。简言之,保险人的"明确说明"原则上应达到使普通智力能力的社会主体能够理解的程度,同时兼顾智力欠缺的盲人、文盲等消费者的特殊情况。

（二）保证义务

保证是指投保人或被保险人对保险人所作的特定担保事项，即担保事项的存在或不存在，作为或不作为。例如，财产保险一般要求被保险人作出"不堆放危险品和特别危险品的保证"；机动车辆保险的被保险人必须保证保险车辆"保持安全行驶技术状态"；货物运输保险的被保险人必须保证"货物包装符合政府有关部门规定的标准"等。保证是保险合同的重要组成部分，是影响保险合同效力的重要因素。

> **课堂讨论**
>
> 在签订保险合同时，保证与告知有哪些区别？

1. 保证的类型

按照表现形式为标准，可将保证分为明示保证和默示保证；按照内容为标准，可将保证分为事实保证和约定保证。

（1）明示保证

明式保证是指保险合同中对保证事项予以记载，并由投保人或被保险人做明确承诺的保证方式。

（2）默示保证

默示保证是指投保人或被保险人对于某些特定事项虽未作出明确担保，但可依社会上普遍认可的某些行为规范而推定为投保人或被保险人对此作出承诺的保证方式。例如，海上保险的默示保证有三项：① 有适航能力，即被保船舶在构造、性能、人员、装备、供给等方面，均应具备适合预定航行的能力。② 不改变航道，即被保险船只不应驶离两个港口之间的通用航道，除非为了躲避危险或履行人道主义义务。③ 具有合法性，即被保险人不得从事非法运输，如进行走私、载运违禁品等。

（3）事实保证

事实保证是指投保人或被保险人对过去或现在某一特定事实的存在或不存在的保证。要求对过去或投保当时的事实作出如实陈述，不包括对未来事情的发展情况做保证。例如，某人保证过去及现在从未患过某种疾病，但不涉及他今后是否会患此病。

（4）约定保证

约定保证是指投保人或被保险人对将来某一事项的作为或不作为，或者某一状态在保险合同期间持续存在或不存在的保证，即对未来有关事项的保证。例如，在投保盗窃险时承诺安装防盗窗。

2. 违反保证义务的后果

投保人或被保险人无论是故意还是因过失而违反保证义务的，均属于违反保证义务。凡是被纳入保证范围的事项，均被推定为其具有重要性，只要投保人或被保险人违反保证义务，保险人都可以以违反保证为由使合同无效或解除合同。对于违反保证义务的情况，除人寿保险外，保险人一般不退还保险费。

课堂讨论

某宾馆投保火险附加盗窃险，在投保单上写明能做到全天有警卫值班，保险公司予以承保并以为作此减费的条件。后宾馆于某日被盗，经调查，该日值班警卫因正当理由离开岗位 10 分钟。

请问：宾馆所作的保证是一种什么保证？保险公司能否借此拒赔？为什么？

（三）弃权与禁止反言

最大诚信原则在早期主要针对投保人或被保险人而言，致使投保人或被保险人因单方约束而处于不利地位。随着商业保险业的发展，约束保险人的弃权与禁止反言应运而生。

1. 弃权

弃权是指保险合同一方当事人放弃他在保险合同中可以主张的某种权利。通常是指保险人放弃合同的解除权与抗辩权。构成弃权必须具备以下条件：① 保险人必须有弃权的意思表示，这种意思表示可以是明示的，也可以是默示的；② 保险人知道或应当知道有权利的存在；③ 保险人弃权的意思表示必须是向保险合同的对方当事人做出并且到达对方当事人。

提 示

一般保险人有下列行为的，即可构成默示弃权：① 在已知违反条件或保证的情况下，保险人仍然接受保费；② 保险事故发生后，保险人明知有拒绝赔付的抗辩权，仍然寄送损失证明表，要求投保人提出损失证明的；③ 保险人明知投保人的损失证明有瑕疵，仍然无条件予以接受；④ 保险人接受投保人、被保险人或受益人对保险事故的逾期通知；⑤ 保险人基于无效保险合同而主张权利的；⑥ 保险人明知投保人违反约定义务而保持沉默的，除非保险人有为意思表示的义务或者其沉默对被保险人显失公平，一般不发生弃权的法律后果。

2. 禁止反言

禁止反言也称禁止反悔、禁止抗辩，是指保险合同的当事人因其已有的言行而禁止再否认合同的效力。如果保险人或其代理人向被保险人表示，他可以为（做）保单禁止的某种行为，或是可以不为（不做）保单要求他必须完成的行为，则保险人日后便不得以被保险人的这种作为或不作为为理由，而主张保险合同无效。

禁止反言的概念很多时候是与弃权结合在一起的，相当一部分禁止反言的情形与弃权极为相似。目前，弃权与禁止反言在解决保险纠纷中运用较多。

读一读

禁止反言的范围

一般来说，禁止反言的范围包括：保险人交付保单时，明知保险合同有违背条件、无效、失效或其他可解除的原因，而仍交付保单，并收取保险费的；保险人的代理人就投保单申请书及保单上的条款，做错误解释，而使投保人或被保险人信以为真的；代理人代替投保人填写投保申请书时，为使投保人申请容易被保险人接受，故意将不实的事项填入投保申请书或隐瞒某些事项，而投保人在签发保单时，不知其为虚假的；保险人或其代理人表示已经依照被保险人的请求为某一行为，而事实上未实施的；保险人或其代理人对被保险人的身份或职业进行错误的分类，而被保险人不知道或未经被保险人同意的。

二、保险利益原则

保险利益是指投保人或被保险人对保险标的具有的法律上承认的利益。保险利益既可以是投保人对其保险标的所具有的某种经济上的利益，也可以是投保人依法或以合同所承担责任、义务而产生的利害关系。若发生保险事故，投保人或被保险人的经济利益受到损害，则表明投保人对保险标的有保险利益，否则无保险利益。保险利益具有以下特征：① 保险利益必须符合法律的规定，并被法律所确认和保护；② 投保人或被保险人对保险标的所具有的利害关系，必须是已经确定或者可以确定的，才能构成具有保险利益；③ 投保人或被保险人对保险标的的利益必须是可通过货币计量、估价的利益。

保险利益原则起源于 18 世纪英国海上保险实务。保险利益原则的确定是为了防止某些人利用保险活动牟取非法利益，并防止道德危险的发生，从而确保保险活动有效发挥分散风险、分担损失的作用。

读一读

保险利益原则的重要意义

一般认为，保险利益原则主要有三个方面的重要意义：

① 防止赌博。保险与赌博行为最根本的区别在于保险合同中的当事人和关系人对保险标的具有保险利益。保险合同很有可能使投保行为变成一种赌博。如果不规定保险利益原则，就意味着投保人可以任意地以他人财产和人身为保险标的进行投保。其结果是，一旦发生保险事故，投保人就可以在不受损失的情况下得到赔偿，使保险成为纯粹的赌博行为。

② 防止道德危险。道德危险是指投保人、被保险人或受益人为诈取保险赔偿而违反法律或合同，故意引起或夸大保险事故的危险。如果不规定保险利益原则，一些投保人就可能为了谋取不法利益而人为地造成财产损失，甚至谋害他人的性命。

③ 限制赔偿范围。保险利益原则使得投保人或被保险人向保险人所主张的赔偿金额以被保险人的实际损失为限，不得超过其保险利益的金额或价值，即投保人或被保险人不能通过订立保险合同获得大于保险标的价值的利益，从而使被保险人在保险事故发生后不会额外获利，消除投保人通过获赔保险金而取得净利的诱惑。

（一）人身保险合同中的保险利益

人身保险的保险利益是指投保人对于被保险人的生命或身体所具有的法律上所承认的利害关系，即投保人和被保险人之间的人身依附关系或者信赖关系。人身保险的投保人在保险合同订立时，对被保险人应当具有保险利益。

各国保险法对于如何取得人身保险的保险利益的规定大致有以下三种模式。

1. 利益主义原则

利益主义原则把投保人与被保险人之间是否存在经济上的利益关系作为保险利益存在的依据，而不要求必须经过被保险人的同意。例如夫妻、合伙人之间都存在经济上的利害关系，那么夫妻、合伙人之间相互具有保险利益。目前，英国和美国实行的是利益主义原则。

利益主义原则将投保人的范围限制在一定利益范围内，避免了无利益损失的人员利用保险进行赌博，在一定程度上起到了防范道德风险的作用。但是，由于利益主义原则不需要被保险人的同意便可成立，从而剥夺了被保险人的自主权，且血缘或亲缘关系并不能绝对地阻隔道德危险的发生。

2. 同意主义原则

同意主义原则认为，不论投保人与被保险人之间是否存在利害关系，只要经过被保险人的同意，就认为投保人对被保险人具有保险利益。目前，日本、德国、瑞士实行的是同意主义原则。

同意主义原则体现了对被保险人人格以及被保险人对道德危险判断的尊重，但是在投保人与被保险人之间不存在任何利害关系的情况下，仅仅经过被保险人的同意就取得保险利益，投保人就可能以任何人为被保险人，从被保险人的死亡中获取额外的暴力，使保险等同于赌博。

3. 利益与同意兼顾原则

利益与同意兼顾原则是将利益主义与同意主义相结合，如我国《保险法》第 31 条规定："投保人对下列人员具有保险利益：（一）本人；（二）配偶、子女、父母；（三）前项以外与投保人有抚养、赡养或者扶养关系的家庭其他成员、近亲属；（四）与投保人有劳动关系的劳动者。除前款规定外，被保险人同意投保人为其订立合同的，视为投保人对被保险人具有保险利益。立合同时，投保人对被保险人不具有保险利益的，合同无效。"由此可见，该模式既防止了赌博行为，又避免了道德危险的发生。

（二）财产保险合同中的保险利益

财产保险利益是指投保人或者被保险人对特定财产所具有的经济利益，即投保人或者被保险人因保险事故的发生，对保险标的造成的损失所具有的经济利益。财产保险的被保险人在保险事故发生时，对保险标的应当具有保险利益。财产保险利益可分为现有利益、期待利益和责任利益三类。

1. 现有利益

现有利益是指投保人或被保险人对保险标的的所享有的现存利益，包括但不限于投保人或被保险人对保险标的的所有权利益、占有利益、用益物权利益以及担保物权利益等。

2. 期待利益

期待利益是一种合法的、预期的利益，是指投保人或被保险人在订立保险合同时对保险标的的利益尚未存在，但基于现有利益产生的将来可以获得的利益。期待利益基于现有利益而产生，若无现有利益，便不可能存在期待利益。例如，出租房屋而预期可以获得的租金收入、维修设备而预期可以得到的修理费收入、企业因经营而可能获得的利润等均可构成期待利益。

3. 责任利益

投保人或被保险人对其法律上应承担的责任（包括合同上的责任、侵权损害赔偿责任及其他依法应当承担的责任）具有保险利益。通常，民事赔偿责任产生于侵权行为和违反合同的行为，也可因法律规定而发生。总之，投保人或被保险人有承担民事责任的可能时，对其可能承担的责任具有保险利益。例如，第三者责任、公众责任、产品责任等，与此相对应的险种是第三者责任保险、公众责任保险、产品责任保险等。

三、近因原则

近因，并非指时间上或空间上最接近的原因，而是指在风险和损失之间，导致损失的最直接、最有效的，起主导作用或支配性作用的原因。

近因原则是保险法的基本原则之一，是判断风险事故与保险标的的损失之间的因果关系、确定保险赔偿责任的一项基本原则，也是保险当事人处理保险案件或法院审理有关保险理赔案件时，调查时间发生起因和确定时间责任归属所应遵循的原则。依据近因原则，只有在导致保险事故的近因属于保险责任范围内时，保险人才应承担保险责任。

（一）近因认定的方法

1. 顺推法

顺推法是从原因推结果。从最初事件出发，按逻辑推理，判断下一个事件可能是什么，再从可能发生的第二个事件，按照逻辑推理判断最终事件即损失是什么。如果推理判断与实际发生的事实相符，那么，最初事件就是损失的近因。如果最初事件是属于保险责任范围内的事件，则保险人应当为此承担赔偿责任。例如，雷击折断大树，大树压坏房屋，房屋倒塌致使家用电器损毁，则家用电器损毁的近因就是雷击。

2. 逆推法

逆推法就是从结果推原因。从损失开始，从后往前推，追溯到最初事件，如果没有中断，则最初事件就是近因。假如最初事件由保险风险所致且此事件属于保险责任范围，则保险人应承担赔偿责任。例如，第三者被两车相撞致死，导致两车相撞的原因是其中一位驾驶员酒后驾车，则驾驶员酒后驾车就是第三者死亡的近因。

（二）近因原则的适用

1. 损失由单一原因所致

若保险标的损失由单一原因所致，那么该原因就是近因。若该近因属于保险风险，保险人应承担损失赔偿责任；若该项近因属未保险或除外责任，则保险人不承担损失赔偿责任。例如，某人投保了企业财产险，地震引起房屋倒塌，使机器设备受损。若此险种列明地震为不保风险，则保险人不予赔偿；若地震列为保险风险，则保险人承担赔偿责任。

2. 损失由同时发生的多种原因所致

多种原因同时导致损失，即各原因的发生无先后之分，且对损害结果的形成都有直接和实质影响的情况下，原则上它们都是损失的近因。此时保险责任的承担可分为以下三种情况。

（1）若多种原因均属保险风险，则保险人负责赔偿全部损失。例如，暴雨和洪水均属保险责任，那么暴雨和洪水同时造成的家庭财产损失，保险人负责赔偿全部损失。

（2）多种原因中，既有被保风险，又有除外风险，则保险人的责任视损害的可分性如何而定。对能区分保险责任和责任免除的，保险人只负保险责任范围所致损失的赔偿责任；如果无法区分的，保险人可与投保人协商赔付。

（3）若同时发生导致损失的多种原因均属于除外风险，则保险人不负任何损失赔偿责任。

3. 损失由连续发生的多种原因所致

在多种原因连续发生，即各原因依次发生且具有前因后果的关系的情况下，若损失由两个以上的原因所造成，且各原因之间的因果关系并未中断，那么最先发生并造成一连串事故的原因为近因。此时，保险责任的承担可分为以下三种情况。

（1）如果该近因属于保险责任，保险人应负责赔偿损失。例如，在财产险中，火灾、爆炸都属于保险责任，如爆炸引起火灾，火灾导致财产损失，则保险人应赔偿损失。

（2）如果连续发生的原因中，既有被保风险，又有未保险风险或除外风险，则保险责任的承担可分为以下两种情况：

① 若前因是被保风险，后因是未保风险或除外风险，且后因是前因的必然结果，保险人赔偿全部损失。例如，有一艘装载皮革和烟叶的船舶遭遇海难，大量海水浸入船舱，皮革腐烂。海水虽未直接接触烟叶，但由于皮革腐烂的恶臭使烟叶完全变质。当时被保险人以海难为近因要求保险人全部赔付，但保险人却以烟叶包装没有水渍的痕迹为由拒赔。最终法院判决认为本案海难对皮革和烟叶损失均是近因，海水渗入与皮革腐烂和烟叶完全变质的近因关系并未中断，保险人应负赔偿责任。

② 前因是未保风险或除外风险，后因是承保风险，后因是前因的必然结果，保险人不承担损失赔偿责任。例如，第一次世界大战期间，莱兰船舶公司的一艘轮船被敌潜艇用鱼雷击中，但仍拼力驶向哈佛港。由于情况危急，又遇到大风，港务当局担心该船会沉在码头泊位上堵塞港口，拒绝它靠港，该船在航行途中船底触礁，终于沉没。该船只投保了海上一般风险，没有保战争险，保险公司拒赔。法庭判决损失的近因是战争，保险公司胜

诉。案件中虽然在时间上导致损失的最近原因是触礁，但船在被鱼雷击中后，始终没有脱离险情，触礁是被鱼雷击中引起的，被鱼雷击中（战争）属未保风险。

（3）损失由间断发生的多种原因所致。

在损失是由间断发生的多个原因所致的情况下，若在一连串连续发生的原因中，有一项新的独立的原因介入，使原有因果关系链断裂，并导致损失，则新介入的独立原因就是近因。若新介入的独立原因被保风险，则保险人应负赔偿责任；反之，保险人不承担损失赔偿或给付责任。例如，我国某企业集体投保团体人身意外伤害保险，被保险人王某在上班途中因所坐班车发生车祸而伤残，在住院治疗过程中因心肌梗死而死亡。由于意外伤害与心肌梗死没有内在的必然联系，心肌梗死并非意外伤害的结果，故属于新介入的独立原因。心肌梗死是被保险人死亡的近因，它属于疾病范围，不包括在意外伤害保险的责任范围内，故保险人对被保险人的死亡不负责任，只对其意外伤残按规定支付保险金。

典型案例

【案情介绍】

2016 年 1 月 31 日，某公司为其所拥有的一辆型号为奔驰 S65AMG 轿车投保。保险期自 2016 年 1 月 31 日 0 时起至 2017 年 1 月 30 日 24 时止。2016 年 8 月 26 日，该公司法定代表人卢某驾驶该涉保车辆行驶至该市高速高架下隧道时，因隧道中有积水，导致车辆被淹熄火。该公司修理事故车辆并产生修理费 1 304 500 元，其中更换受损发动机产生费用 1 256 506.52 元。经司法鉴定，该事故车辆发动机受损的原因是由于发动机进水或活塞表面积碳严重。该公司认为事故前日该地区的暴雨导致了涉保车辆发动机进水后受损，即导致涉保车辆受损的近因是暴雨；而保险公司则认为导致涉保车辆发动机进水受损的近因是卢某于事故当日在事故路段驾车涉水行驶的行为，而非暴雨。

【思考】

① 本案中涉保车辆发动机进水受损是否因暴雨造成？② 本案中涉保车辆因发动机进水损坏所产生的损失，保险公司是否应承担保险赔偿责任？

【评析】

本案属于近因原则适用规则中"损失由间断发生的多种原因所致"的情况。事故发生路段的积水与事故前日该地区的降雨有直接的因果关系，但该降雨导致隧道中积水的事实与事故当日卢某驾驶涉保车辆在积水隧道中涉水行驶的事实间并无必然的、直接的因果关系。卢某在事故当日驾驶涉保车辆涉水行驶的行为成了一项新介入原因，使原有因果链中断，且该原因是导致涉保车辆发动机进水受损的决定性、有效性的原因。因此，卢某驾驶涉保车辆的涉水行驶行为是本案车损发生的近因，故保险公司不承担保险赔偿责任。

四、损失补偿原则

损失补偿原则是指保险人在保险合同约定的保险事故发生致使被保险人遭受损失时，保险人必须在保险责任范围内对被保险人所遭受的损失进行补偿。

损失补偿原则具有以下三个要点：① 保险人的保险赔偿以被保险人的实际损失为前提。只有保险事故发生造成保险标的毁损致使被保险人遭受经济损失时，保险人才承担损失补偿的责任，否则，即使在保险期限内发生了保险事故，但被保险人没有遭受损失，则无权要求保险人赔偿。② 保险人的保险赔偿以保险合同约定的责任范围为根据。无保险责任的情况下，即使有损失，也无权要求保险人赔偿。③ 保险人的保险赔偿以保险金额为限度。保险事故发生后，被保险人所获保险金的总和及保险金与第三者赔偿的总和，原则上不能超过被保险人的实际损失，避免被保险人通过保险获得额外的收益。

（一）损失补偿原则的功能

1. 防范道德风险的发生

在早期保险实务中，由于保险人并不要求投保人或被保险人证明他们对投保的标的具有利益关系，结果是当与自己毫无利害关系的他人财产、身体、生命或健康发生危险时，投保人可以在没有遭受损失的情况下得到补偿。另外，在没有损失补偿原则约束的情况下，投保人为早日实现其不当利益，极有可能以诈骗保险金为目的进行恶意超额投保，或者在承保危险自然发生之前，以自己的行为故意诱发保险事故发生，如暗中毁损财产、恶意伤害他人身体及生命等，从而引发道德风险。

损失补偿原则中关于有损失则赔偿、无损失无赔偿的规定，以及被保险人所获得的补偿总额不能超过其损失总额的规定，都可以防止被保险人通过保险赔偿得到额外利益，从而防止被保险人故意购买高额保险或以获得赔款为目的而故意制造事故。因此，坚持损失补偿原则有利于防止道德风险的发生。

2. 维护保险当事人的利益

坚持损失补偿原则能真正发挥保险的损失补偿功能，同时也维护了保险双方的正当权益。对保险人而言，保险事故造成的经济损失能得到保险公司及时的补偿，生产生活能及时得到恢复；对保险公司而言，其权益也通过损失补偿的限额得到了保护。

（二）损失补偿原则的派生制度

1. 保险代位求偿制度

保险代位求偿制度是指当保险事故是由于第三者的原因而发生时，在保险公司向被保险人支付赔款后，被保险人应当将向第三者的赔偿请求权转让给保险公司，由保险公司代位行使被保险人向第三者行使赔偿请求的权利。

（1）保险代位求偿权行使的条件

保险人行使代位求偿权，需要具备以下四个条件：① 保险标的的损害发生必须是由于第三人的原因所致；② 由第三人所造成的保险标的的损害必须在合同约定的保险责任范围之内；③ 被保险人必须对第三人享有赔偿请求权；④ 保险人已支付保险金。

（2）保险代位求偿权行使的限制

关于对行使对象的限制，我国《保险法》第62条规定："除被保险人的家庭成员或者其组成人员故意造成本法第六十条第一款规定的保险事故外，保险人不得对被保险人的家庭成员或者其组成人员行使代位请求赔偿的权利。"之所以如此，其原因在于被保险人的家庭成员或者其组成人员与被保险人共同生活，关系密切，利害一致，如果允许保险人对其形式代位求偿权，实与被保险人本人赔偿无异，故予以禁止。但是，若保险事故的发生是由于被保险人的家庭成员或者其组成人员的故意行为所致，则不在此限。

关于对行使金额的限制包括以下三种情形：① 在第三人已完全赔付的情形下，被保险人的全部损失已得到补偿，保险人可不再支付保险金，也就不产生代位求偿权；② 在第三人已部分赔偿的情形下，保险人支付保险金时，应扣减被保险人已从第三人处获得的赔偿金额，保险人以其实际赔付的金额为限取得对第三人的代位求偿权；③ 在第三人所造成的损失大于保险金时，保险人在其赔偿范围内取得对第三人的代位权，被保险人就其未受补偿部分的损失，享有向第三人请求赔偿的权利。

（3）保险代位求偿权行使的范围

关于代位求偿权在财产保险中的适用，我国《保险法》第 60 条等条文作了详细的规定，但其在人身保险中的适用，则只在《保险法》第 46 条作了模糊的规定。尽管如此，学术界普遍认为，只要是具有补偿性的保险合同都可以适用保险代位求偿权。

在人身保险中，人寿保险合同大都为定额给付性的保险合同。由于人的寿命和身体无法以金钱衡量，且人身保险的某些险种只能以定额方式承保，当保险合同约定的保险事故发生时，保险人支付的保险金并不具有财产保险合同中的补偿性质，因此当某些保险事故是由第三者的行为发生时，被保险人或其受益人仍享有向第三人请求赔偿的权利，且保险人不得代位行使追偿权。不管被保险人或受益人从第三人处获取多少赔偿金，也不必向保险人退还保险金。但是对于具有补偿性质的人身保险，如健康、意外伤害保险合同的保险金的给付具有补偿性质，故保险代位求偿权可适用于健康和意外伤害保险。

📚 典型案例

【案例简介】

鸿荣公司向某保险公司泉州支公司投保财产综合险，约定承保范围为：装修费；装置、家具及办公用品；成品。保险事故发生后，宁翰公估公司出具的《公估报告》将存放于仓库内的汽车也列为赔付范围。鸿荣公司将其所有需要在山东省境内销售的货品存放在宝威公司向白鹤公司租赁的仓库内，白鹤公司据以认为保险公司在行使代位求偿权时，应向负有保管责任的宝威公司追偿，而不是白鹤公司。另白鹤公司认为投保人鸿荣公司未向保险公司履行仓库没有办理土地规划和消防验收等手续的如实告知义务，因此，保险公司不应当承担保险责任。

【最高院裁判要旨】

（1）根据保险合同约定，案涉汽车不应属于保险公司理赔范围，《公估报告》将其列入损失清单，确有瑕疵。但是，因案涉汽车在固定资产损失项下的份额比例较低，即使扣除其损失也不影响赔偿总额的确认，故该瑕疵并未导致赔付总数额错误。白鹤公司的该再审事由不成立。

（2）鸿荣公司将需要在山东省境内销售的货品存放在宝威公司租赁的仓库内，宝威公司仅负责山东省境内的销售市场开拓和营销管理及监督，仓库内货品所有权仍属于鸿荣公司。根据消防部门的认定，火灾事故是仓库内电气线路及设施原因引起的，白鹤公司对火灾发生具有过错。根据《保险法》第60条规定，保险公司有权向保险标的侵权人白鹤公司主张权利。

（3）白鹤公司主张鸿荣公司未履行如实告知义务，但首先白鹤公司没有证据证明鸿荣公司知道仓库没有办理土地规划和消防验收等手续。其次，鸿荣公司是否履行白鹤公司仓库没有相关手续的告知义务并不属于对保险标的造成损失的故意或重大过失行为。而保险公司是否履行了风险勘查义务仅涉及保险合同订立中投保人和保险人之间的法律关系，与保险事故的发生之间没有因果关系，不能作为火灾事故责任者免责的抗辩理由。

【评析】

《保险法》第60条第1款规定："因第三者对保险标的的损害而造成保险事故的，保险人自向被保险人赔偿保险金之日起，在赔偿金额范围内代位行使被保险人对第三者请求赔偿的权利。"本案宝威公司租赁白鹤公司仓库，鸿荣公司将其货物存放在宝威公司租赁的仓库内，因白鹤公司所出租的仓库发生火灾，造成鸿荣公司保险标的重大损失。而火灾事故发生后，某保险公司泉州支公司已依据保险合同对鸿荣公司进行了实际赔付，所以某保险公司泉州支公司依法取得了代位求偿权，其有权向白鹤公司追偿。

2. 重复保险制度

（1）构成重复保险制度的条件

我国《保险法》第56条第4款规定："重复保险是指投保人对同一保险标的、同一保险利益、同一保险事故分别与两个以上保险人订立保险合同，且保险金额总和超过保险价值的保险。"根据这一定义可知，要构成重复保险必须具备以下条件：① 必须是同一投保人向数个保险人订立数个保险合同；② 必须是同一保险标的；③ 必须是同一保险事故；④ 必须是同一保险期间内；⑤ 必须是同一保险利益；⑥ 各个保险合同的保险金额总和超过保险标的的价值。

（2）重复保险的责任分担

重复保险合同存在多个保险人承担保险责任的情况，对于保险人之间应如何分担责任，各国有不同的立法规定，通常有以下三种模式。

① 比例分担模式。在这种模式下，不同重复保险的各保险合同，无论其期间是完全重叠还是互有交叉，各保险人各就其保险金额与保险金额总和的比例，负分担赔偿的责任。该模式是我国采用的分担模式。

练 一 练

甲、乙保险人承保同一财产，甲承保保额为 40 000 元，乙承保保额为 60 000 元，损失金额为 50 000 元。则甲、乙保险人的赔款分担分别是多少？

② 优先承保模式。这种模式主要针对异时重复保险。在异时重复保险情况下，按保险合同成立的先后顺序依次负担保险金，即由先订立保险合同的保险人负担保险金后，若仍不足以弥补损害金额，则依次由后订立保险合同的保险人负担。这种模式减轻了后保险人的责任，对各保险人之间的责任分担失去了公平性。

③ 连带承担模式。在这一模式下，不论重复保险各合同成立的先后，均属有效，各保险人在其保额限度内承担连带责任；保险人给付保险金后，可对超出其应负担部分向其他保险人追偿。

典型案例

【案情介绍】

2016 年 11 月 13 日，邱某向田某购二手轿车一辆，交付后，田某按约于 2017 年 1 月 19 日以邱某的名义向保险公司投保，总计支付保险费 4 007.30 元。2017 年 1 月 20 日凌晨 2 时 20 分，邱某发生车祸导致车辆严重损毁。交警部门认定邱某负事故全部责任。保险公司接报后，经核定车辆各零部件损失经济价值计 47 386 元，工时损失 3 400 元，合计损失 50 786 元。2017 年 4 月 17 日，保险公司的一位经办人员对邱某要求的理赔提出异议，以车辆的第二任车主（邱某是第四任车主）马某与该车第三任车主田某在车辆转让时，没有办理保险合同变更手续，根据《保险法》第 41 条的规定应按重复保险处理，进行比例赔付。2017 年 4 月 26 日，保险公司仅赔付邱某车辆损失险 25 000 余元，对余下 25 000 余元的车辆损失拒绝赔付。

该轿车的第二任车主马某与 2016 年 8 月 31 日向另一家保险公司投保机动车三责险，期限为 2016 年 8 月 31 日至 2017 年 8 月 30 日；邱某与该保险公司签订的保险合同约定保险期限为 2017 年 1 月 20 日至 2018 年 1 月 19 日。

经该省人民法院查明，在事故发生时，该车辆确实拥有两份保险。但对于邱某来说，他确实是按照一份完整的保险为车辆投了保，事先的情况他并不知情，他并非为了保险利益的加倍返还而重复投保，而第二任车主马某投保的利益，邱某无法享受。邱某实际上仅进行了一次投保，不存在就同一保险利益进行两次投保的情况，不属于重复投保，保险公司不应按比例赔偿。据此，法院判决邱某投保的保险公司对邱某的损失全额赔偿，支付邱某剩余的理赔款 25 000 元及利息损失。

【评析】

重复保险须具备同一投保人、同一保险标的、同一保险利益、同一保险事故及同一保险期间等要件，故本案中邱某的行为不构成重复保险。

3．委付制度

委付是指被保险人在发生保险事故造成保险标的推定全损时，将保险标的物的一切权利连同义务转移给保险人，而保险人在赔偿被保险人全部损失的同时，获得该受损标的物的所有权。委付通常适用于海险。

课堂讨论

委付与代位求偿权有哪些不同？

委付制度的成立必须具备以下条件：① 委付必须由被保险人向保险人提出；② 委付不得附带条件；③ 委付应及于保险标的的全部，但如果同一保险单上载有若干种保险标的，其中之一产生委付原因时，则该种保险标的适用委付；④ 委付必须经过保险人的同意。

委付成立后，可委付的标的物的权利开始转移，保险人对保险标的物的所有权、利益和义务必须同时接受。由于标的物的产权已转移，保险人处理标的物如果得到的利益超过所赔偿的保险金额，应当归保险人所有；同时，如对第三人有损害赔偿请求权，所得赔偿金额无论是否超过其保险金额，都应归保险人所有。

思考题

1．什么是保险法？
2．保险法的适用范围是什么？
3．最大诚信原则包括哪些内容？
4．如何理解保险利益原则？
5．如何确定导致保险事故的近因？
6．损失补偿原则的派生制度有哪些？

第五章

保险合同的一般规定

内容提要

保险所体现的经济保障关系是通过订立保险合同的方式实现的。保险合同是投保人与保险人约定保险权利与义务关系的协议。保险合同是由保险双方当事人在平等自愿、协商一致的基础上，确立双方权利和义务的协议。保险合同作为经济合同的一种，既具有经济合同的所有共性，又具有本身独具的特性。本章主要从保险合同的特征、分类、形式、法律关系、订立与履行、变动，以及发生争议的处理等方面对其相关规定进行了讲解。

学习目标

知识目标

- 了解保险合同的特征及种类
- 了解保险合同的法律关系
- 掌握保险合同的订立过程与履行的相关义务
- 了解保险合同变动的相关内容
- 掌握保险合同争议处理的原则及方法

能力目标

- 能够以保险人的身份独立签订保险合同

引导案例

2015 年 9 月，某电子公司向某保险公司投保了财产一切险，其厂房及厂房内所有的机器设备、存货、办公用品等保险标的的总保险金额为 1.7 亿元。保险期限自 2015 年 9 月 3 日 0 时起至 2016 年 9 月 2 日 24 时止，保险责任包括火灾、雷击、爆炸等。2016 年 2 月 26 日，厂房发生火灾，大量成品、半成品海绵被烧毁，厂房及生产设备也因火灾受损。经消防部门认定，此次火灾系某焊接工人气割材料库内的管道引燃周围可燃物引起火灾。事后，该公司向保险公司索赔。保险公司审核后拒绝理赔，拒赔理由如下：

（1）该公司厂房在保险期限内由生产车间改为仓库，且未经消防部门审批，增加了保险标的的风险程度，从而扩大了承保风险。

（2）被保险人违反消防法律法规，在严禁使用明火的仓库允许施工人员用气割机切割风管。

（3）发生火灾时，消防栓未能正常使用。

（4）被保险人的做法不符合消防安全的要求，投保后未按约定履行维护保险标的安全的责任，在保险标的危险程度增加时也未通知被告，而此次火灾事故系该公司纵容违规生产导致，违反了被保险人应尽的义务。

根据上述原因，保险公司拒绝赔偿该电子公司的损失。

请思考：保险公司拒赔的做法是否符合保险合同的约定？为什么？

第一节　保险合同概述

一、保险合同的概念与特征

（一）保险合同的概念

合同也称契约，是指为了实现一定的目的，有关当事人之间确立、变更和终止民事法律关系的协议。保险合同是经济合同的一种，适用合同法的一般规定。我国《保险法》对其也有相关规定，如第 10 条第 1 款规定："保险合同是投保人与保险人约定保险权利义务关系的协议。"由此可见，保险合同是保险关系双方为实现经济保障目的，明确相互之间的权利义务关系而订立的一种具有法律约束力的协议。

（二）保险合同的特征

保险合同不但具有合同的基本特征，还具有其独有的特征，主要体现在以下几点。

1. 保险合同是有偿合同

有偿合同是指合同当事双方均须给付一定对价的合同。在保险合同中，投保人要按照合同约定支付保险费，保险人应按照合同的约定承担保险责任，故保险合同属于有偿合同。

提 示

保险合同的有偿性与一般意义上的有偿合同有所不同。例如，保险合同的有偿性是不可转化的。就一般的有偿合同而言，其可以根据当事人的意愿而转变为无偿合同，如买卖合同或租赁合同，也可以因卖方或者出租方放弃价金或租金的真实意思表示转变为赠予合同或借用合同。对于保险合同而言，为确保保险基金的规模及维持保险业的正常偿付能力，保险合同的有偿性不能依当事人的意思发生改变。

又如，保险合同的有偿性并非必然实现。各个保险合同的投保人必须履行交付保险费的义务从而使合同生效，但保险人是否履行承担保险责任的义务则以保险事故的发生为必要。只有在保险责任有效期内发生保险事故并造成保险标的损失的，保险人的义务才得以履行。

2. 保险合同是双务合同

双务合同是指当事人双方互负履行一定义务的合同。保险合同的投保人对保险人负有支付保险费的义务，保险人据此承担保险期间所发生的危险，在保险事故发生时，有给付被保险人保险金的义务，故保险合同属于双务合同。

典型案例

【案情介绍】

2016年12月30日，黄某作为被保险人在某保险公司为自己的车辆投保了电话营销专用机动车辆保险和机动车交通事故责任强制保险，该保险公司向黄某出具了保险单，其中，《电话营销专用机动车辆保险（正本）》约定的承保险别和责任限额包含车辆损失险50 000元，第三者商业责任险300 000元，车上人员责任险（司机）10 000元，车上责任人员险（乘客）10 000元×4座……上述险别附加不计免赔特约条款等保险，期限从2016年4月27日0时起至2017年4月26日24时止。

2016年12月12日，黄某驾驶所投保的车辆与苏某的车辆发生碰撞，两车均发生损坏。交警大队认定黄某承担事故的全部责任，苏某无责任。之后，黄某将自己的车辆交由某汽车维修中心进行维修，于2017年4月28日维修完毕，并支付修理费23 665元。苏某的车辆损失价格为24 141元，车物损失评估费为440元，拖车、清场费660元，保管费120元，拆检费280元，合计25 581元。因本案所涉交通事故造成的各项损失，合共50 981元全部由黄某垫付。黄某随即向保险公司索取保险金赔偿。

【思考】

保险公司是否应赔偿黄某相应的保险金？

【评析】

保险合同是双务合同。保险合同中约定的保险事故可能发生，也可能不发生。在保险事故发生后，保险人承担保险事故所造成损害的危险的义务就转化为现实的支付保险金的义务。故保险公司应当赔偿黄某相应的保险金。因为从当事人约定的保险合同生效之时，某保险公司就要承担保险事故发生所造成损害的危险，这是保险合同中保险人的主要义务。

3. 保险合同是射幸合同

射幸合同是指合同的法律效果在缔约时不能确定，而是取决于偶然事件的合同。保险合同在订立时，投保人支付保险费的义务已经确定，但保险人是否支付保险金则不确定。在保险期间内，若保险事故发生，保险人支付的保险金远远大于保险费；若保险事故不发生，保险人虽已获得投保人支付的保险费，但无须支付保险金。由于保险事故发生的偶然性和不确定性，故保险合同为射幸合同。

4. 保险合同是附合合同

附合合同又称格式合同，是指合同的条款由一方当事人提出并事先拟定好，另一方当事人只能表示接受或不接受，而不能就该条款进行修改或变更的合同。保险合同属于附合合同主要体现在以下几点：① 保险合同的条款由保险人一方预先拟定；② 保险合同的条款或部分条款具有规范性、完备性和定型化特征；③ 保险合同的条款或部分条款具有不可协商的特征；④ 保险合同的条款或部分条款是保险人与不特定的第三人订立多数合同时使用。

保险合同的附合性使得投保人处于不利地位，为了保护弱者，投保人为消费者的，可根据消费者权益保护法的规定得到救济。

5. 保险合同是最大诚信合同

任何合同的订立都是以双方当事人的诚实、信用为基础的，而保险合同对于当事人的诚实、信用程度的要求更为严格。一方面，保险人承保的风险很大程度上依赖于投保人或被保险人的诚实、信用程度，因为保险标的始终在被保险人的控制之下，保险人无法控制保险标的的风险。被保险人若申报不实、隐瞒或欺骗，都可能导致保险人对风险的性质、大小判断失误，使保险费率厘定不准确，从而遭受巨大的经济损失。

另一方面，保险合同主要由保险人拟定，由于保险活动的复杂性和具有较强的技术性，无论保险合同的条款内容还是保险人对保险费的处置方式，投保人和被保险人因信息缺乏而无法了解得很清楚，也会因此蒙受损失。这就要求保险人在订立保险合同时，应向投保人说明保险合同的内容，在约定的保险事故发生时，履行赔偿或给付保险金的义务等。

二、保险合同的分类

（一）人身保险合同和财产保险合同

根据保险标的的不同，保险合同可分为财产保险合同和人身保险合同。这是保险合同的基本分类。

1．人身保险合同

人身保险合同是以人的寿命或身体为保险标的，当被保险人发生死亡、伤残、疾病或生存到约定的年龄、期限时，保险人根据约定承担给付保险金的责任。

根据《保险法》的相关规定，人身保险合同包括人寿保险合同、人身意外伤害保险合同和健康保险合同。

2．财产保险合同

财产保险合同是以财产及其有关利益为保险标的，其适用目的在于补偿被保险人因保险事故而遭受的所保财产或利益的实际损失，被保险人只能从财产保险中获取保险补偿而不能谋取额外利益。

根据《保险法》的相关规定，财产保险合同包括财产损害保险合同、交通运输工具保险合同、货物运输保险合同、海上保险合同、农业保险合同、工程保险合同、责任保险合同、信用保险合同和保证保险合同。

（二）定值保险合同和不定值保险合同

根据保险标的的价值确定与否，保险合同可分为定值保险合同和不定值保险合同。由于人身保险合同的保险标的的无法用金钱计算而不存在保险价值问题，故该分类只适用于财产保险合同。

1．定值保险合同

定值保险合同是指在订立保险合同时，投保人和保险人按事先确定保险标的的实际价值，并将其载明于合同中，以此作为保险人确认保险责任依据的保险合同。在保险事故发生时，不管保险标的出险时的实际价值是多少，保险人都以保险合同中载明的保险价值为依据进行赔偿。定额保险合同多适用于某些不易确定价值的财产，如古玩、字画、船舶等作为保险标的的财产保险合同。

课堂讨论

这里所说的定值保险与定额保险是否为同一概念？如果不是，两者有什么区别？

2．不定值保险合同

不定值保险合同是指双方当事人在订立合同时不预先确定保险标的的保险价值，而是仅约定保险金额，在保险事故发生后再进行价值估计，确定其损失的保险合同。我国《保险法》第55条第2款规定："投保人和保险人未约定保险标的的保险价值的，保险标的发生损失时，以保险事故发生时保险标的的实际价值为赔偿计算标准。"

保险实务中，财产保险多采用不定值保险。在保险事故发生后确定赔偿金额时，保险人不仅要确定损失比例，还要确定保险事故发生时保险标的的实际价值，以实际价值作为保险赔偿金额的依据。在比较保险金额与出险时的实际价值时，会有以下三种情况：

（1）足额保险：是指保险金额与保险价值相等的情况。当发生保险事故造成保险标的损失时，全部损失的按照保险金额赔偿，部分损失的则在保险金额范围内按照实际损失赔偿。

（2）不足额保险：是指保险金额小于保险价值的情况。当保险事故发生并造成保险标的损失时，保险人只能根据保险金额与保险价值的比例承担赔偿责任。

（3）超额保险：是指保险金额大于保险价值的情况。当保险事故发生并造成保险标的损失时，保险人仅按照保险价值进行赔偿，高于保险价值的保险金额则视为无效，保险人应当退还相应的保险费。

典型案例

【案例简介】

2015 年 10 月 12 日，原告赣州某交通有限公司作为赣 B0541 号大货车的车主向被告中国人民财产保险股份有限公司投保了公路货物运输门市定期定额保险，保险期间自 2015 年 4 月 13 日起至 2016 年 4 月 12 日止。2016 年 3 月 10 日，原告的投保车辆行驶至所在市某立交桥上时，为了避让前方车辆，紧急刹车而致车上货物的捆绑绳断裂，造成车载货物即两台 CD-34B 半自动内圆端面磨床散落地面致损，该批货物经某评估机构进行评估确定损失为 205 493.74 元，原告为此支付鉴定费 8 248 元，并依此赔付给货主 210 000 元，故此次货物损失原告共计支付 218 248 元，因原告只投保了 200 000 元，之后，原告于 2017 年 2 月 20 日向被告索赔无果，故诉至法院，请求判令：（1）被告中国人民财产保险公司赔偿保险金人民币 200 000 元并支付从 2017 年 2 月 20 日起至赔偿之日止按中国人民银行同期贷款利率计付的利息。（2）本案诉讼费由被告负担。

被告中国人民财产保险公司辩称：（1）原告投保车辆出险原因属发货方包装的问题造成，故保险公司依约不承担赔偿责任。（2）原告投保车辆运输货物的价值超出保险金额，即使赔偿，保险人对其损失金额按保险金额与保险价值的比例计算赔偿，最高不超过保险金额，且扣除货物的30%残值。（3）原告主张的逾期赔付利息，于法无据。

【思考】

被告财产保险公司应否向原告交通公司承担保险赔偿责任？若应赔偿，则是否按比例赔偿？

【评析】

本案应从以下两个方面进行分析。

（1）保险价值如何确定？本案合同系不定值保险合同。采用不定值保险，保险金额的确定是在投保环节，而保险价值的确定是在出险环节，当发生保险责任范围内的损失时，是以保险事故发生时保险标的的实际价值为赔偿计算标准。实践中，不定值保险中保险标的的保险价值既可按保险事故发生时保险标的的市场价值确定，也可以通过委托资产评估机构进行评估确定，还可以由当事人协商。本案中，保险事故发生后，货物经某评估机构进行评估：扣除残值 85 750 元，实际损失为 205 493.74 元，故该货物的实际价值即是保险价值，为残值与实际损失之和，即 291 243.74 元。

（2）是否为足额投保，赔偿金如何计算？因该货物的实际价值高于保险金额，故讼争保险属于不足额保险。不足额保险损失按比例计算赔偿金额，即赔偿金额＝保险金额 200 000 元÷保险价值 291 243.74 元×（实际损失 205 493.74 元＋必要合理费用即公估费 8 248 元）＝143 005.99 元，故被告应在保险范围内支付给原告保险金 143 005.99 元。

（三）单保险合同和复保险合同

根据保险人对于同一保险标的、同一保险利益、同一保险事故订立保险合同的数量，保险合同可分为单保险合同和复保险合同。

1. 单保险合同

单保险合同是指投保人对于同一保险标的、同一保险利益、同一保险事故，与一个保险人订立的保险合同。在保险实务中，将下列情形视为单保险合同：① 投保人以同一保险标的、同一保险利益和同一保险事故，与一个保险人订立数个保险合同，各保险合同为单保险合同；② 投保人以同一保险标的、同一保险利益和同一保险事故，与数个保险人订立一个保险合同，该保险合同为单保险合同；③ 投保人以不同的保险利益、同一保险事故，或同一保险利益、不同的保险事故，或以不相重合的保险期间，与数个保险人分别订立保险合同，各保险合同为单保险合同。

2. 复保险合同

复保险合同即重复保险合同，相关知识在第四章已经讲解，这里不再赘述。

（四）原保险合同和再保险合同

根据承担责任次序的不同，保险合同可分为原保险合同和再保险合同。

1. 原保险合同

原保险合同又称第一次保险合同，指保险人对被保险人因保险事故所致损害承担直接原始的赔付责任的保险合同。

2. 再保险合同

再保险合同也称分保合同，是指原保险合同的保险人，为了避免或减轻其在原保险合同中承担的保险责任，将其承保危险的全部或者部分再转移给其他保险人所订立的保险合同。我国《保险法》第 28 条第 1 款规定："保险人将其承担的保险业务，以分保形式部分转移给其他保险人的，为再保险。"

再保险合同具有以下特点：① 再保险合同的主体双方均是保险人，即再保险分出人和再保险接受人；② 再保险合同是补偿性合同，其目的是补偿再保险分出人就其由原保险合同所引起的赔付成本及其他相关费用；③ 再保险合同独立于原保险合同，再保险合同的再保险接受人与原保险合同的投保人和受益人之间不发生任何法律或业务关系，而再保险分出人也不得以再保险接受人未履行再保险责任为由，拒绝履行或迟延履行其原保险责任。

（五）特定危险保险合同和一切危险保险合同

根据保险人承保危险的范围不同，保险合同可分为特定危险保险合同和一切危险保险合同。

1. 特定危险保险合同

特定危险保险合同是指保险人承保一种或数种特定危险的保险合同。此类保险合同中，保险人列举其所承担的危险，如战争险、盗窃险、地震险、火灾险等，保险人的保险责任范围仅限于所列举的自然灾害和意外事故，而列举之外的，保险人均不负赔偿责任。

在特定危险保险合同中，只列明承保一种危险的保险合同为单一危险保险合同；列明承保多种危险的保险合同，则为多种危险保险合同。保险实践中，特定危险保险合同居多，其中，保险人承保多种危险的保险合同日益增加。例如，保险人在签订火灾保险合同时，其承保范围不再局限于单一的火灾危险，而是扩大至多种自然灾害和意外事故，如雷电、地震、洪水、暴风雨、爆炸、自燃等危险的保险。

2. 一切危险保险合同

一切危险保险合同是指保险人承保合同列举的除外责任之外的一切危险的保险合同。此类合同中，保险人并不列举其所承担的具体危险，而是以除外责任条款或责任免除条款确定其不承保的危险，凡未列入除外责任条款中的危险均属于保险人承保的危险范围。例如，我国海洋运输货物保险条款的"一切危险"的责任范围是"除包括平安险和水渍险的各项责任外，还负责被保险货物在运输途中由于外来原因所致的全部或部分损失"。

一切危险保险合同为被保险人提供了较为广泛的保险保障，且在发生保险事故时，更便于判明责任，易于理赔。

（六）自愿保险合同和强制保险合同

根据保险合同的订立是否出于当事人的自愿为标准，保险合同可分为自愿保险合同和强制保险合同。

1. 自愿保险合同

自愿保险合同是指经投保人和保险人自愿协商而订立的保险合同。自愿保险合同中的投保人有权自行决定是否投保、向谁投保等，保险人也相应地有权决定是否承保。对于保险合同的资源性，我国《保险法》第11条规定："订立保险合同，应当协商一致，遵循公平原则确定各方的权利和义务。除法律、行政法规规定必须保险的外，保险合同自愿订立。"

2. 强制保险合同

强制保险合同又称法定保险合同，是指在法律规定一定范围内的社会成员必须投保而订立的保险合同。强制保险合同可分为两种情形：① 确定特定范围内的保险人与被保险人的保险关系，即只要符合法律规定的条件，不论投保人是否履行了投保手续，或者交纳保险费或者履行续保手续，保险合同的效力在投保人和保险人之间依法当然发生法律效力。② 规定一定范围内的社会成员或财产都必须参加保险，并以此作为许可从事某项业务活动的前提条件，如机动车交通事故责任强制保险。

（七）补偿性保险合同和给付性保险合同

根据保险人支付保险金的行为性质的不同，保险合同可分为补偿性保险合同和给付性保险合同。

1. 补偿性保险合同

补偿性保险合同是指保险人所给付保险金的目的在于补偿被保险人因保险事故发生所受实际损失的保险合同。各类财产保险合同和人身保险中的医疗费用保险合同均属于补偿性保险合同。

2. 给付性保险合同

给付性保险合同是指保险金额由双方事先约定，在保险时间发生或约定期限届满时，保险人按合同规定标准金额给付的合同。大多数人身保险合同都属于给付性保险合同。

三、保险合同的形式

根据我国《保险法》第 13 条第 2 款规定："保险单或者其他保险凭证应当载明当事人双方约定的合同内容。当事人也可以约定采用其他书面形式载明合同内容。"可知，保险合同一般采用书面形式，并载明当事人双方约定的内容。

（一）投保单

投保单又称要保书，是投保人向保险人提出保险要求和订立保险合同的书面文件，是投保人进行保险要约的书面形式，也是保险人出具保险单的依据。

投保单一般由保险人事先根据险种的需要设计，投保人在填写投保单时，对其所列的项目一一如实填写，以供保险人决定是否承保或以何种条件、何种费率承保，若填写不实或有意隐瞒真实情况，保险人可拒绝承保。即使侥幸订立了保险合同，一经查证属实，保险人亦有权解除保险合同。

投保单一般包括投保人或被保险人的地址、保险标的及其坐落地点、投保险别、投保金额、保险期间、保险费率等。不同的险种，投保单的内容也有所不同。保险人根据投保单签发正式的保险单后，投保单上的所有事项立即生效，并对保险人和投保人均产生法律效力。因此，投保单的效力等同于保险单。

（二）保险单

保险单简称保单，是投保人与保险人订立保险合同后，由保险人向投保人签发的保险合同的正式书面证明。保险单将保险合同的全部内容详尽列明，包括保险双方当事人的权利、义务及保险人应承担的风险责任，是双方当事人确定权利义务关系的依据，也是当保险标的遭受保险事故、发生保险责任范围内的损失时，投保人向保险人索赔的主要依据，同时是保险人理赔的主要依据。

典型案例

【案例简介】

申海公司向天安保险公司投保财产保险综合险。投保单载明保险财产地址位于海门市海门港；固定资产、流动资产、代保管财产、在建工程等的保险价值确定方式及保险金额等。后天安保险公司向申海公司签发保险单，载明保险财产坐落地址为海门市青龙港等内容。其中，投保单和保险单对保险标的、保险价值和保险金额的确定方式等内容的约定均不一致。

【思考】

投保单和保险单对保险标的等内容约定不一致时，应如何处理？

【评析】

投保单是投保人填写的表示愿意同保险人订立保险合同的书面申请。投保单本身并不是正式的合同文本，但一经保险人接受，即成为保险合同的一部分。保险单作为投保人与保险人订立保险合同的正式书面凭证，除非存在欺诈或者其他非法情形，投保单和保险单对保险标的等内容约定不一致时，均以保险单所载明的条件为准。

（三）暂保单

暂保单又称临时保单，是保险人在正式保险单或保险凭证之前，向投保人出具的临时性保险凭证。作为一种临时性证明文件，暂保单仅表明投保人已经办理了保险手续，并等待保险人出立正式保险单，所以保险合同双方当事人的权利义务以此后签发的正式保险单为准。

暂保单与正式保险单具有同样的效力，有效期一般最长为30天。在暂保单有效期内，保险标的遭受保险事故损失，除非有特别约定外，保险人应当按正式保险单所记载的条件承担赔偿责任。当正式保单出立后，暂保单便自动失效。

（四）保险凭证

保险凭证又称"小保单"，是保险单以外的保险合同书面凭证。保险凭证是一种简化的保险单，其内容仅包括保险金额、保险费率、保险类别、投保人、被保险人和保险期限等。但保险凭证与保险单有同等的法律效力。保险凭证中未列入的内容，以同类正式保险单为准，如果正式保险单与保险凭证的内容有抵触或者保险凭证另有特定条款，则应以保险凭证为准。保险凭证一般在以下几种情形中使用。

（1）预约保险合同。预约保险合同是用于货物运输保险和再保险中的一种不定期总括保险合同。在预约保险合同规定的期限内，就每一批具体货物的保险仍需订立独立的分合同或由保险人分别签发保险单证。由于分合同的基本保险条款已在总合同中作出了统一约定，因此分合同无须重新约定，而是以保险人向被保险人出具保险凭证的形式简化订立。

提　示

> 　　总括保险合同是指以可变动的多数人或物为保险标的的合同。它没有特定的标的，只是在一定标准所限定的范围之内，为所有标的规定一个保险金额，例如，一旦发生损失，不论受损的是哪一类，只要在总的保险金额限度内，保险人都要承担赔偿责任。

（2）团体保险合同。团体保险是由保险公司用一份保险合同为团体内的许多成员提供保险保障的一种保险业务。在团体保险中，"团体"为投保人，团体内的成员为被保险人，保险公司签发一张总保单给投保人，同时向每一个参加保险的人签发一张单独的保险凭证，以作为其参加相应保险的证明文件。

（3）联合保险凭证。这是将发票与保险单相结合的保险单据。保险公司不另出保险单，而是在商业发票空白处的位置注明保险编号、承保险制、金额等，以此作为保险凭证。

（4）为简化保险单证的手续，使用保险凭证代替保险单。例如，对于机动车辆第三者责任险，为便于被保险人随身携带以供有关部门检查，保险人通常出具保险凭证来代替保险单。

（五）批单

批单是保险合同双方当事人协商修改和变更保险单内容的一种书面证明文件。在保险合同有效期间，合同双方均可通过协议变更保险合同的内容。批单实际上是对已签订的保险合同进行修改、补充或增减内容的批注，一般由保险人出具，附贴在原保险单或保险凭证上。批单的法律效力优于原保险单的同类条款，凡经批改过的内容均以批单为准；多次批改的应以最后批改的为准。

我国《保险法》第20条规定："投保人与保险人可以协商变更合同内容。变更保险合同的，应当由保险人在保险单或者其他保险凭证上批注或者附贴批单，或者由投保人和保险人订立变更的书面协议。"第41条规定："被保险人或者投保人可以变更受益人并书面通知保险人。保险人收到变更受益人的书面通知后，应当在保险单或者其他保险凭证上批注或者附贴批单。"

（六）其他书面协议形式

除上述五种形式外，保险合同还可以采用其他的书面协议形式，如电子保单。近年来，互联网的发展给保险业带来了前所未有的契机和挑战，在互联网商务化的背景下，很多保险公司纷纷推出电子保单业务。电子保单是随着信息时代的到来而产生的一种新的保险合同形式，主要有以下两种形式：① 网上电子签名保单，是保险公司借助数字签名软件和企业数字证书为客户签发的具有保险公司电子签名的电子化保单；② 卡式网上激活保单，是保险公司以传统的与客户面对面的形式，销售在网上激活的卡式保险凭证，客户用现金购买卡式保险产品后上网输入卡号和密码，填写投保人、被保险人等相关投保信息，激活保险卡后保险合同即时生效。

相对于传统的纸质保单来说，电子保单具有成本低廉、方便快捷等优势。电子保单凭借着自身的优势得到了迅速发展，但与之相关的纠纷也日益增多，如电子保单中合同的成立和生效时间、投保人如何认定、保险人何时承担保险责任、保险代理人是否有代激活义务、保险人是否履行了明确说明义务、保险利益和使用范围及是否构成保险事故等问题，常常在保险实践中产生争议。

典型案例

【案例简介】

2013 年 5 月，投保人朱太祥在 A 保险公司投保渤海 e 通卡个人意外伤害险，保险单号 211010×××26257、211010×××26261。保险期间是 2013 年 5 月 25 日 0 时至 2014 年 5 月 24 日 24 时。在保险公司工作人员激活本保险卡时，选择的受益人是法定继承人。投保人朱太祥在北京郭自旺养殖场工作，职务是养殖工，代码是 010301，属于 100%赔偿职业类别系数。该笔保险由 A 保险公司工作人员张秀红具体承办，由保险公司工作人员进行激活，投保人和法定受益人均没有委托张秀红进行保险手续的办理，从始至终没有任何人向投保人和法定受益人解释保险内容，告知相关注意事项。2013 年 8 月 12 日，被保险人朱太祥因溺水身亡，事后，朱正秋（朱太祥之父）和常聚贵（朱太祥之子）及时通知了 A 保险公司进行理赔，A 保险公司以被保险人不符合理赔条件为由拒绝理赔。

【思考】

网络投保情形下免责条款的举证责任如何分配？

【法院裁判要旨】

根据相关法律规定，对保险合同中免除保险人责任的条款，保险人在订立合同时应当在投保单、保险单或其他保险凭证上作出足以引起投保人注意的提示，并对该条款的内容以书面或口头形式向投保人作出明确说明；未作提示或明确说明的，该条款不产生效力，现 A 保险公司拒赔的依据系《人身意外伤害保险条款》第 6 条（原因除外）和第 7 条（期间除外）的约定，该两条属于免除保险人责任的条款，但 A 保险公司提供的证据不足以证明其已经向朱太祥作出提示或明确说明，故该条款并不产生效力。因此，朱正秋、常聚贵作为其第一顺序继承人，有权要求 A 保险公司给付相应保险金，故法院判决，A 保险公司于本判决生效之日起十日内给付朱正秋、常聚贵保险金 20 万元。

【评析】

网络投保作为新型的投保方式，保险公司无法存留投保单、保险单等纸质保险凭证，而留存有网页等电子数据作为保险凭证。投保人主张保险公司未将免责条款进行提示或明确说明的，保险公司对此应承担相应的举证责任。保险公司可以在网页中免责条款部分进行颜色加重或变色、字体加粗等形式进行凸显，或以单独的链接要求投保人对免责条款进行阅读并予以理解，并要求投保人明确是否要求保险公司的工作人员对相对条款再进行口头的明确说明，或采用音频、邮件等形式对免责条款进行明确说明。

投保人在网络投保的同时有必要的仍可要求保险公司工作人员对免责条款进行口头说明。双方对保险条款中免责条款是否已尽提示及明确说明义务有争议的，保险公司在规范化操作中，可以采用当庭演示并提交相应网页等电子数据的形式，证明自己已经尽到了提示及口头说明义务。保险公司提交了相应证据，尽到了举证责任后，投保人对此不认可的，需提供足以反驳的证据。

第二节　保险合同的法律关系

一、保险合同的主体

保险合同的主体是与保险合同发生直接或间接关系的人，包括保险合同的当事人、保险合同的关系人和保险合同的辅助人。

（一）保险合同的当事人

保险合同当事人是与保险合同的订立与履行有直接关系的人，即投保人和保险人。

1. 投保人

投保人也称要保人，是指与保险人订立保险合同，并负有交付保险费义务的人。投保人应具备以下条件：① 具备相应的民事权利能力和民事行为能力。订立保险合同是一种民事法律行为，故要求投保人必须具有民事行为能力，从而正确分析判断投保行为的性质和后果；就社会组织和团体而言，投保人须具有法人资格或法律认可的独立法律地位；② 对保险标的须具有保险利益。作为投保人的自然人或法人组织，在投保时应当对保险标的具有一定的经济利害关系。

2. 保险人

保险人也称承保人，是指经营保险事业的各种组织。保险人在与投保人订立合同时收取保险费，在保险事故发生时，对被保险人承担赔偿损失责任的人。保险人应具备以下条件：① 必须是依法成立的保险经营组织；② 必须在国务院保险监督管理机构依法批准的业务经营范围内从事保险经营活动，需要注意的是，保险人不得兼营人身保险业务和财产保险业务。

（二）保险合同的关系人

保险合同的关系人是指出现在合同当中，与合同有经济利益关系，受合同的影响但没有参与合同订立的主体，包括被保险人和受益人。

1. 被保险人

被保险人是指其财产或人身受保险合同保障，享有保险金请求权的人。也可以说，被保险人是其人身、财产或者其他相关利益将因保险事故的发生而遭受实际损失的人。被保险人可以是投保人，也可以是其他相关人，但必须具备一定的资格条件：① 被保险人应当符合具体险种险别规定的承保范围；② 被保险人不得违反《保险法》或者保险合同条款的禁止性规定，例如，在人身保险中，原则上要求被保险人应具有民事行为能力。

2. 受益人

受益人是指在人身保险合同中由被保险人或投保人指定的享有保险金请求权的人。受益人一般属于人身保险范畴的特定关系人。在保险合同中，受益人不负交付保费的义务，保险人不得要求其支付保险费。成为受益人须具备以下条件：① 必须是由被保险人或投保人在保险合同中指定的人；② 必须是享有保险金请求权的人。

受益人的权利主要是获得保险金，即受益权。在保险事故发生前，受益人享有的受益权是一种期待权，是否能够实现尚不确定，但在保险事故发生后，受益人的受益权转化为保险金给付请求权，是确定性的权利。在由期待权向现实权利转化的过程中，受益人的受益权可能发生转移，甚至丧失，我国《保险法》得 43 条第 2 款规定："受益人故意造成被保险人死亡、伤残、疾病的，或者故意杀害被保险人未遂的，该受益人丧失受益权。"

课堂讨论

张某为自己投保了一份人寿险，指定其妻薛某为受益人。张某的家庭成员情况如下：张某儿子张小某 4 岁，张某的母亲王某 50 岁且独自生活。在保险期间内，张某因交通事故身亡。请问，该保险的保险金应如何处理？

（三）保险合同的辅助人

保险合同的辅助人是在合同订立和履行过程中起着媒介、辅助作用的人，是协助保险合同的当事人签署、履行合同，并办理有关保险事项的人，包括保险代理人、保险经纪人和保险公估人。

1. 保险代理人

保险代理人是指根据保险人的委托，在保险人授权的范围内代为办理保险业务，并依法向保险人收取代理手续费的单位或者个人。

2. 保险经纪人

保险经纪人是基于投保人的利益，为投保人和保险人订立合同提供中介服务，收取劳务报酬的人。保险经纪人的劳务报酬由保险公司按保险费的一定比例支付。

3. 保险公估人

保险公估人是指接受保险当事人委托，专门从事保险标的的评估、勘验、鉴定、估损理算等业务的单位。

二、保险合同的客体

一般经济合同的客体就是标的物本身，但对于保险合同的客体，法律并未作出明确的规定。我国多数学者认为，保险标的本身不是保险合同的客体，因为保险合同的订立和履行并不能保证保险标的本身不受损失，而只是保障投保人、被保险人在保险事故发生后，该保险标的上的保险利益不受损失，所以保险利益是保险合同的客体。

三、保险合同的内容

保险合同的内容是指保险合同当事人双方约定的权利与义务的具体事项。在保险实际业务中，保险合同的内容往往以条款的形式表现。依照不同标准，保险条款可分为基本条款、附加条款和保证条款。

（一）基本条款

保险合同的基本条款又称法定条款，是根据法律规定必须明确规定的条款。根据我国《保险法》第18条第1款的明确规定，保险合同应当包括下列事项。

1. 保险人的名称、住所及联系方式

在我国，保险人专指保险公司，故其名称为保险公司全称，住所为保险公司的地址，联系方式为保险公司的有效联系方式。保险人的名称、住所及联系方式一般事先印在保险合同上。

2. 投保人、被保险人和人身保险的受益人的姓名或者名称、住所及联系方式

投保人、被保险人和受益人可以为自然人、法人或者其他组织，可以为一人或者数人。当事人如果是法人或其他组织的，应填写登记注册的名称、住所及有效联系方式；如果是个人的，应填写身份证或户口本上记载的姓名、住址及有效联系方式。在投保人、被保险人的姓名或者名称、住所、联系方式发生变更时，有关当事人应及时通知保险人，并由保险人在保险合同中作批注。

保险合同中记载投保人、被保险人和受益人的姓名或名称、住所及联系方式的意义在于：① 有利于识别当事人的资格是否符合法律规定的条件；② 便于合同履行；③ 便于发生保险纠纷后诉讼的管辖、法律的适用、文书的送达及进行破产清算的地点的确定。

3. 保险标的

保险标的是指保险合同所指向的保险对象，不同的险种，保险标的的内容和范围也有所不同。例如，在人身保险合同中，保险标的是被保险人的生命、身体及健康；在财产保险中，保险标的表现为财产及相关利益，可以是有形财产，也可以是无形财产。

保险合同中记载保险标的的意义在于：① 确定保险合同的种类；② 明确保险人承保责任的范围及判断投保人是否具有保险利益；③ 根据保险标的的实际价值或存在情况确定保险金额和保险费率；④ 根据保险标的的损失程度确定赔偿数额；⑤ 根据保险标的所在确定诉讼管辖范围等。

4. 保险责任和责任免除

保险责任和责任免除是保险合同格式条款的核心内容，记载的意义在于明确保险人的责任范围，避免发生争讼。

保险责任条款是指规定保险人按照合同的约定承担的赔偿或给付保险金责任的条款。

责任免除又称除外责任，是指保险人依法或依据合同约定，不承担保险金赔偿或给付责任的风险范围或种类。通常情况，责任免除项目包括：① 被保险人故意行为产生的道

德风险；② 保险人难以承受的风险，如战争险；③ 必然发生的损失，如标的物的自然损耗、内在缺陷；④ 投保人、被保险人或受益人违反法律、社会公德，如欺诈等。责任免除条款涉及被保险人或受益人的切身利益，应在合同中作出提示，并由保险人向投保人作出明确说明。

5. 保险期间和保险责任开始时间

保险期间是指保险合同的有效期限，即保险合同双方当事人履行权利和义务的起讫时间。保险期间既可按年、月计算，也可按某一时间的存续期，如一个运行期、一个工程期、一个航程等。

保险责任的开始时间是指保险人开始履行保险责任的时间。保险责任开始时间通常由双方当事人在保险合同中约定。就一般保险合同而言，其生效日往往就是保险责任的开始时间，但对于有观察期规定的保险合同，如健康保险合同，超过观察期的那天，才是保险责任开始的时间。

6. 保险金额

保险金额是指保险合同双方当事人约定的，并且在保险合同中载明的保险人应当赔偿的货币额，也是保险人承担赔偿或者给付保险金责任的最高限额。

不同的保险合同，保险金额的确定方法也有所不同。在财产保险合同中，保险金额是根据保险标的的保险价值或实际价值确定的，并规定保险金额不得超出保险标的的保险价值或实际价值；在人身保险合同中，由于人的生命、身体无法用金钱衡量，投保人和被保险人一般依据被保险人或受益人的实际需要和投保人交付保险费的能力等因素，协商确定保险金额。

7. 保险费及支付办法

保险费是指投保人为取得保险保障，按合同约定向保险人支付的费用。保险费是保险基金的来源。保险费的具体数额依据保险金额的大小、保险费率的高低及保险期限的长短等因素确定。

保险费的支付方式主要有趸缴和分期缴费等。趸缴保险费是指投保人在订立保险合同时一次性缴清全部保险费，通常财产保险和保险期限在一年或一年期以下的人身保险采取趸缴方式。分期缴费是指将保险费均分为若干期，按约定时间间隔如年、季、月缴纳一次保险费，通常保险期限在一年以上的长期人身保险险种多采用这种方式。分期缴费中如果缴费期和保险期限一致，称为满期缴费方式；若缴费期短于保险期限，则称为限期缴费方式。

投保人或被保险人可根据自己的需要选择缴费方式，并在合同中载明。

8. 保险金赔偿或者给付办法

保险金赔偿或给付是指在保险事故发生导致保险标的损害或者在保险合同期限届满时，保险人依约定的方法和标准向被保险人或受益人支付保险赔偿或保险金的行为。保险金的赔偿或给付方式原则上以现金的形式履行，但对于财产保险，也可以采取修复、重置等办法补偿损失。

保险金的赔偿或给付直接关系到被保险人和受益人权利的实现，关系到保险人应履行的保险责任，因此，保险合同当事人应当明确约定赔偿或给付的方法和标准。

9. 违约责任和争议处理

违约责任是指保险合同当事人一方不履行保险合同义务或履行合同义务不符合合同的约定而所应承担的民事责任。保险合同的违约行为，包括违反保险合同的法定义务、约定义务以及其他附随义务。承担违约责任的形式主要有实际履行、支付违约金和赔偿损失。

提 示

《合同法》第60条规定："当事人应当按照约定履行自己的义务。当事人应当遵循诚实信用的原则，根据合同的性质、目的和交易习惯履行通知、协助、保密等义务。"当该条款中所说的通知、协助和保密的义务，就是当事人履行合同时的附随义务。

保险合同的争议处理主要有协商、仲裁和诉讼三种形式。当保险合同发生争议时，投保人和保险人可以通过协商解决争议；如果通过协商不能解决争议或者不愿通过协商解决争议的，可以通过仲裁或者诉讼的方式解决争议。

10. 订立合同的年、月、日

订立合同的年、月、日通常是指保险合同的生效时间，是保险人同意承保后，在投保单上签字盖章所注明的时间，而不是投保人填写投保单时注明的时间。确定订立保险合同的时间，对于判断保险合同的成立、保险期间的起算、保险责任的开始、投保人对保险标的是否具有可保利益及投保时保险事故是否发生等都具有重要意义。

（二）附加条款

附加条款是指保险合同当事人在保险合同订立时或订立后，为满足特殊情形的需要，经过当事人双方同意，在保险合同基本条款的基础上增加一些补充内容，以扩大或限制原基本条款中所规定的权利和义务。

通常情况下，附加条款加注于保险单空白处，或者以批单的形式粘贴在保险单上，使之成为保险合同的一部分。附加条款的效力高于保险单的基本条款和保证条款，同时，前补充条款的效力受后补充条款的限制。

（三）保证条款

保证条款是指投保人、被保险人就特定事项担保某种行为或事实的真实性的条款，体现了保险法最大诚实原则中的保证义务。保证条款一般由法律规定或同业协会制定，是投保人、被保险人必须遵守的条款，如有违反，保险人有权解除合同或拒绝承担赔付责任。

第三节　保险合同的订立与履行

一、保险合同的订立

保险合同的订立是指投保人与保险人之间就双方权利义务进行协商并达成意思表示

一致的法律行为。其订立过程是经过反复的协商，最终达成协议，保险人作出承诺，保险合同成立。因此，保险合同的订立须经过要约和承诺，即要保和承保两个阶段。

（一）要约

保险合同的要约又称要保，是投保人向保险人提出保险要求的行为。投保人要约是订立保险合同必需的、首要的程序。投保人向保险人索取并如实填写投保单、如实回答保险人所需了解的重要事项、认可保险人规定的保险费率等保险条款后，将投保单交付于保险人，即构成投保。

值得注意的是，投保是投保人的自愿行为，除法律规定投保人必须投保的保险以外，任何人或单位不得强迫投保人提出保险请求以订立保险合同。

（二）承诺

保险合同的承诺也称承保，是指保险人审核投保人的投保要求，向投保人表示同意接受其投保的意思表示。保险人承保意味着双方已就保险合同条款达成意思表示一致的协议，保险合同即告成立。

若保险人的意思表示构成承保，则应当适用以下规则：① 承保须未对保险要约内容作实质性变更，如果承保的意思表示对保险要约的内容作出实质性变更的，均不为承保，而是一个新的要约；② 承保须由保险人本人或其保险代理人向投保人或者其委托的保险经纪人作出；③ 承保的意思表示须在保险要约的有效期内作出。

提　示

> 实质性变更指对保险标的、保险金额、保险期间和保险责任开始时间、保险费以及支付办法、保险责任和责任免除、保险金额赔偿或者给付办法、违约责任和争议处理等内容作出变更。

二、保险合同的成立与生效

（一）保险合同的成立

根据我国《保险法》第 13 条的规定，投保人提出保险要求，经保险人同意承保，保险合同成立。依照这一规定，保险合同的一般成立要件有三个：① 投保人提出保险要求；② 保险人同意承保；③ 保险人与投保人就合同的条款达成协议。这三个要件，实质上仍是合同法所规定的要约和承诺过程。因此，保险合同原则上应当在当事人通过要约和承诺的方式达成意思一致时即告成立。

（二）保险合同的生效

保险合同的生效是指保险合同对当事人双方发生约束力，即合同条款产生法律效力。我国《保险法》第 13 条第 3 款规定："依法成立的保险合同，自成立时生效。投保人和保险人可以对合同的效力约定附条件或者附期限。"因此，保险合同的生效有以下两种情况：
① 合同一经成立即生效。合同双方当事人、关系人依据合同规定开始享有权利、承担义务，并不得任意更改合同的有关内容；② 合同成立后不立即生效，而是等到保险合同生效的附条件成立或附期限到达后才生效。

在我国，保险合同的生效起始时间传统上采用"零时起保制"来确定。零时起保制是指以约定起保日的零点为保险责任的开始时间，以合同期满日的 24 点为保险责任的终止时间。但对于机动车交通事故责任强制保险，则采用"即时生效"的方式，使机动车道路交通事故的受害人得到有效保障，更好地发挥该保险的作用。

三、保险合同的履行

保险合同的履行是指合同双方当事人依照合同规定全面履行、完成合同约定义务的行为。主要包括投保人义务的类型和保险人义务的履行。

（一）投保人义务的履行

投保人在合同履行过程中主要有以下的义务：

（1）如实告知义务，即保险人就保险标的或被保险人的有关情况提出的询问，投保人应如实回答。

（2）支付保险费义务，即支付保险合同约定的相关费用。

（3）出险通知义务，即保险事故发生时投保人应及时通知保险人，使保险人得以迅速调查事实真相、确定责任、采取措施处理保险事故，防止损失进一步扩大，同时，也为保险人提供处理赔案、准备赔偿的时间。

（4）提供单证义务，即在保险事故发生后，投保人应当向保险人提供其所能提供的与确认保险事故的性质、原因、损失程度等有关的证明和材料，这些证明和资料既是索赔的依据，也是保险人判断责任范围和赔付保险金的依据。

（5）危险增加的通知义务，即在保险合同的有效期内，保险标的危险程度增加的，投保人或被保险人应依照合同规定及时通知保险人，保险人有权要求增加保险费或解除合同，若投保人或被保险人未履行该义务，保险标的因危险程度增加而发生的保险事故，保险人不承担赔偿责任。

典型案例

【案情介绍】

某建筑公司为其名下的一辆起重吊车向太平洋保险公司投保了车辆损失险、第三者责任险和无过失责任险，保险期为 2015 年 6 月 18 日 0 时至 2016 年 6 月 17 日 24 时止。其中有关被保险人的义务规定：在保险合同有效期内，保险车辆变更用途或增加危险程度，被保险人应当事先书面通知保险人并申请办理批改，被保险人不履行此项规定的义务，保险人有权拒绝赔偿或自书面通知之日起解除保险合同。2015 年 7 月，案外人某弹跳设备有限公司租用该建筑公司的起重吊车，用于某次大型游艺活动中的高空弹跳娱乐项目，即"蹦极"。同月27日，因该建筑公司工作人员操作不当，造成案外人陈某在蹦极中致残。法院判决该建筑公司向陈某承担医疗、伤残及抚慰金等各项费用54万元。事后，该建筑公司就上述款项向太平洋保险公司索赔遭拒，遂提起诉讼。

【思考】

太平洋保险公司拒绝赔偿的行为是否正确？为什么？

【评析】

太平洋保险公司根据合同约定及《保险法》的规定拒绝赔偿，并无不当。本案可从以下三个方面进行分析：（1）建筑公司将吊车用于"蹦极"活动是否属于变更用途？鉴于保险合同中未对吊车的用途作特别约定，故应按通常理解予以解释：① 根据《现代汉语词典》的解释，吊车是指提起或移动重物用的机器。同时，根据我国《特种设备安全监察条例》的规定，起重机械是指用于垂直升降或垂直升降并水平移动重物的机电设备。从上述定义分析，在我国，吊车的用途显然不包括"蹦极"活动。② 根据我国国家质量监督检验检疫总局颁布的《特种设备目录》规定，吊车属于该目录中的起重机械类，而高空蹦极设施属于该目录中的大型游乐设施类。由此可见，将本案中的吊车用于"蹦极"活动，应属于用途的变更。

（2）建筑公司将吊车用于"蹦极"活动是否属于危险程度增加？本案中的吊车和高空蹦极设置都属于特种设备，现建筑公司将用于移动重物的吊车变更用途为人员蹦极等娱乐活动，其危险程度和危险范围均明显增加。

（3）保险合同关系中要求当事人的行为符合最大诚信原则，即当事人要向对方充分、准确地告知有关保险的所有重要事实。该建筑公司作为特种设备的使用者，具有较高的专业知识和注意义务，其未履行通知义务，故保险公司根据保险合同约定及保险法规定，拒绝承担赔偿责任，符合最大诚信原则。

综上所述，太平洋保险公司拒绝赔偿符合合同约定及保险法规定。

（6）维护保险标的安全的义务，即被保险人应当遵守国家有关消防、安全、生产操作、劳动保护等方面的规定，维护保险标的的安全。投保人、被保险人未按照约定履行其对保险标的的安全应尽责任的，保险人有权要求增加保险费或者解除合同。

（二）保险人义务的履行

投保人在享受权利的同时，也要履行一定的义务，具体如下：

（1）向投保人说明保险条款义务。不论在何种情况下，保险人均有义务在订立保险合同时主动、详细地说明保险合同的各项条款，并对投保人提出的任何有关问题作出直接、真实的回答。

（2）赔付保险金义务，即在保险事故发生后，保险人应当依照保险合同的规定对被保险人的损失予以赔偿，或向受益人支付保险金。

（3）承担必要的合理费用义务，主要包括施救费用、损失勘查费用和责任保险的仲裁或诉讼费用等。

（4）保密义务，即保险公司及其工作人员在保险业务活动中不得泄露投保人、被保险人的业务、财产状况、收入水平、身体健康状况和生理特征等商业秘密。

（5）退还保险费或者保险单的现金价值义务，主要情况包括投保人解除合同时返还保险费、保险人在风险不存在时返还保险费、保险人知道投保人无保险利益而承保应退还保险费、保险人应返还超值保险部分的保险费、保险人应返还保险合同因不合法而无效的保险费、保险人超越经营范围致合同无效应返还保险费、保险合同终止后应返还保险费。

第四节　保险合同的变动

一、保险合同的变更

保险合同的变更是指在保险合同的有效期限内，当事人根据主观或客观情况的变化，依据法律规定的条件和程序，在协商一致的基础上，对保险合同的某些条款进行的修改或补充。保险合同的变更主要是指保险合同内容和主体的变更。

（一）保险合同内容的变更

保险合同成立后的有效期间内，如果某些情况发生变化可能会影响到当事人的切身利益，则当事人可以就保险合同的内容予以变更。保险合同内容变更包括被保险人地址变更，保险标的数量的增减，保险标的品种、价值或存放地点的变化，保险期限、保险金额的变更及保险责任范围的变更等。

保险合同内容变更的程序如下：① 投保人向保险人及时告知保险合同内容变更的情况；② 保险人进行审核，表示同意；③ 保险人签发批单或附加条款，或者由投保人和保险人订立变更的书面协议。由此，保险合同内容的变更完成，变更后的保险合同是确立保险当事人双方权利义务关系的依据。

（二）保险合同主体的变更

保险合同主体的变更是指保险合同一方当事人或关系人将其在保险合同中的权利或义务全部或部分转让给第三人的情形。其实质是保险合同的转让，即在不改变保险合同关系内容的前提下，使保险合同的权利主体或义务主体发生变动。保险合同的主体变更主要指保险人、投保人、被保险人和受益人的变更。其中，投保人、被保险人和受益人的变更在财产保险合同和人身保险合同中的情况所有相同。

1. 保险人的变更

在我国，保险人通常为保险公司，为保护被保险人的利益，一般不允许保险人破产或解散，如我国《保险法》第90条第2条规定："经营有人寿保险业务的保险公司，除因分立、合并或者被依法撤销外，不得解散。"

在某些特殊情况下，也会发生保险人变更的情形。例如，保险人在征得投保人同意的情况下，与其他保险公司达成合同转让的协议。又如，我国《保险法》第 93 条第 1 款规定："经营有人寿保险业务的保险公司被依法撤销或者被依法宣告破产的，其持有的人寿保险合同及责任准备金，必须转让给其他经营有人寿保险业务的保险公司；不能同其他保险公司达成转让协议的，由国务院保险监督管理机构指定经营有人寿保险业务的保险公司接受转让。"

2．财产保险合同主体的变更

财产保险合同主体的变更一般是由保险标的的转让而引起的。保险利益原则要求投保人或被保险人对保险财产具有可保利益，而保险财产的转让或出售将会引起财产所有权的变化，原所有权人即丧失对该财产的保险利益。在此种情况下，保险合同面临无效的后果。为了防止合同失效，就需要变更所有权人，即财产保险合同主体的变更。

提　示

通常情况下，保险标的的转让，被保险人或者受让人应当及时通知保险人，经保险人同意继续承保后，依法变更合同。但在货物运输保险中，保险合同可以随着货物的转让而转移，且无须征得保险人的同意。这是因为货物在运输过程中，控制货物的是承运人而非被保险人，且货物在运输途中的流动性大，从起运地到目的地的整个过程中，物权可能几经易手，可保利益也会随之转移，如果每次变更都要征得保险人的同意，必然会影响商品的流转。鉴于此，各国保险法一般都规定，除另有明文规定外，凡货物运输保险，其可保利益可随意转移。

3．人身保险合同主体的变更

人身保险合同的主体变更主要指投保人和受益人的变更。由于人身保险合同的承保与否和保费的缴纳与被保险人的年龄、健康状态等紧密联系，若被保险人变更，相当于重新投保，故不存在被保险人变更的情况。

（1）投保人的变更

在人身保险合同存续期间，若出现投保人死亡、失踪或无法联系等情况，需要变更投保人以继续承担缴纳保险费的义务。投保人的变更应具备以下条件：① 须征得被保险人的同意；② 受让人应对被保险人具有保险利益。

（2）受益人的变更

人身保险中的受益人由投保人或被保险人指定，因此投保人或被保险人有权变更受益人。受益人的变更应注意以下几点：① 变更受益人须通知保险人；② 投保人变更受益人时须经被保险人同意；③ 保险人收到变更受益人的通知后，应当在保险单或其他保险凭证上批注或附贴批单；④ 保险事故发生后，投保人或被保险人不得变更受益人。

典型案例

【案情介绍】

2013 年 8 月，陈某投保了生死两全人寿保险，投保时，考虑自己的大儿子家庭生活困难，便指定其为受益人。2017 年年初，陈某患癌症住院，大儿子只是偶尔去医院看望自己，而小儿子日夜在医院护理，陈某知道自己不久于人世，考虑到小儿子对自己很孝顺，且尚未成家，就立下遗嘱指定保险受益人变更为小儿子。陈某去世后，两个儿子为 10 万元的保证金发生争执，大儿子认为保险合同已经明确自己是父亲指定的唯一身故受益人，应当由自己来领取保证金；小儿子则认为父亲临终前已立遗嘱将受益人变更为自己，自己才是合法的受益人。

【思考】

保险公司应将保险金给付谁？遗嘱变更保险受益人是否具有法律效力？

【评析】

遗嘱变更受益人符合私法自治原则，属于单方法律行为，保险人不得干涉。新受益人持遗嘱请求支付保险金的行为，可视为履行通知义务，符合《保险法》以及《保险法司法解释（三）》的相关规定。由于《保险法》并未规定书面通知的具体形式，因此，遗嘱、信件、公证等文件均可视为书面形式，向保险人递交书面遗嘱也应视为书面通知的一种形式。因此，被保险人在遗嘱中变更受益人应认定其合法有效，新受益人持遗嘱要求保险人支付保险金的行为视为已通知保险人，故案例中，保险公司应将保险金赔付给小儿子。

二、保险合同的中止与复效

（一）保险合同的中止

保险合同的中止是指在保险合同生效后，由于某种原因的发生而使保险合同暂时失去法律效力的情形。待中止事由消失后，合同可继续履行。需要注意的是，在合同中止期间发生的保险事故，保险人不承担保险责任。保险合同中止的主要原因是未按时缴纳保险费。

我国《保险法》第 36 条规定："合同约定分期支付保险费，投保人支付首期保险费后，除合同另有约定外，投保人自保险人催告之日起超过 30 日未支付当期保险费，或者超过约定的期限 60 日未支付当期保险费的，合同效力中止，或者由保险人按照合同约定的条件减少保险金额。被保险人在前款规定期限内发生保险事故的，保险人应当按照合同约定给付保险金，但可以扣减欠交的保险费。"

保险合同的中止仅适用于人寿保险合同。由于人寿保险合同期限较长，其保险法的缴付大部分是分期缴付，如果投保人在约定的保费缴付时间内没有按时交纳，且超过宽限期仍未交纳，则导致保险合同中止。

（二）保险合同的复效

发生中止的保险合同，在具备复效条件后即可恢复其法律效力。我国《保险法》第 37 条也对此有明确规定，合同效力依照本法第 36 条规定中止的，经保险人与投保人协商并达成协议，在投保人补交保险费后，合同效力恢复。但是，自合同效力中止之日起满二年双方未达成协议的，保险人有权解除合同。保险人依照前款规定解除合同的，应当按照合同约定退还保险单的现金价值。

三、保险合同的解除

保险合同解除是指在保险关系有效期间内，保险合同当事人依法提前终止保险合同效力的法律行为。保险合同的解除包括协议解除和法定解除。协议解除又称约定解除，是指当事人双方经协商同意解除保险合同的一种法律行为。法定解除是指合同当事人在出现了保险法规定的保险合同解除事由时，依法解除保险合同。

法定解除是法律赋予合同当事人的一种单方解除权。《保险法》第 15 条规定："除本法另有规定或者保险合同另有约定外，保险合同成立后，投保人可以解除保险合同，保险人不得解除合同。"法律之所以给投保人这样的权利，是因为投保人订立保险合同的目的是保险事故或保险事件发生后，可以从保险人那里获得保险保障。当主客观情况发生变化，投保人感到保险合同的履行已无必要，则可解除保险合同。但是，法律对此也有必要的限制：① 货物运输保险合同和运输工具航程保险合同，保险责任开始后，合同不得解除；② 当事人通过保险合同约定，对投保人的合同解除权做出限制的，投保人不得解除保险合同。

依照《保险法》，当法定事由发生时，保险人有权解除保险合同，法定事由包括投保人违反如实告知义务、被保险人或受益人意图欺诈谋取保险金、投保人或被保险人故意制造保险事故、投保人误报年龄超过限制等。

保险合同解除后当事人不用再履行合同，余下保期对应的保费应当退还投保人，但以下情形例外：① 投保人故意不履行如实告知义务，保险人不退还保险费；② 投保人、被保险人因欺诈行为而被解除保险合同的，保险人不退还保险费。

四、保险合同的终止

（一）保险合同终止的概念

保险合同的中止是指保险合同成立后因无法或约定事由的发生，合同的法律效力完全消失。保险合同终止的直接原因是合同的期限届满、履行完毕、主体一方死亡或消灭等。保险合同终止后，合同的权利义务消失，不存在恢复效力，也不存在溯及既往的问题。

提　示

溯及既往是指刑法生效以后，对于其生效以前未经审判或者判决尚未确定的行为具有溯及力的一种原则。

溯及力是指法律对其生效以前的事件和行为是否适用。

（二）保险合同终止的原因

1. 保险合同的有效期限届满

保险合同终止最常见、最普遍的原因就是有效期限届满。当保险合同订明的保险期限届满时，无论在保险期限内是否发生过保险事故，保险合同终止，当事人之间的权利义务关系即归于消灭。

2. 保险合同已履行

保险合同已履行的情况包括以下两种：① 保险合同约定范围内的保险事故发生时，保险人按照约定的保险金额全数赔偿或给付；② 保险合同有效期间发生数次保险事故，在保险金额不变的情况下，保险人分次予以赔偿，当某次赔偿的保险金达到保险金额时，保险人的义务即已全部履行，保险合同终止。人身保险合同中保险人按合同约定的方式给付保险金后，保险合同终止。

3. 保险标的灭失或被保险人死亡

保险标的灭失是指因保险事故以外的原因而造成的保险标的的灭失。财产保险合同中，如果保险标的不是因保险事故而灭失，投保人就不再具有保险利益，保险合同终止。

被保险人的死亡是指被保险人因保险事故以外的原因而死亡。人身保险合同以被保险人的生命或健康为保险标的，其保险利益是投保人对被保险人的生命或健康所具有的法律上承认的利益。如果被保险人因保险事故以外的原因而死亡，投保人就不再具有保险利益，保险合同也就随之终止。

（三）保险合同终止的后果

保险合同终止的，自终止效力发生之时起，保险合同当事人的权利义务也随之消灭，保险合同终止后不再具有法律效力。

第五节　保险合同争议的处理

保险合同争议是指保险合同成立后，合同当事人双方就保险合同的内容及履行时的具体做法等方面产生不一致甚至相反的理解而导致的分歧或纠纷。因此，在保险合同内容发生争议时，适当的、合理的解释是必不可少的。

一、保险合同条款解释的原则

保险合同条款的解释是指当保险当事人由于对合同内容的用语理解不同而发生争议时，依照法律规定的方式或者约定俗成的方式，对保险合同的内容或文字的含义予以确定或说明。对保险合同条款的解释应遵循如下原则。

（一）文义解释原则

文义解释原则即按照保险合同条款通常的文字含义并结合上下文解释的原则。如果同一词语出现在不同地方，前后解释应一致，专门术语应按本行业的通用含义解释。

（二）意图解释原则

意图解释原则是指必须尊重双方当事人在订约时的真实意图进行解释的原则。这一原则一般只能适用于文义不清，条款用词不准确、混乱模糊的情形，解释时要根据保险合同的文字、订约时的背景、客观实际情况进行分析推定。

（三）批注优于正文，后批优于先批的解释原则

保险合同是标准化文本，条款统一，但在具体实践中，合同双方当事人往往会就各种条件变化进一步磋商，对此大多采用批注、附加条款、加贴批单等形式对原合同条款进行修正。当修改与原合同条款相矛盾时，采用批注优于正文、后批注优于先批注、书写优于打印、加贴批注优于正文批注的解释原则。

（四）补充解释原则

补充解释原则是指当保险合同条款约定内容有遗漏或不完整时，借助商业习惯、国际惯例、公平原则等对保险合同的内容进行务实、合理的补充解释，以便合同继续执行。

（五）不利解释原则

鉴于保险条款是由保险公司单方拟订的格式条款，为充分保护被保险人利益，保险条款解释的一个重要原则就是有利于非起草方的解释原则，即有利于被保险人和受益人的原则。关于这一规定的适用应当注意，并非双方当事人对保险条款的任何争议都必须作有利于被保险人和受益人的解释。当双方当事人对保险条款的内容理解不一致时，应当遵循公平和诚实信用原则，应先按照通常理解，结合条文词句的含义、逻辑关系及保险交易惯例等进行合理解释，有专业解释的，应按照专业术语的理解来解释。只有当保险条款的含义含混不清或产生多种理解时，才应当作有利于被保险人和受益人的解释。

（六）尊重保险惯例的原则

保险业务是一项专业性极强的业务。在长期的业务经营中，产生了许多专业用语和行业习惯用语，其含义有别于一般的生活用语，所以解释合同时还应考虑词语在保险惯例中的含义。

课堂讨论

王某投保了一年期意外伤害保险，投保后不久，王某驾驶二轮摩托车（既无驾驶证又无行驶证）遭遇事故。事故是因两辆小客车发生碰撞，致使其中一辆车失控后撞向王某，造成王某死亡。经交警部门认定，王某对该事故不承担责任。事发后，王某家人与保险公司就保险理赔产生分歧。

保险公司认为，保险合同中规定"被保险人酒后驾驶、无有效驾驶证或无有效行驶证驾驶机动交通工具，造成被保险人死亡、残疾或支付医疗费用的，公司不负给付保险金责任"，王某驾驶摩托车既无驾驶证又无行驶证，故保险公司可以拒赔。

王某家人则认为，该条款的意思是被保险人酒后驾驶、无有效驾驶证或无有效行驶证驾驶机动交通工具"造成"被保险人死亡、残疾或支付医疗费用的，即两者间存在因果联系，保险人才可以免责。而保险事故非王某责任，死亡不是王某无照驾驶的行为造成的，故保险公司应承担责任。

请思考：你如何看待本案中出现的两种争议？

二、保险合同争议的处理方式

保险合同订立以后，双方当事人在履行合同过程中，围绕理赔、追偿、交费以及责任归属等问题容易产生争议。根据《合同法》的相关规定，对保险业务中发生的争议，可采取和解、调解、仲裁和司法诉讼四种方式来处理。

（一）协商

协商是指合同双方在自愿、互谅、实事求是的基础上，对出现的争议直接沟通，友好磋商，消除纠纷，求大同存小异，对所争议问题达成一致意见，自行解决争议的办法。

协商解决争议不仅可以节约时间和费用，而且可以在协商过程中，增进彼此的了解，加强双方的信任，有利于圆满解决纠纷，并继续执行合同。

（二）调解

调解是指在第三人主持下根据自愿、合法原则，在双方当事人明辨是非、分清责任的基础上，促使双方互谅互让，达成和解协议，以便合同得到履行。

（三）仲裁

仲裁是指保险争议双方在纠纷发生之前或发生之后签订书面协议，自愿将保险纠纷提交双方所同意的仲裁机构予以裁决，以解决纠纷的一种方式。

申请仲裁必须以双方自愿基础上达成的仲裁协议为前提。仲裁协议可以是订立保险合同时列明的仲裁条款，也可以在争议发生后达成的仲裁协议。

（四）诉讼

保险合同争议的诉讼属于民事诉讼，是指保险合同纠纷发生后，当事人一方按照民事诉讼程序向法院对另一方提出权益主张，由法院进行裁判。

思考题

1. 保险合同具有哪些特征？

2. 保险合同可分为哪几类？

3. 保险合同有哪些形式？

4. 保险合同的主体和客体分别指什么？

5. 保险合同包括哪些内容？

6. 保险合同的成立须经历哪些过程？保险合同生效后需要履行哪些义务？

7. 保险合同的变动指什么？

8. 保险合同双方当事人在履行过程中发生争议，该如何处理？

第六章

人身保险

内容提要

人们常说:"明天和意外,你永远不知道哪个会先到来。"在生活中,自然灾害、意外伤害、疾病等风险无处不在,无时不有。即便是平安健康地活到老,有的人可能还会为没有退休生活保障的养老生活而忧心忡忡。这时,人身保险就像一把防护伞,为人们的疾病、意外及养老提供保障。人身保险兼具风险保障和储蓄投资的功能。其实一份涵盖意外、伤残、疾病、养老等多方面需求的人身保险计划对现代人而言是不可或缺的。本章主要包括人身保险及其包含的人寿保险、年金保险、健康保险和意外伤害保险等相关知识,使学生更清楚地了解人身保险的业务分类及赔偿或给付保险金的条件等。

学习目标

知识目标

- ⊃ 了解人身保险的特征
- ⊃ 了解人寿保险
- ⊃ 了解年金保险
- ⊃ 了解健康保险
- ⊃ 了解意外伤害保险
- ⊃ 理解人身保险的常用条款

能力目标

- ⊃ 能够以保险人的身份独立向客户推荐符合其要求的人身保险

引导案例

2015 年 6 月 18 日, 成都市 X 集团有限公司下设的一个工程项目部为 80 名员工在某保险公司投保了建筑工程团体人身意外伤害保险, 缴纳保险费 8 835 元, 每人保险金为 10 万元, 附加团体意外医疗保险, 缴纳保险费 7 068 元, 每人保险金为 2 万元。保险期限为 2015 年 6 月 18 日 0 时起至 2016 年 6 月 17 日 24 时止。

2016 年 3 月 20 日, 项目部员工罗某在工地受伤, 左髋关节脱位、股骨头骨折, 后在该县人民医院住院治疗。因其左髋关节部分功能受限, 经劳动能力鉴定委员会于 2017 年 3 月 17 日将其定为六级伤残。后罗某要求原告赔偿损失, 该县人民法院调解, 保险公司赔偿了罗某医疗费、伤残补助金等费用。

作为投保人的 X 集团有限公司向保险公司申请理赔, 保险公司只赔偿了医疗保险费, 而以罗某的伤残程度未达到《人身保险残疾程度与保险金给付比例表》中的标准为由, 不予受理伤残保险金的赔偿。

2017 年 7 月 19 日, X 集团有限公司委托该县法医司法鉴定所对罗某的损伤进行法医鉴定。经鉴定, 罗某髋关节囊内骨折, 进行开放复位后, 丧失功能部分, 根据 GB/T 16180—2006《劳动能力鉴定——职工工伤与职业病致残等级分级》的规定, 其伤残程度为六级。

X 集团有限公司再次根据法院鉴定结论要求保险公司给付伤残保险金, 保险公司仍以该结论非依据合同附表中的标准进行鉴定为由拒赔。X 集团有限公司遂向法院提起诉讼, 请求判令保险公司支付伤残保险金 25 000 元, 法医鉴定费 600 元。诉讼中, 罗某给 X 集团有限公司出具了承诺书, 实质上将保险合同中约定的保险金请求权转让给了 X 集团有限公司。

请思考: 假如你是法官, 会如何处理此案?

第一节　人身保险概述

我国《保险法》第 12 条第 3 款规定: "人身保险是以人的寿命和身体为保险标的的保险。"可见, 人身保险是以人的寿命或身体为保险标的, 是投保人与保险人约定在出于合同约定范围内的意外事故、意外灾害或疾病、年老等原因而导致被保险人死亡、伤残或丧失劳动能力的情况下, 或者合同约定的期限届满时, 保险人按照约定承担给付保险金责任的协议。

一、人身保险的特征

（一）一般是定额保险合同

人身保险的保险标的是人的生命和身体, 其价值难以用金钱衡量。因此, 人身保险合同的保险金额是由双方当事人在订立保险合同时，根据被保险人的保险需要和投保人的缴费能力协商确定的数额，或者保险人事先综合各种因素进行科学计算规定一个固定数额，在保险事故发生或者期限届满时，保险人据此数额承担保险责任。因此，人身保险合同属于定额保险合同，不存在超额保险、重复保险的可能。

（二）主要是给付性合同

人身保险合同中，投保人按照合同的约定支付保险费后，当被保险人出现了合同约定的死亡、伤残、疾病或者保险期限届满等情况时，保险人向被保险人或受益人给付保险金。但是，人身保险合同不完全是给付性的，也有赔偿性的，如健康保险或意外伤害保险中的医疗费用保险，就是通过补偿的方式赔偿被保险人因治疗疾病或医治伤害而产生的实际费用。

（三）具有长期性特征

人身保险合同的有效期一般比较长，短则三五年，长则十几年或几十年甚至终身，如人寿保险。保险期限的长短是根据个人对保险保障的需要由投保人或被保险人自行决定的。当然，也有个别人身保险险种的期限非常短，只有几天甚至几个小时，如旅客意外伤害险等。

（四）具有储蓄性特征

人身保险合同不仅能提供经济保障，且兼有储蓄性质。人身保险合同的储蓄性特征突出地表现在人寿保险合同中。在约定保险期限届满后，保险人将投保人所缴纳的保险费加上一定比例的利息，扣除保险人的必要费用后以保险金的形式返还给被保险人或其受益人。如果出现合同解除等情形，保险人则将保单的现金价值退还给投保人。因此，对投保人来说，购买人身保险是一种储蓄与投资手段。

（五）保险利益具有特殊性

人身保险的保险标的是人的生命或身体，无法用金钱来衡量，所以人身保险的保险利益是以投保人与被保险人之间的关系来确定的。在人身保险中，保险利益只是订立保险合同的前提条件，并不是维持保险合同效力及保险人给付保险金的条件。

二、人身保险的分类

（一）按保障范围分类

根据我国《保险法》第96条第1款规定："人身保险业务，包括人寿保险、年金保险、健康保险、意外伤害保险等保险业务。"

1. 人寿保险

人寿保险是以被保险人的生命为保险标的，当被保险人发生约定范围内的保险事故时，由保险人给付保险金。

2. 年金保险

年金保险是指投保人定期向保险公司缴纳一定的保费，等到约定时间开始，再从保险公司按月或按年领取保金，用来提高生活保障水平的一种理财型保险产品。

根据《保险法》第96条规定，年金保险业务应当包括企业年金和职业年金等。

3．健康保险

健康保险是以被保险人的身体为保险标的，当被保险人因疾病、意外事故导致伤害而产生医疗费用支出，或因疾病、意外伤害丧失工作能力导致收入减少时，由保险人承担保险赔偿或保险金给付责任。

4．意外伤害保险

意外伤害保险是以人的身体或劳动能力为保险标的，当被保险人因遭受意外伤害事故而死亡或残疾时，保险人按合同约定给付保险金。

（二）按被保险人的人数分类

1．个人保险

个人保险是以个人或家庭为投保人，一张保险单只承保一个被保险人或一个家庭成员的人身保险。人寿保险通常采用个人保单的形式。

2．团体保险

团体保险是以一份总的保险合同承保某一个企业、事业或机关团体的全部或大部分成员（一般为总人数的75%）的人身保险，投保人为法人或社团组织，被保险人是团体中的在职成员。团体保险可分为团体人寿保险、团体意外伤害保险和团体健康保险等。

3．联合保险

联合保险是将具有一定利害关系的两个以上的人视为被保险人，如以夫妻或合伙人等多人作为联合被保险人同时投保的人身保险。它既不同于个人保险，也不同于团体保险。

第二节　人寿保险

一、人寿保险概念

人寿保险是以被保险人的生命为保险标的，以其在合同规定的期限内生存或死亡为给付条件的人身保险。投保人按照合同的约定交纳保险费，保险人承担被保险人在保险期限内死亡或生存至保险期限届满时给付保险金的义务。

二、人寿保险的业务分类

（一）普通型人寿保险

1．死亡保险

死亡保险是以被保险人在保险期间内死亡为给付保险金条件的人寿保险。它可分为定期人寿保险和终身人寿保险。

（1）定期人寿保险

定期人寿保险的保险期限为固定年限，一般由当事人双方约定一个确定的保险期间，如 5 年、10 年、20 年或者更长时间。如果被保险人在合同规定期间内死亡，保险人应根据合同约定给付受益人定额的保险金；如果被保险人在保险期间届满后未死亡，保险人既无须支付保险金，也不用退还保险金。

由于定期人寿保险合同的保险金不具备储蓄性质，因此缴纳的保险费较低。定期人寿保险通常适用于短期内从事较危险工作或者负担能力较低又希望获得保险保障的社会成员，其优点在于投保人或被保险人既可以获得保障，又可以降低保险费的支出。

（2）终身人寿保险

终身人寿保险是一种不定期的死亡保险，它没有确定保险期限，而是自合同生效之日起，无论被保险人何时死亡，保险人均须按照合同给付保险金的一种保险。终身人寿保险的保险期间较长，并具有储蓄功能，故其保险费高于定期人寿保险合同。

提　示

几乎所有的终身人寿保险都基于生命表所假设的 105 岁为人的极限年龄，因此，保险费的计算也按照最高年龄 105 岁确定，即终身人寿保险将保险期规定在被保险人105 周岁内。当被保险人生存至 105 岁，保险人给付全部保险金，保险合同终止。

需要注意的是，无论是定期人寿保险还是终身人寿保险，保险人并非对所有原因造成的被保险人的死亡都承担给付保险金的责任。下列情况作为除外责任，保险人可不承担给付保险金的责任：① 投保人、受益人对被保险人的故意行为；② 被保险人故意犯罪、拒捕、自伤身体；③ 被保险人服用、吸食或注射毒品；④ 被保险人在保险合同生效（或复效）之日起二年内自杀；⑤ 战争、军事行动、暴乱或武装叛乱；⑥ 核爆炸、核辐射或核污染及由此引起的疾病等。

2. 生存保险

生存保险是以被保险人在保险期届满或达到某一年龄时仍然生存为给付条件，并一次性给付保险金的保险。只要被保险人生存到约定的时间，保险人就给付保险金。若在此期间被保险人死亡，则保险人不给付保险人，并不退还保险费。

生存保险具有较强的储蓄性，其主要目的在于满足被保险人一定期限后的特定需要，如子女的教育资金、被保险人的养老金等。

3. 生死两全保险

生死两全保险是由生存保险和死亡保险混合而形成的独立险种，是指无论被保险人在保险期间内死亡或生存至保险期间届满时，都能获得保险金的保险。如果被保险人在保险期间内死亡，保险人给付保险金后保险合同终止；如果被保险人在保险期间届满后仍然生存，保险人依然承担给付保险金的义务，尔后合同终止。

生死两全保险的主要目的在于从生存和死亡两方面为被保险人提供保险保障。其具有以下三个特点：① 承保责任较全面；② 保险费率较高；③ 具有储蓄性。

（二）新型人寿保险

1. 分红保险

分红保险又称红利分配寿险，是指保险人将上一年度经营盈利的一部分，以现金红利或增值红利的方式分配给被保险人的人寿保险。其中，增值红利是指以增加保险金额的方式分配红利，可以在合同终止时以现金的方式给付终了红利。分红保险兼具保障和盈利的双重功能，即除传统的保险保障功能外，还具有向被保险人提供非保障性质的保险利益功能。

一般来说，在分红保险的保费计算中，预定利率、预定死亡率及预订费用率的假设较为保守，均附加了较大的安全系数，因而保费相对较高。

典型案例

【案情介绍】

2012 年 11 月 8 日，黄某向平安人寿公司投保平安金裕人身两全保险（分红型），合同约定投保人为黄某，被保险人为其儿子吴某，保险期间为终身，缴费年限 10 年，基本保险金额 200 000 元，首期交保险费 54 940 元，红利领取方式为累积生息。保险条款第 2.3 条保险责任中约定平安人寿公司承担给付生存保险金和身故保险金的保险责任；第 4.1 条保单红利中约定"本主险合同为分红保险合同……每年根据分红保险业务的实际经营状况确定红利分配方案。保险红利是不保证的……我们会向您寄送每个保单年度的分红报告，告知您分红的具体情况"；第 8.1 条解除合同的手续及风险中约定"犹豫期后可以申请解除本主险合同……自我们收到解除合同申请书时起，本主险合同终止……您在犹豫期后解除合同会遭受一定损失"。该合同由黄某在投保人、被保险人即法定监护人处签名确定，黄某亲笔书写"本人已阅读保险条款、产品说明书和投保提示书，了解本产品的特点和保单利益的不确定性"。2012 年 11 月 8 日及 2013 年 11 月 12 日，黄某分别向平安人寿公司支付保险费 54 940 元，共计 109 880 元。截至 2014 年 11 月 8 日，黄某共从平安人寿公司处领取生存金 20 000 元、红利 1 576.29 元（不包括利息）。平安人寿公司向黄某发送的分红通知书中，载明了上一红利核算年度公司分红保险保费收入即可分配盈余的金额，以及黄某累积红利从本期红利分配日到下一红利分配日期间适用的累计利率。黄某对该红利分配不满，要求解除合同遭拒，遂将平安人寿保险公司诉至法院。

黄某诉称，其签订系争合同的主要目的是获得分红，平安人寿公司未将红利来源、相关经营项目的收益、支出及相关财务报表向其告知，红利分配方案不合理，平安人寿公司构成根本违约，致其订立合同的目的无法实现，故诉至法院，要求判令：（1）解除系争人身保险合同。（2）平安人寿公司返还已缴纳的保险费 109 880 元。

平安人寿公司辩称，系争保险合同主要保险责任是给付生存保险金和身故保险金，同时具有分红性质，且其已告知分红险的相关信息，不存在违约行为。

人民法院经审理认为：保险公司的主要合同义务是给付生存保险金和身故保险金，披露红利信息并非被告的主要义务。黄某已经签字确认，可以认为平安人寿公司对系争保险产品风险提示已经完成。平安人寿公司已履行了给付生存保险金和红利的合同主要义务。平安人寿公司在红利通知中对红利信息进行了简要说明，可以认为其信息披露义务已经完成。即使未按黄某要求提供更为详细的红利信息，亦不足以构成根本违约。故判决驳回黄某的诉讼请求。

审判后，黄某不服，提起上诉。

二审法院认为：分红人身保险属于人身保险新型产品，兼具人身保障功能和投资功能。保险人应当按照保监会的相关规定履行人身保险新型产品的信息披露义务。红利分配的不确定和红利分配的信息均属保险人信息披露的内容。对于红利存在不确定风险的披露，投保提示书、保险条款等保险合同材料中对此均有明确记载，并经黄某签字确认。对于红利来源信息的披露，投保时保险人通过《保险利益和分红测算图表》向黄某进行了利益演示，且平安人寿公司以发送通知书的方式告知黄某相关红利分配的信息。此外，黄某在保险期间领取了生存金和红利，且《保险利益和分红测算图表》演示的红利水平具有低、中、高三档，黄某应当能够预见实际分红水平存在的不确定性。因此，黄某认为实获红利低于预期水平从而认为未能实现合同目的，要求解除合同，缺乏事实依据。故判决驳回上诉，维持原判。

【评析】

本案为一起因保险分红未达投保人预期而引发的保险合同纠纷。2009年保监会制定了《人身保险新型产品信息披露管理办法》，要求保险人销售上述新型人身保险产品时履行信息披露义务，也就是说，保险人及其代理人向投保人、被保险人、受益人及社会公众描述新型产品的特性、演示保单利益测算及介绍经营成果等相关信息的行为。信息披露的方式包括媒体、公司网站的说明和介绍，产品说明会上的说明和介绍，销售人员的说明和介绍，客户服务人员的回访，定期寄送报告资料等。保险人未履行信息披露义务时，应承担相应的法律责任。

2. 投资连结保险

投资连结保险是一种寿险与投资相结合的新兴寿险产品。根据中国保险监管机构的规定，投资连结保险是指包含保险保障功能并至少在一个投资账户拥有一定资产价值的人身保险。

投资连结保险可设置一个或多个投资账户供投保人选择。按合同约定，保险公司在扣除一定费用后，将保险费转入投资账户，并转换为投资单位。投资账户价值随投资单位价格变化而变化。保险公司按照合同约定定期从投资账户价值中扣除风险保险费等费用。

投资连结保险作为保险产品，其保险责任与传统产品类似，不仅有死亡、残疾给付、生存保险领取等基本保险责任外，一些产品还加入了豁免保险费、失能保险金、重大疾病等保险责任。中国保监会规定，投资连结保险产品必须包含一项或多项保险责任。

在投资收益方面，投资连结保险不提供收益保证，投保人承担全部投资风险。故此类产品较适合具有理性的投资理念、追求资产高收益、具有较高风险承受能力的投保人。

3. 万能保险

万能保险指的是可以任意支付保险费及任意调整死亡保险金给付金额的人寿保险。也就是说，除了支付某一个最低金额的第一期保险费以后，投保人可以在任何时间支付任何金额的保险费，并且任意提高或降低死亡给付金额，只要保单积存的现金价值足够支付以后各期的成本和费用即可。

万能保险之所以"万能"，是因为在投保以后可根据人生不同阶段的保障需求和财力状况，调整保额、保费及缴费期，确定保障与投资的最佳比例，让有限的资金发挥最大的作用。故万能保险适合追求资产安全、风格稳健的长期投资者。

万能保险是风险与保障并存，介于分红保险与投资连结保险间的一种投资型寿险。其所缴保费分成两部分，一部分用于保险保障，另一部分用于投资账户。保障和投资额度的设置主动权在投保人，可根据不同需求进行调节；账户资金（设立专门的账户）由保险公司代为投资理财，投资利益上不封顶、下设最低保障利率。

第三节 年金保险

一、年金保险概念

年金保险是指在被保险人生存期间，保险人按照合同约定的期限、金额和方式，有规则地、定期地向被保险人给付保险金的保险。年金保险以被保险人生存为给付保险金条件，且分期给付保险金的间隔不超过一年（含一年）。

年金保险的保费有多种缴纳方式，但在被保险人领取年金以前，投保人必须缴清所有的保费。

二、年金保险的分类

（一）按保险业务分类

按照保险业务的不同，年金保险可分为企业年金和职业年金。

1. 企业年金

企业年金是指企业及其职工在依法参加基本养老保险的基础上，自愿建立的补充养老保险制度。企业年金旨在提高职工退休后生活水平，是对国家基本养老保险进行重要补充的一种养老保险形式。

企业年金具有以下特点：① 企业年金既不是社会保险，也不同于商业保险，而是企业的一项福利制度。② 企业年金是企业依据自身经济状况自愿建立的补充养老保险制度，符合参加企业年金的职工可自愿参加，享有企业年金的投资收益并承担相应的风险；国家或政府作为政策制定者和监管者不直接干预企业年金计划的管理和基金营运，其主要职责是制定规则和依规监管。③ 企业年金是社会保障体系的重要组成部分，与国家基本养老保险、个人储蓄性养老金一起构成多支柱养老保障体系。④ 企业年金实行市场化运营，由国家认可的具备企业年金管理资格的年金管理机构管理。

2. 职业年金

职业年金是指机关事业单位及其工作人员在参加机关事业单位基本养老保险的基础上，建立的补充养老保险制度。

职业年金所需费用由单位和工作人员个人共同承担。单位缴纳职业年金费用的比例为本单位工资总额的 8%，个人缴费比例为本人缴费工资的 4%，由单位代扣。工作人员退休时，依据其职业年金积累情况和相关约定按月领取职业年金。

读 一 读

职业年金与企业年金的区别

职业年金与企业年金最大的区别在于职业年金具有强制性，而企业年金的建立是企业的自愿行为。而且两者的参保人群也不同，企业年金的参保人员为企业职工，职业年金的参保人员为机关事业单位人员。

（二）按给付开始的时间分类

按照年金给付开始时间的不同，年金保险可分为即期年金保险和延期年金保险。

1. 即期年金保险

即期年金保险是指在投保人缴纳所有保费且保险合同成立生效后，保险人立即按期给付年金的年金保险。即期年金保险通常采用趸缴方式缴纳保费。

2. 延期年金保险

延期年金保险是指保险合同成立生效后且被保险人达到一定年龄或经过一定时期后，保险人在被保险人仍然生存的条件下开始给付年金的年金保险。

（三）按被保险人的人数分类

按照被保险人人数的不同，年金保险可分为个人年金保险、联合及生存者年金保险、联合年金保险和最后生存者年金保险。

1. 个人年金保险

个人年金保险又称为单生年金保险，是指被保险人为独立的一人，以其生存为给付条件的年金保险。

2. 联合及生存者年金保险

联合及生存者年金保险是指两个或两个以上的被保险人中，在约定的给付开始日，至少有一个生存即给付年金的年金保险。该种年金保险的给付数额条款通常规定，若一人死亡，则年金按约定比例减少金额，直至最后一个生存者死亡为止。此种年金保险的投保人多为夫妻。

3. 联合年金保险

联合年金保险是指两个或两个以上的被保险人中，只要其中一个死亡则保险金给付终止的年金保险。此种年金保险以两个或两个以上的被保险人同时生存为给付条件。

4. 最后生存者年金保险

最后生存者年金保险是指两个或两个以上的被保险人中，以至少有一个生存者作为给付条件的年金保险。此种年金保险只要有人生存，年金照常给付并不减少，直到全部被保险人死亡。

（四）按不同的给付期限分类

按照不同的给付期限，年金保险可分为定期年金保险、终身年金保险和最低保证年金保险。

1．定期年金保险

定期年金保险是指保险人与被保险人有约定的保险年金给付期限的年金保险。定期年金保险又可分为以下两种形式：① 确定年金保险，即只要在约定的期限内，无论被保险人是否生存，保险人都要给付年金直至保险金给付期限结束；② 定期生存年金保险，即在约定给付期限内，只要被保险人生存就给付年金，直至被保险人死亡。

2．终身年金保险

终身年金保险的保险人以被保险人死亡为终止给付年金的时间。也就是说，只要被保险人生存，被保险人将一直领取年金，一旦被保险人死亡，给付立即终止。

3．最低保证年金保险

最低保证年金保险是为了防止被保险人过早死亡丧失领取年金的权利而产生的年金保险形式。它有两种给付方式：① 确定给付年金，按给付年度数来保证被保险人及其受益人的利益，该形式有确定给付的最少年数，若在规定期内被保险人死亡，被保险人指定的受益人将继续领取年金到期限结束；② 退还年金，按给付的金额来保证被保险人及其受益人的利益，该形式有确定给付的最低金额，若被保险人领取的年金总额低于最低保证金额，保险人以现金方式一次或分期退还其差额。

（五）按年金给付额是否变动分类

按年金给付额是否变动，年金保险可分为定额年金保险和变额年金保险。

1．定额年金保险

定额年金保险的保险年金给付额是固定的，不因为市场通货膨胀或通货紧缩的存在而变化。因此，定额年金与银行储蓄有类似性质。

2．变额年金保险

变额年金保险是指包含保险保障功能，保单利益与联结的投资账户投资单位价格相关联，同时按照保单约定具有最低保单利益保证的人身保险产品。可以把变额年金保险理解为：变额年金保险＝投资连结保险＋最低保证＋年金化支付。

变额年金保险具有以下特点：① 由保险公司设立独立账户，与其他资产隔离，以确保核算清晰，不侵占、损害被保险人利益。② 投资收益完全归属于被保险人，保险公司只按保单约定收取各项费用。③ 投资账户价格定期公布，以方便被保险人查询，透明度很高。④ 可提供最低保单利益保证，为以下四种之一，分别是最低身故利益保证、最低满期利益保证、最低年金给付保证和最低累积利益保证。以最低满期利益保证为例，即保单满期时，被保险人可以获得当时账户价值与约定的最低满期金中的较大额。⑤ 提供年金给付方式或年金转换权。以最低满期利益保证为例，满期时，被保险人可按当时的账户价值与最低保证的较大者转换为未来每年能领取的年金。⑥ 保险保障风险完全由保险公司承担，且保险公司承担提供最低保证带来的投资风险。高于最低保证以上的部分的投资风险由被保险人承担。

课堂讨论

变额年金保险与投资连结保险有哪些区别？

第四节　健康保险

一、健康保险的概念和特点

（一）健康保险的概念

健康保险又称疾病保险，是指以被保险人的身体为保险标的，对被保险人因疾病、分娩及意外伤害而导致医疗费支出或收入损失进行补偿的一种人身保险。

（二）健康保险的特点

1. 承保标准复杂

健康保险承保的风险为疾病，具有出险频率高、损失机会大且损失频率变化极不规则等特点。保险人需要对疾病产生的因素进行严格审查，一般根据被保险人的病历来做判断。为了保证保险人的利益，防止被保险人带病投保，保单中通常还有观察期的规定。在观察期内，被保险人因疾病所致的医疗费支出或收入损失，保险人均不负责，只有在观察期满后，保单才正式生效。

在健康保险中，对于身体没有达到标准条款规定健康要求的被保险人，保险人可以通过次健康保单来承保。对特殊疾病，保险人制定出特殊疾病保单，单独制定特种条款，以特定费率进行承保，既使得保险人的业务范围拓宽，又不给保险经营带来过大压力。

提　示

观察期又称等待期或免责期。不同保险产品的观察期不同，如短期医疗险的观察期一般为 30 天，重大疾病的观察期一般为 90 天、180 天或者一年。

次健康保险又称次标准体保险或弱体保险，是指被保险人的风险程度超过了标准体的风险程度，不能按标准或者正常费率来承保，但可以附加如增收特别保费、降低保险金额、限制保险金给付等特别条件来承保的人身保险。

2. 经营风险的特殊性

保险人在经营健康保险的过程中，面临众多风险。一方面，健康保险承保的风险为疾病，疾病可选择的合理诊疗方式有很多种，但其花费是不同的，有的相差甚远。另一方面，健康保险的构成环节较多，包括被保险人门诊、住院治疗、医生开药方出具有关证明和被保险人持单索赔等，其中任何一个环节都可能发生道德风险。

因此，健康保险的核保更为严格，对理赔工作的要求也更高。同时，精算人员在进行风险评估及计算保费时，不仅依据统计资料，还应获得医学知识方面的支持。此外，保险人难以控制医疗服务的数量和价格，也是健康保险的风险之一。

3. 承保期限的短期性

健康保险的期限与人寿保险相比，除重大疾病保险外，绝大多数为一年期的短期合同。承保期限的短期性主要体现在两个方面：一方面，医疗服务成本呈逐年递增趋势；另一方面，疾病发生率每年变动较大，保险人很难计算出一个长期适用的保险费率。

4. 保险金给付条件的特殊性

与人身保险的保险金给付性质不同，健康保险既有对保险人给付一定保险金的定额给付性合同，也有对医疗费用和收入损失的补偿性合同。鉴于健康保险的特殊性，一些国家把健康保险和意外伤害保险列为非寿险领域，允许财产保险公司承保。我国也遵从国际惯例，放开短期健康保险和意外伤害保险的经营限制，财产保险公司也可以经营短期健康保险和意外伤害保险。

5. 健康保险合同条款的特殊性

健康保险对被保险人的医疗费用和收入损失进行补偿时，基本以被保险人的存在为条件，受益人与被保险人为同一人，所以无须指定受益人。在健康保险条款中，除适用一般寿险的不可抗辩条款、宽限期条款、不丧失价值条款等外，还采用一些特有条款，如体检条款、免赔额条款、等待期条款、既存状况条款、转换条款、协调给付条款等。此外，健康保险合同中有较多的医学方面的术语和名词定义，有关保险责任部分的条款也比较复杂。

二、健康保险的业务分类

（一）医疗费用保险

医疗费用保险保障的是被保险人因疾病或意外伤害需要治疗时支出的医疗费用的补偿，费用包括医生的医疗费和手术费、药费、住院费、护理费、检查费及医疗设施的使用费等。不同的健康保险所保障的费用一般是其中的一项或若干项组合。医疗费用保险一般规定一个最高保险金额，保险人在此限额内支付被保险人所发生的费用，超出部分由被保险人自己承担。

常见的医疗费用保险有普通医疗保险、综合医疗保险、补充医疗保险、特种医疗费用保险等。

1. 普通医疗保险

普通医疗保险又称基本医疗保险，主要补偿被保险人因疾病和意外伤害所导致的直接费用。普通医疗保险一般采用费用补偿方式给付医疗保险金，大多数只对住院期间产生的医疗费用进行补偿，少数团体产品也对门诊医疗费用进行补偿。

普通医疗保险的保险责任一般包括门诊医疗费用保障（仅限于对被保险人住院前后一段时间内的门诊诊断和治疗费用进行补偿）、住院医疗费用保障和手术医疗费用保障。普通医疗保障对各项医疗费用的补偿一般都规定有非常严格的上限，同时很多医疗费用都被排除在保障范围之外。

2. 综合医疗保险

综合医疗保险是目前国外最常见的医疗费用保险产品。它提供的医疗费用补偿不管在项目范围上还是补偿程度上都远超过基本医疗保险，能够对疾病和意外伤害导致的大多数医疗费用进行补偿。

3. 补充医疗保险

补充医疗保险是在用人单位和职工个人参加统一的基本医疗保险后，由用人单位或职工个人根据需要和可能原则，适当增加医疗保险项目，来提高保险保障水平的一种补充性保险。补充医疗保险是用人单位和职工个人自愿参加的一种保险。

补充医疗保险与基本医疗保险互为补充，不可替代，其目的都是给职工提供医疗保障。补充医疗保险包括企业补充医疗保险、商业医疗保险、社会互助和社区医疗保险等多种形式，是基本医疗保险的有力补充，也是多层次医疗保障体系的重要组成部分。

4. 特种医疗费用保险

特种医疗费用保险主要包括以下几种产品：牙科费用保险、眼科保健保险、生育保险、女性疾病保险等。这类保险在一般的基本医疗保险和综合医疗保险中都是作为除外责任的。

（二）收入补偿保险

收入补偿保险又称残疾收入补偿保险或收入损失保险，是对被保险人因疾病或意外导致残疾后，不能正常工作造成的收入损失进行补偿的一种健康保险。收入补偿保险金的给付以暂时或永久丧失劳动能力为条件，直接以现金支付，并规定给付金额和给付方式。给付金额有定额给付和比例给付两种方式。

定额给付是按保险合同约定的金额定期给付保险金。在这种方式下，无论被保险人原先的收入是多少，保险人都按约定金额给付保险金。

比例给付是根据被保险人的残疾程度，按被保险人原收入的一定比例给付保险金。对于全残的，保险人给付的保险金一般为被保险人原收入的70%～80%；对于部分残疾的，保险人给付的保险金一般按全残保险金的一定比例确定。给付方式有一次性给付和分期给付两种。部分残疾给付保险金的计算方式为：

部分残疾给付保险金＝完全残疾给付保险金×（残疾前收入－残疾后收入）/残疾前收入

（三）长期护理保险

长期护理保险又称老年护理保险，是对被保险人因失能而生活无法自理，需要入住康复中心或需要在家中接受他人专门护理时的各种费用提供补偿的一种健康保险。

长期护理保险保障的护理项目一般包括照顾被保险人的吃饭、穿衣、入浴、如厕和行动等的护理费用。合同中一般规定有每日最高的保险金数额。大多数长期护理保险都有一定的免责期。此外，保险金的给付也有一定的给付期限，保险金给付期从免责期结束开始，一般到被保险人恢复生活自理能力后的 60 天为止。

第五节　意外伤害保险

一、意外伤害保险的概念

意外伤害保险是指在保险有效期内，被保险人由于意外事故造成身体的伤害导致死亡或残疾时，由保险人按合同约定给付死亡保险金、残疾保险金或医疗保险金的保险。

意外伤害是指外来的、突发的、非本意的、非疾病的、使被保险人身体受到剧烈伤害的客观事件。构成意外伤害应当具备以下三个要件：① 外来性，即伤害是因为被伤害人自身之外的因素造成的损伤，如机械性的碰撞、烧伤、煤气中毒等；② 突发性，即人身受到猛烈、突然的侵袭造成的伤害，如交通事故中的撞车、天空坠落物体的砸压等引起的伤害或死亡等；③ 偶然性，即被保险人不能预见、非本人意愿的不可抗力事故所造成的伤害。

二、意外伤害保险的分类

（一）按实施方式分类

1. 自愿意外伤害保险

自愿意外伤害保险是投保人根据自己的意愿和需求投保的各种意外伤害保险。我国现行的中小学生平安险就是自愿性质的意外伤害保险，采取家长自愿投保的形式，由学校代收保费后汇缴保险公司。

2. 强制意外伤害保险

强制意外伤害保险是指由政府强制规定有关人员必须参加的一些意外伤害保险。它是基于国家保险法令的效力构成的保险人与被保险人的权利和义务关系。

（二）按照保险对象分类

1. 个人意外伤害保险

个人意外伤害保险是以个人为保险对象的各种意外伤害保险，一份保单上仅载明一个被保险人。个人意外伤害保险的主要特点是保险费率低，而保障程度较高，投保人只要缴纳少量的保险费，即可获得较大程度的保障。

2. 团体意外伤害保险

团体意外伤害保险是以团体为保险对象的各种意外伤害保险，一份保单上载明若干个被保险人，被保险人一般不少于团体全部成员的75%。团体意外伤害保险是我国意外伤害保险中最主要和最基本的险种，也是我国团体人身保险的主要险种。

（三）按承保风险分类

1. 普通意外伤害保险

普通意外伤害保险又称一般意外伤害保险，该保险以意外事故造成被保险人死亡或伤残为保险责任，但不具体规定事故发生的原因和地点。这类意外伤害保险为被保险人在日常生活中因一般风险导致的意外伤害提供了保障。在实际业务中，大多数意外伤害保险均属普通意外伤害保险。

2. 特种意外伤害保险

特种意外伤害保险是指对特定时间、特定地点或特定原因而导致的意外伤害事件进行赔偿的保险。其种类主要有旅行意外伤害保险、交通事故意外伤害保险、电梯乘客意外伤害保险及特种行业意外伤害保险等。特种意外伤害保险的主要特点是承保危险较广泛，保险期限短，意外伤害的概率较大。在实际业务中，大多采取由投保方和保险方协商一致后临时签订协议的方式办理。

（四）按险种结构分类

1. 基础意外伤害保险

基础意外伤害保险是指可以单独投保的基本意外伤害保险，其保险责任仅限于人身意外伤害，如团体人身意外伤害保险、驾驶员人身意外伤害保险等。

2. 附加意外伤害保险

附加意外伤害保险是指不能单独投保，只能附加于主险投保的意外伤害保险合同，如人寿保险附加意外伤害保险合同。

三、意外伤害保险的可保风险

意外伤害保险承保的风险是意外伤害，但并非一切意外伤害都是保险人所能承担和保障的。一般而言，按照保险人的担保能力，意外伤害可分为一般可保意外伤害、特约可保意外伤害和不可保意外伤害。

（一）一般可保意外伤害

一般可保意外伤害是指在一般情况下都可以承保的意外伤害。一般可保意外伤害具有以下几个特点：① 必须是被保险人身体上的伤害，与精神上或心灵上的创伤没有关系；② 必须是由外界原因、意外事故所致的伤害；③ 必须是非故意诱发的伤害。

（二）特约可保意外伤害

特约可保意外伤害是指那些理论上可以承保但保险人出于保险责任区分的考虑、承保能力的限制或盈利的需要而一般不予承保的意外伤害。特约保险意外伤害在保险条款中一般列为除外责任，只有经过双方的特别约定，在另加保费或其他条件下才准予承保。一般将下列原因造成的意外伤害认定为特约可保意外伤害。

1. 战争

由于战争使被保险人遭受意外伤害的风险过大，保险公司一般无力承保。战争是否爆发、何时爆发、会造成多大范围的人身伤害，往往难以预计，保险公司一般难以厘定保险费率。因此战争使被保险人遭受的意外伤害一般不予承保，只有经过特别约定并加收保险费后方能承保。

2. 被保险人从事剧烈的体育活动或比赛

当被保险人参加登山、跳伞、滑雪、江河漂流、赛车、拳击、摔跤等剧烈的体育活动或比赛时，被保险人遭受意外伤害的概率大大增加，所以保险公司一般不予承保，只有经过特别约定并加收保险费后方能承保。

3. 核辐射造成的意外伤害

核辐射造成人身意外伤害的后果往往在短期内无法确定，而且当发生大的核爆炸时，通常造成较大范围内的人身伤害。从技术及承保能力上考虑，保险公司一般不承保核辐射造成的意外伤害。

4. 医疗事故造成的意外伤害

医疗事故造成的意外伤害主要有医生误诊、药剂师发错药品、检查时造成的损伤、手术切错部位等。由于意外伤害保险的保险费率是根据大多数被保险人的情况制定的，而大多数被保险人身体是健康的，只有少数患有疾病的被保险人才存在医疗事故遭受意外伤害的危险。为了使保险费的负担公平合理，所以保险公司一般不承担医疗事故造成的意外伤害。

（三）不可保意外伤害

不可保意外伤害一般是指那些因违反法律规定或违反社会公共利益的行为所引发的意外伤害。不可保意外伤害一般包括以下几种：① 被保险人在犯罪活动中所受的意外伤害；② 被保险人在寻衅殴斗中所受的意外伤害；③ 被保险人在酒醉、吸食（或注射）毒品（如海洛因、鸦片、大麻、吗啡等麻醉剂、兴奋剂、致幻剂）后发生的意外伤害；④ 由于被保险人的自杀行为造成的伤害。

一般情况下，对于不可保的意外伤害，保险公司均要以除外责任的形式在保险条款中明确列示。

四、意外伤害保险的主要内容

（一）意外伤害保险的保险责任

意外伤害保险的保险责任即在保险期内被保险人由于意外伤害造成死亡或残疾，保险人将按合同规定的条件进行死亡给付或残疾给付。具体来说，意外伤害保险的保险责任的构成要件有以下三个。

1. 被保险人在保险期限内遭受了意外伤害

该保险责任主要包括两个必要条件：① 被保险人遭受的意外伤害必须是客观发生的事实，而不是主观臆想或推测的；② 被保险人遭受意外伤害的客观事实必须发生在保险期限之内。

2. 被保险人在责任期限内死亡或残疾

责任期限是意外伤害保险和健康保险所特有的概念。被保险人从意外伤害发生之日开始的一段时间内（如 90 天、180 天、1 年等）如果发生了死亡、残疾等保险事故，保险人仍然承担保险责任，这一段时间就是责任期限。而保险期限是在保险合同中明确约定的保险效力起始、终止的日期。

在意外伤害保险合同中规定责任期限的目的是判定意外伤害与死亡、残疾或就医之间的因果关系。如果被保险人在保险期限开始以前曾遭受意外或其他对身体健康的不利影响，却在保险期限以内死亡、残疾或发生医疗费用支出的，不构成意外伤害保险保险人的保险责任。对于在保险期限内遭受伤害，却在保险期限之后死亡、残疾或发生医疗费用支出的被保险人，保险公司的一般做法是在合同中约定一个责任期限。如果在责任期限内发生了死亡、残疾等保险事故，则保险人仍然承担保险责任。

课堂讨论

王某投保意外伤害保险，保险期限为 2016 年 1 月 1 日至 2016 年 12 月 31 日，责任期限 180 天。2016 年 12 月 28 日王某发生车祸，于 2017 年 1 月 4 日死亡，保险公司是否赔偿？

3. 意外伤害是被保险人死亡或残疾的直接原因或近因

意外伤害必须是被保险人死亡或残疾的直接原因或近因，这也是构成意外伤害保险承保条件的一个必要条件。只有当意外伤害与死亡、残疾或医疗费用支出等保险事故存在因果关系时，才能视为属于承保范围。

典型案例

【案情介绍】

2014 年 2 月，金某为女儿李某投保了人身意外伤害保险。2014 年 6 月 10 日，喜爱看恐怖影片的李某在和朋友观看一部恐怖片时，因过度紧张而导致急性心肌梗死发作，抢救无效死亡。金某在悲痛之余向保险公司请求给付保险金。保险公司以李某心肌梗死死亡不属于意外伤害为由拒绝给付保险金。金某不服，认为李某的死亡是意外死亡，遂将保险公司诉至法院。

【评析】

根据意外伤害保险的定义及构成要件可知，本案中李某死亡的直接原因的确为疾病发作，即由于自身因出现紧张情绪导致急性心肌梗死，而非意外伤害。故保险人不承担保险责任。

（二）意外伤害保险的保险金给付

1. 死亡保险金的给付

意外伤害导致被保险人死亡时，保险人按事先约定好的保险金额进行给付。即采用定额给付的方式。

读 一 读

> **法律上对死亡的定义**
>
> 　　一般情况下，所谓的死亡都是指医学意义上的生理死亡，即指机体生命活动和新陈代谢的中止。在保险学中，使用法律意义上的死亡。法律意义上的死亡有两种情况：① 生物学死亡，即心跳和呼吸永久停止，机体即进入死亡。② 宣告死亡，即法律上设立的死亡制度，是按照法律程序推定的死亡。公民下落不明满四年，或者因意外事故下落不明，从事故发生之日起满二年；或者因意外事故下落不明，经有关机关证明该公民不可能生存，人民法院可以根据利害关系人的申请在法律上推定其死亡，即宣布该公民死亡。

2. 残疾保险金的给付

残疾时人的身体组织或部分器官丧失正常活动机能，永久性地、不可挽回地缺失某种正常的生理活动能力的一种状态。其包括两种情况：① 人体组织的永久性残缺（或称残损），如肢体断离等；② 人体器官正常机能的永久丧失，如失去视觉、听觉、嗅觉，语言障碍或行为障碍等。

残疾程度是指人体永久完全丧失生理机能或身体功能状态的程度，通常以百分比表示。在订立意外伤害保险合同时，都事先约定各类残疾程度的百分比。目前，各家保险公司确定残疾保险金给付的主要标准是人身保险残疾程度与保险金给付比例表。根据该表，一目永久完全失明的残疾程度百分比为30%；十手指缺失为75%；一足五趾机能永久完全丧失为15%。残疾保险金的计算公式为：残疾保险金＝保险金额×残疾程度百分比。在保险实务中，若残疾程度百分比大于100%，则以100%为最高限额赔偿保险金。

第六节　人身保险的常用条款

保险合同条款是保险合同的核心。在人身保险中，有一些特定的内容属于人身保险合同比较常见的、通行的条款，它对于保险人和投保人都非常重要。

一、不可抗辩条款

不可抗辩条款又称不可争议条款，是指保单在生效一定时期（通常为二年）后，就成为不可争议文件，保险人不能以投保人在投保时违反最大诚信原则、没有履行告知义务等理由，否定保单的有效性。由此可见，保险人的可抗辩期一般为二年，保险人只能在二年内以投保人误告、漏告、隐瞒等理由解除合同或拒付保险金。该条款同样适用于保单生效后的复效，复效后的保单二年后也是不可抗辩的。

我国《保险法》第16条第3款规定了不可抗辩条款。按照该规定，当投保人故意或者因重大过失未履行前款规定的如实告知义务，足以影响保险人决定是否同意承保或者提高保险费率的，保险人有权解除合同。但是，保险人的合同解除权被限定在一定时间内，即自其知道有解除事由之日起30日内不行使而自行消灭，且自合同成立之日起超过二年的，保险人不得解除合同；发生保险事故的，保险人应当承担赔偿或给付保险金的责任。

典型案例

【案情介绍】

2014年1月26日，何某向A保险公司投保"如意相伴两全保险（分红型）"和"附加额外给付重大疾病保险"。何某在投保单"询问事项"部分第6条"您是否曾经有过医学检查结果异常（包括健康体检）"和第9条"您是否曾经患有以下疾病？例如：高血压、冠心病、心绞痛、心律失常、心脏瓣膜病等心血管介入治疗……"选项处均勾画了"否"。2014年1月27日，保险公司出具了保险单，载明合同成立，生效日为2014年1月27日，保险期限5年。

2016年4月24日，何某因心脏病到医院治疗并进行了手术。2016年5月4日何某出院并向保险公司提出理赔申请。A保险公司于2016年6月21日出具《理赔决定通知书》以"事故发生时间在投保之前"为由，作出了"解除保险合同"的决定。何某将A保险公司告至法院。法院认为，根据《保险法》第16条的规定，虽然何某确实未履行如实告知义务，但保险公司已经丧失合同解除权，不得解除合同，并应给付保险金。

宣判后，A保险公司不服并提起上诉。A保险公司向法院提供了何某2013年12月30日的彩色多普勒超声诊断报告及治疗申请、门诊收费系统界面、彩超报告单等文件，这些文件都明确记载了作为患者的何某的姓名、性别和年龄等信息，但是何某却否认该患者是自己，因为这些材料没有身份证号和照片，所以无法排除相同姓名、性别和年龄的患者就医的可能性。因此，法院对A保险公司认为何某构成欺诈的主张不予支持。

【评析】

在本案中，法院之所以判定A保险公司负赔偿责任，是因为A保险公司不能举证证明患者何某和被保险人何某为同一人，即被保险人何某在投保时已患病的事实。假设A保险公司能够举证证明此"何某"为彼"何某"，何某在投保时就已经患病，则应当以何某系欺诈行为作为不可抗辩之例外情形，允许A保险公司行使解除权并保护自身的合法权益。

二、年龄误告条款

年龄是影响人身保险费水平的一个重要因素，不同年龄的人即使投保同一险种、保险期限和保险金额相同，所缴付的保险费也是不同的。年龄误告条款规定了投保人在投保时误报被保险人年龄情况下的处理方法。

我国《保险法》第 32 条明确规定，自合同成立起二年以内，投保人申报的被保险人年龄不真实，并且其真实年龄不符合合同约定的年龄限制的，保险人可以解除合同，并按照合同约定退还保险单的现金价值。投保人申报的被保险人年龄不真实，致使投保人支付的保险费少于应付保险费的，保险人有权更正并要求投保人补交保险费，或者在给付保险金时按照实付保险费与应付保险费的比例支付。投保人申报的被保险人年龄不真实，致使投保人支付的保险费多于应付保险费的，保险人应当将多收的保险费退还投保人。

年龄误报时，保险费或保险金额的调整有以下两种情况：

① 合同约定的保险事故尚未发生或期限尚未届满时，保险人发现投保人申报的被保险人年龄不真实。在这种情况下，保险人应及时调整保险费，如果发现误报年龄致使投保人实缴保费少于应缴保费的，应尽早通知投保人补缴过去少缴保费或按已缴保费核减保险金额。若发现误报年龄致使实缴保费大于应缴保费的，保险人应及时退还多收的保费。

② 合同约定的保险事故已经发生或期限届满时，保险人发现投保人申报被保险人年龄不真实。在这种情况下，保险人应该调整保险金额。具体调整方法为：将实缴保费除以应缴保费，再乘以保险金额原数。

课堂讨论

2014 年 8 月 2 日，张某为自己投保了 5 份 5 年期的简易人身保险，投保人、被保险人和受益人均为自己，每月缴纳保险费 40 元。在履行如实告知义务时，张某故意将自己的年龄由 67 岁改为 64 岁，经保险公司核保后顺利承保。2016 年 10 月 27 日，张某在家中因煤气中毒死亡，其家人立即通知保险公司，并出示了医院的死亡证明和张某的保单向保险公司提出保险金给付请求。保险公司在查验单证明发现张某投保时所填写的年龄和其户口簿上的年龄不一致，认为张某保单上填写的年龄是不真实的。后经多次核查，保险公司认为张某投保时已经 67 岁，不符合简易人身保险条款规定的最高年龄 65 岁的规定。于是，保险公司以被保险人投保时申报的年龄已经超出双方约定的年龄限制为由，作出不予赔偿的决定。张某家人认为张某投保，保险公司承保，双方签订的保险合同已经生效，因此，在保险事故发生后保险公司应当赔偿。双方就此问题一直未能达成一致意见。无奈之下，张某的家人把保险公司告上了法庭。

请问：法院应如何审理此案件？

三、宽限期条款

宽限期条款主要体现在分期缴费的人寿保险中，投保人支付首期保险费后，如果投保人没有按时缴纳续期保险费，保险人给予投保人一定的宽限期（通常为一个月或两个月），在宽限期内发生保险事故的，保险人承担给付保险金的责任，但是要从保险金中扣除当期应缴的保险费和利息。如果宽限期满投保人仍未补缴保险费，保险合同自宽限期满次日起效力中止。

宽限期条款考虑到了人身保险单的长期性。在一个比较长的时间内，可能出现一些因素影响投保人如期缴费。例如，经济条件的变化、投保人的疏忽等。宽限期的规定，可在一定程度上使被保险人得到方便，避免保单失效从而使被保险人失去保障，也避免了保单失效带给保险人的业务流失。

我国《保险法》第36条规定："合同约定分期支付保险费，投保人支付首期保险费后，除合同另有约定外，投保人自保险人催告之日起超过30日未支付当期保险费，或者超过约定的期限60日未支付当期保险费的，合同效力中止，或者由保险人按照合同约定的条件减少保险金额。被保险人在前款规定期限内发生保险事故的，保险人应当按照合同约定给付保险金，但可以扣减欠交的保险费。"

典型案例

【基本案情】

2011年9月29日，投保人高某与中国太平洋人寿保险股份有限公司黑河中心支公司（以下简称太平洋保险公司）订立人身保险合同，被保险人曲某（高某妻子），投保险种名称及款式为：金享人生终身寿险（分红型），附加金享人生提前给付重大疾病保险，保险期间自2011年9月29日0时起至终身止，或本合同列明的终止性保险事故发生时止，合同生效日2011年9月29日，保险金额为5万元，附加险保险金额同主险。缴费方式为限期年交（10次交清）。投保人支付了首期保险费。

该《金享人生终身寿险（分红型）条款》第5.2条约定："分期支付保险费的，投保人支付首期保险费后，除本合同另有约定外，如果投保人到期未支付保险费，自保险费约定支付日的次日零时起60日为宽限期。宽限期内发生保险事故，太平洋保险公司仍会承担保险责任……如果投保人宽限期结束之后仍未支付保险费且未选择保险费自动垫交，则本合同自宽限期满的次日零时起效力中止。"第9.1条中约定："在本合同效力中止期间，太平洋保险公司不承担保险责任……"

该合同附加《金享人生提前给付重大疾病保险条款》第2.3条约定："……在本附加险合同生效或最后一次复效（以较迟者为准）之日起180日后因意外伤害以外的原因，被确诊初次发生本附加险合同约定的重大疾病，太平洋保险公司按本附加险合同有效保险金额给付重大疾病保险金，主险合同与本附加险合同终止。"第3.2条约定，申请重大疾病保险金，申请人提供下列证明和资料：卫生行政部门认定的二级以上（含二级）医院出具的附有病理显微镜检查报告、血液检查及其他科学方法检验报告的病史资料及疾病诊断书。

该合同宽限期为 2012 年 9 月 29 日 0 时起至 2012 年 11 月 28 日 24 时止，合同效力中止期间为 2012 年 11 月 29 日 0 时起至 2014 年 11 月 28 日 24 时止。

2012 年 11 月 27 日，曲某在哈医大一院门诊检查，临床诊断：慢性颈部淋巴结炎；进行了血液二十三项分析检验。次日，对颈部淋巴结进行彩色多普勒超声诊断，超声提示：可疑甲状腺左叶 Ca，甲状腺小结节，左侧颈部 6 区多发淋巴结肿大。当月 29 日，原告进行彩色多普勒超声检查，超声诊断：甲状腺左侧叶多发突性占位半微钙化（考虑 Ca），建议手术；右侧叶囊实性小结节。当月 30 日，以门诊诊断"甲状腺占位"住院治疗。2012 年 12 月 4 日，进行手术。术中病理诊断：左侧甲状腺乳头状癌，右侧结节性甲状腺肿。2012 年 12 月 7 日出院，出院确定诊断：左侧甲状腺乳头状癌，右侧结节性甲状腺肿。

曲某要求被告太平洋保险公司给付重大疾病保险金 5 万元。保险公司认为曲某患重大疾病确诊初次时间未在合同效力中止期间，拒绝承担保险责任。曲某将保险公司告上法院。

【案件焦点】

原告被确诊初次发生重大疾病是在合同宽限期内还是在合同效力中止期间？

【法院裁判要旨】

法院经审理认为：保险合同成立后，投保人按照约定缴付保险费，保险人按照约定的时间开始承担保险责任。本案中，投保人与被告订立人身保险合同后，支付了首期保险费。在合同宽限期内，被保险人即本案原告到哈医大一院门诊治疗，先后进行了放射科检查、血液二十三项分析检查、彩色多普勒超声诊断；在合同效力中止期间进行了彩色多普勒超声检查，并住院治疗，病理诊断为左侧甲状腺乳头状癌，属于重大疾病。虽然最后确诊时间是在合同效力中止期间，但原告在合同宽限期内到医院进行检查，直到合同效力中止期间确诊，是一个连续没有间断的过程，医疗部门的诊断确诊过程不是由被保险人的主观意志决定的，且在合同宽限期内即 2012 年 11 月 28 日门诊检查已初步确诊原告为癌症（占位），所以应认定被保险人即原告在宽限期内发生了保险事故，依照法律规定，被告应承担保险责任。

【评析】

本案处理的重点主要在于认定确诊初次发生重大疾病的时间点问题。本案中原告是在合同宽限期内到医院治疗，延续到合同效力中止期间确诊，而何时确诊、是否能够确诊，不是由原告决定的，原告只要在合同宽限期内到相关医院进行相关治疗，被告也承认原告所患疾病属于该保险合同约定的重大疾病，就应当视为原告在合同宽限期内确诊初次发生了该保险合同约定的重大疾病，即在该合同宽限期内发生了保险事故，被告应承担保险责任。

四、保险费自动垫交条款

自动垫交保险费条款适用于分期缴费的寿险合同，保险合同生效满一定期限（一般是

保险法律基础与实务

一年或二年）之后，如果投保人因故未能在宽限期内缴纳保险费，保险人自动以保单项下积存的现金价值垫交保险费，使保单继续有效。对于此项垫交保险费，投保人要偿还并支付利息。在垫交保险费期间，如果发生保险事故，保险人要从应给付的保险金中扣除已垫交的保险费及利息；当垫交的保险费及利息达到保单现金价值的数额时，保险合同即行终止。自动垫交保险费条款须经保单持有人同意才能生效。

五、复效条款

复效条款主要是针对投保人在宽限期内不按期缴费而使保险合同失效而设计的。该条款规定，投保人在人寿保险合同因逾期缴费失效后2年内可向保险人申请复效，经保险人审查同意，投保人补缴失效期间的保险费及利息，保险合同即恢复效力。

分期缴费的人寿保险合同，投保人在宽限期内因未能及时缴费而导致合同失效，仍然可以使合同复效而无须重复投保手续。

投保人申请复效需要具备一定的条件：① 必须在规定的复效期限内填写复效申请书，提出复效申请；② 必须提供可保证明书，以说明被保险人的身体健康状况没有发生实质性的变化；③ 要付清所欠的保险费及利息；④ 如果投保人有保单贷款，还需付清保单贷款的本金和利息。

典型案例

【案情介绍】

2010年6月27日，张先生作为投保人在C保险公司为自己投保了一份终身寿险，保险金额3万元，年缴保费1 500余元，缴费期20年。至2013年6月张先生已按时向保险公司缴纳了四期保险费，按合同约定，第五期保险费应缴日为2014年6月27日，但张先生未如期缴费，且在宽限期内也没有按时补缴，导致该保险合同失效。直到2016年10月，张先生才向保险公司申请对原保险合同恢复效力。按照复效规定，保险公司要求张先生告知其健康情况，张先生告知保险公司，自己于2015年10月13日至2015年12月29日在A医院住院治疗，提供的病例出院小结记录：因双侧巩膜黄染，全身乏力半月余入院；B超提示：胆总管下端占位性病变；穿刺活检病理报告显示：胆总管管状腺癌，行抗肿瘤药物（化疗）、支持等治疗，出院后继续定期化疗。根据张先生的健康情况，保险公司作出拒绝复效，退还保险合同现金价值的决定。

【评析】

通常情况下，保险公司会根据被保险人的健康情况，作出以下三种决定中的一项：

（1）同意复效。被保险人健康情况没有改变，保险公司按照当初与投保人签订保险合同时的条件恢复保险合同效力。

（2）附加额外保费。被保险人的健康情况已经发生改变，但仍然在保险公司可以保障的范围内，保险公司对被保险人的风险重新审核后赋予新的承保条件，即加收额外的保费。

（3）拒绝复效。被保险人的健康情况在保险合同失效期间严重恶化，已超出了保险公司可保障的范围，保险公司拒绝投保人的复效申请。

六、不丧失现金价值条款

现金价值是指带有储蓄性的人身保险单所具有的价值。在长期人寿保险中，投保人在领取保险金之前缴纳的保险费，在减去一定的手续费用和保险费用之后，余下的会一直储存在保险单上，成为现金价值。

现金价值的来源主要有以下三种：① 来源于投保人所缴纳保险费累积而生成的利息；② 来源于均衡保费制下，投保人早期超缴的保费；③ 来源于生存者利益，即在保险期内死亡的被保险人放弃的保险费及利息由生存者来享受。故现金价值归投保人所有。对投保人而言，保单上的现金价值不会因保险合同效力的变化而丧失。如果投保人中途退保，保险公司应按照现金价值表将这笔钱退还给投保人，保险人无权将保单上的现金价值占为己有。

提 示

均衡保费是指在约定缴费期限内，每次缴费金额始终不变。均衡保费不随年龄的变化而变化。保险人将年老、低收入时期的高额保费分摊到青壮年、收入较高的时期，使保险期内各年缴付的保费数额均衡分布。这样既可以使投保人的经济负担均衡，又能保证被保险人晚年能享受到保险保障。

不丧失现金价值是指除定期死亡保险外，投保人付满一定期间（一般为二年）的保险费后，如果合同期满前解约或终止，保单所具有的现金价值并不丧失，投保人或被保险人有权选择有利于自己的方式来处理保单所具有的现金价值。为了方便投保人或被保险人了解保单现金价值的数额与计算方法，保险公司往往在保单上列入现金价值表。

对于投保人或被保险人而言，现金价值的处理方式一般有以下几种。

（一）申请退保

申请退保一般用于投保人不想继续投保时。在申请退保时，现金价值往往体现为退保金。

典型案例

【案情介绍】

2015 年 6 月 2 日，保险公司的业务员严某向马某推销康宁终身保险。在严某的介绍下，马某同意投保，并缴纳了首期保险费 5 080 元，缴费期限 20 年，严某给马某开具了首期保险费预收收据。2015 年 7 月 24 日，严某将保险合同寄给马某，马某予以签收。马某于 2015 年、2016 年两年共缴保险费 10 160 元。签订保险合同并缴纳二年保险费后，马某认为保险合同内容对自己不公平，要求解除保险合同并要求保险公司全额退还二年保险费 10 160 元。而保险公司坚持退还马某所交保险费的 30%，即 3 048 元。

马某不服，遂向法院提起诉讼。

【评析】

本案中，马某在 2015 年 6 月 2 日缴纳了 5 080 元，保险公司开具的保险费预收收据为暂收收据，该保险自签发保险单的次日开始生效。保险合同中的保险条款第 3 条规定：本合同自本公司同意承保，收取首期保险费并签发保险单的次日开始生效。该保险合同中客户服务指南中明示自签收合同之日起 10 日内为犹豫期，在此期间可以解除合同，而马某签收了保险合同，并缴纳了二年的保险费，视为对该合同各项内容的认可。马某和保险公司均应按合同约定履行自己的义务，故马某辩称保险公司对合同中的现金价值表未尽说明义务的理由不成立，法院不予采纳。保险公司按合同约定的现金价值表中的计算办法退还所交保险费现金价值的理由于法有据，依法予以采纳。法院遂依法判决保险公司退还马某所交保险费的 30%，即 3 048 元。

（二）将保单改为减额缴清保险

这是指投保人将保单的现金价值作为一次缴清的保险费，据此数额改变原保单的保险金额，原保单的保险期限和保险责任不变，投保人也不用再续交保险费。适用于被保险人身体健康状况良好，需长期保障但又无力缴保险费的保险合同。

（三）将保单变为展延定期保险

投保人利用保单的现金价值将保险合同改为一次性缴清保险费的定期保险，改保后，保险金额不变，只是保险期限要根据保单的现金价值进行推算。适用于被保险人身体健康状况衰退或职业风险增加，又无力缴付保险费的合同。

例如，投保人投保 20 年两全保险，保险金额 100 000 元，缴费期限 10 年，每年缴纳保险费 2 000 元。投保人已经缴纳了五期保险费，第六年时，投保人因经济状况发生改变无力缴纳续期保险费。若合同此时具有 8 000 元的现金价值，对投保人而言，有以下方案可供选择：① 投保人领取现金价值 8 000 元，保险合同终止。② 投保人可将现金价值 8 000 元作为一次缴清保险费交给保险人，保险期限仍然为 20 年的两全保险，但保险金额可能经调整变小。③ 投保人可将现金价值 8 000 元作为一次缴清保险费交给保险人，保险金额 100 000 元不变，但保险期限可能经调整缩短。若投保人不愿使保单失效，可以选择方案②和方案③。

七、保单贷款条款

人寿保险合同生效满一定期限（一般是一年或两年）后，投保人可以将保险单作为抵押向保险人申请贷款，贷款数额一般不超过保单现金价值的一定比例。保单贷款投保人须承担合同约定的贷款利息。在合同约定的贷款期届满时，投保人应返还所借款项本息；逾期不能归还借款的，投保人可申请延期；但贷款本息累计已达到其保险单的现金价值时，投保人又未按期归还借款，保险人有权终止保险合同。若本息清偿之前发生保险事故，保险人从应给付的保险金中扣除投保人所借贷款本息，其余部分作为保险金支付。

提 示

保单贷款不仅在贷款的金额上有较大的限制，而且贷款的时间比较短，最多只有6个月。保单贷款在贷款金额和贷款时间上均有较严格的限制，且贷款必须支付高于存款的利息，因此在进行保单贷款前应慎重考虑。

八、保单转让条款

一般认为，只要不侵犯受益人的权利，寿险保单可以转让。如果转让是出于不道德或非法的考虑，则法院将作出否认的裁决。如果指定的受益人是不可变更的，未经受益人同意，保单不能转让。保单的转让通常分为绝对转让和抵押转让两类。

绝对转让是指把保单所有权完全转让给一个新的所有人。绝对转让必须在被保险人生存时进行。在绝对转让方式下，如果被保险人死亡，全部保险金将给付受让人而不是原受益人。

抵押转让是将具有现金价值的保单作为被保险人的信用担保或贷款的抵押品，受让人仅承受保单的部分权利。在抵押转让方式下，如果被保险人死亡，受让人得到的是已转让权益的那一部分保险金，其余的保险金仍归受益人所有。抵押转让对抵押人的要求是不能使保单失效。保单转让时，投保人或保单持有人应书面通知保险人；否则，不产生效力。保险人收到转让通知后，即受其约束。在此之前，保险人对转让合同是否生效不负责任。

九、自杀条款

自杀条款规定，如果被保险人在保单生效或复效后二年内自杀，不论精神正常与否，保险公司均不给付保险金，只需退还所交的保险费。如果自杀发生在二年之后，则保险人给付保险金。

在人寿保险合同中，自杀条款属于保险人的免责条款。主要是为了预防保险中有可能出现的道德风险，防止一些保险诈骗分子以自杀来骗取保险金。但在很多情况下，被保险人是因为遭受意外事件的打击或心态失常等原因作出结束自己生命的行为，并非有意谋取保险金。为了保障投保人、被保险人及受益人的利益，我国《保险法》第44条规定："以被保险人死亡为给付保险金条件的合同，自合同成立或者合同效力恢复之日起二年内，被保险人自杀的，保险人不承担给付保险金的责任，但被保险人自杀时为无民事行为能力人的除外。保险人依照前款规定不承担给付保险金责任的，应当按照合同约定退还保险单的现金价值。"

我国将期限定为二年，是因为根据心理学的有关研究，一个人在二年以前开始有自杀的计划，将这一自杀意图持续二年期限并最终实施的可能性是很小的。所以，自杀条款的规定既可以避免道德危险的发生，也可最大限度地保障被保险人和受益人的利益。

课堂讨论

2012 年 11 月，陈某为妻子牛某在保险公司投保并签订了重大疾病终身保险合同，保险金额 2 万元，缴费期 20 年，从 2013 年开始缴费，受益人为陈某。陈某在前两期均按时缴费。但在第三期时，由于客观原因未按期缴纳保费，造成保险合同失效。2015 年 7 月，经陈某申请，保险公司同意陈某补交第三期保险及逾期利息，保险合同当月复效。2016 年 9 月，被保险人牛某因家庭问题自杀身亡，陈某以此为由要求保险公司给付保险金。但保险公司以合同所规定的"被保险人在合同生效或复效之日起两年内自杀免责"为由拒赔。陈某诉至法院。

请问：法院应如何审理此案件？

思考题

1. 人身保险有哪些特征？
2. 什么是人寿保险？其可分为哪几类？
3. 什么是健康保险？其特征是什么？
4. 健康保险可分为哪几类？
5. 什么是意外伤害保险？其可分为哪几类？
6. 意外伤害保险的可保风险指什么？
7. 意外伤害保险的主要内容有哪些？
8. 人身保险有哪些常用条款？其具体内容是什么？

第七章

财产保险

内容提要

　　财产保险起源于海上保险，共同海损是海上保险的萌芽，船舶货物抵押贷款制度是海上保险的雏形，其后在火灾保险基础上逐步完善。19世纪，英、德、法、美等西方国家的工业革命推动了财产保险的迅猛发展。时至今日，财产保险发展更为完善，险种更为丰富，在保险市场上占有重要地位。本章主要讲解财产保险的各个险种——财产损失保险、责任保险、信用保险和保证保险的相关知识。

学习目标

知识目标

- ● 了解什么是财产保险
- ● 了解财产保险的种类
- ● 理解财产损失保险
- ● 理解责任保险
- ● 理解信用保险和保证保险

能力目标

- ● 掌握不同财产保险险种的保险责任和除外责任

引导案例

　　2014 年 10 月 13 日，原告李某与被告人保财险金保支公司签订了一份《中国人民财产保险股份有限公司电话营销专用机动车辆保险单》，该保单约定：原告向被告投保闽 EB××××号小轿车的机动车损失保险、盗抢险、第三者责任保险、车上人员责任险及不计免赔率险，其中机动车损失保险的保险金额为 74 160 元，不计免赔率覆盖车辆损失险，保险期间从 2014 年 10 月 20 日起至 2015 年 10 月 19 日止。该保险单"重要提示"一栏载明："1. 本保险合同由保险条款、投保单、批单和特别约定组成……"相应的《中国人民财产保险股份有限公司"直通车"机动车保险条款》第 6 条"机动车损失保险"约定："（一）保险期间内，被保险人或其允许的合法驾驶人在使用被保险机动车过程中，因下列原因造成被保险机动车的损失，保险人依照本保险合同的约定负责赔偿：……2. 火灾、爆炸。"第 10 条约定："被保险机动车的下列损失和费用，保险人不负责赔偿：……（五）自然以及不明原因火灾造成的损失。"第 32 条约定："因第三方对被保险机动车的损害而造成保险事故的，保险人自向被保险人赔偿保险金之日起，在赔偿金额范围内代位行使被保险人对第三方请求赔偿的权利，但被保险人必须协助保险人向第三方追偿。"

　　2014 年 11 月 29 日，案外人王某于厦门市集美区杏滨街道马銮扶摇社一寺庙附近路段拦截驾驶闽 EB××××号小轿车途经此处的李某，将随身携带的两瓶汽油泼洒在李上海的小轿车车头处，并用打火机点燃，致该轿车前部严重烧毁。经鉴定，该轿车直接损失 67 444 元。

　　请思考：案件中李某的财产损失，保险公司是否应负赔偿责任？

第一节　财产保险概述

一、财产保险的概念

　　我国《保险法》第 12 条第 4 款规定："财产保险是以财产及其有关利益为保险标的的保险。"可见，财产保险是指以各种有形财产及其相关利益、责任、信用为保险标的，在保险期内由于保险事故的发生导致的财产损失，由保险人进行补偿的一种保险。

　　财产保险的保险标的可分为有形的物质财产和无形的非物质财产。有形的物质财产及其相关利益指具备各种实体的财产物质，如建筑物、机器、货物、运输工具、农作物等各种财产及依附于这些财产而存在的经营利润与生产营业费用等。无形的非物质财产主要指责任、信用等各种没有实体但与投保人或被保险人有利益关系的财产，如专利权、商标权、著作权等。

财产保险有广义和狭义之分。广义的财产保险与人身保险相对，是以各种有形财产、无形财产及其相关的经济利益为保险标的的保险，包括财产损失险、责任保险、信用保险和保证保险等；狭义的财产保险是指以有形的物质财产及其相关利益为保险标的的保险，仅包括财产损失险。

二、财产保险的特征

（一）合同性质的特殊性

1. 保险标的具有可估价性

财产保险的保险标的必须是可以用货币衡量价值的财产或利益。无法用货币衡量价值的财产或利益不能作为财产保险的标的，如空气、江河、国有土地等。

2. 保险金额的确定具有客观依据

财产保险的保险金额一般参照保险标的的实际价值来确定。超额投保时超过的部分无效，不足额投保在保险赔偿时要按投保比例进行赔付。

3. 保险金的赔偿具有补偿性

财产保险事故发生后，保险标的的损失可以用货币来衡量，保险人对被保险人的赔偿要遵循损失补偿原则。也就是在保险金额限度内，按保险单约定的赔偿方式损多少赔多少，被保险人不能获得超过实际损失的额外利益。

（二）承保风险的特殊性

财产保险所要处理的风险是多种多样的，各种自然灾害、意外事故、法律责任及信用行为均可作为财产保险承保的风险和保险责任。因此，财产保险承保的风险较为集中。

财产保险承保的一些高额保险和巨灾风险，一旦发生，会导致保险人的赔偿额剧增，如飞机保险、人造卫星保险、洪水保险、风暴保险等。因此，再保险对财产保险而言是必要的。

（三）保险期限的特殊性

财产保险的保险期限具有短期性。其保险期一般为一年或一年以内。由于期限短，保险实务中一般要求投保人投保时一次性缴清保险费；其形成的责任准备金不能作为保险人中长期投资的资金来源；大多数财产保险只有保障性，保险单没有现金价值。

（四）可保利益的特殊性

首先，财产保险可保利益有量的规定。在财产保险中，不仅要考虑投保人对保险标的的有无可保利益，还要考虑可保利益的额度大小。其次，可保利益有时效性规定。要求被保险人在保险事故发生时对保险标的具有可保利益。

三、财产保险的分类

财产保险的范围比较广泛，按照我国《保险法》第 96 条规定，财产保险包括财产损失保险、责任保险、信用保险和保证保险等。

（一）财产损失保险

财产损失保险是指以有形的物质财产为保险标的的保险，如企业财产保险、家庭财产保险、运输工具保险、货物运输保险、工程保险和农业保险等。

（二）责任保险

责任保险是指以被保险人依法对第三者应承担的民事损害赔偿责任为保险标的的保险，如公众责任保险、产品责任保险、雇主责任保险和职业责任保险等。

（三）信用保险和保证保险

信用保险和保证保险是指以特定的信用风险作为承保对象的财产保险。其中，信用保险是以债务人的信用作为保险标的，在债务人不能履约时，保险人负责赔偿；保证保险则是以投保人因自身信用所涉及的违约行为为保险标的，当投保人违约导致债权人遭受经济损失时，保险人负责赔偿。

第二节　财产损失保险

一、企业财产保险

企业财产保险合同是指以企业、事业单位或其他组织所有或者经营管理的财产或者以与其有利害关系的他人的财产为保险标的，保险人依照保险合同的约定对保险标的因保险事故发生所造成的损失承担赔偿责任的财产保险。

企业财产保险的保险期限通常为一年，也有少于一年的短期保险期限，其中半年期的保险期限较为常见。保险单到期后，经双方当事人协商同意，可以续保。

作为财产保险的主要险种，企业财产保险能够使被保险的企业及其他组织在遭受自然灾害或意外事故时能够及时得到经济补偿，从而有利于保障企业正常生产和经营，促进社会的稳定发展。

（一）企业财产保险的保险标的

1. 可保财产

从可保利益的角度出发，企业财产保险可保的财产包括：① 属于被保险人所有或与他人共有而由被保险人负责的财产；② 由被保险人经营管理或替他人保管的财产；③ 其他具有法律上承认的与被保险人有经济利益关系的财产。

从财产形态上看，企业财产保险可承保的财产包括固定资产、流动资产、账外或已摊销的财产等。

2. 特约可保财产

特约可保财产是指经保险合同当事人双方特别约定并在保险合同中载明保险价值才能成为保险标的的财产。特约可保财产主要包括：① 市场价格变化较大，保险金额难以确定的财产，如金银、珠宝、古玩、书画、艺术品等；② 价值高、风险较特别的财产，如堤堰、水闸、铁路、桥梁、码头等；③ 风险较大，需提高费率的财产，如矿井、矿坑内的设备和物资等。将这些财产作为特约可保财产予以承保主要是为了适应或满足部分行业的特殊需要。

3. 不可保财产

不可保财产主要包括：① 无法鉴定价值的财产，如文件、账册、图表和技术资料等；② 不属于一般性的生产资料或物资的财产，如土地、矿藏、矿井、矿坑、森林、水产资源以及未经收割或收割后尚未入库的农作物等；③ 不是实际物资的财产，如货币、票证、有价证券等；④ 承保后与有关法律、法规及政策规定相抵触的财产，如违章建筑等；⑤ 必然会发生危险的财产，如危房等；⑥ 不属于企业财产保险的承保范围，应投保其他险种的财产，如运输过程中的物资应投保货物运输保险、畜禽类应投保养殖业保险等。

（二）企业财产保险的保险责任

企业财产保险的保险责任范围较为广泛，主要包括：① 由于不可预料、不可抗力的自然灾害或意外事故，如火灾、爆炸、雷击、暴风、龙卷风、暴雨、洪水、地面突然塌陷、崖崩、突发性滑坡、雪灾、雹灾、冰凌、泥石流、空中运行物体坠落等，所造成的损失；② 不可预料和不可抗力的事故所引起的停电、停水、停气以致直接造成保险财产的损失；③ 发生灾害或事故时，为了抢救财产或防止灾害蔓延，采取合理的、必要的措施而造成保险财产的损失；④ 发生保险事故时，为了减少保险财产损失，被保险人对保险财产采取施救、保护、整理措施而支出的合理费用。

（三）企业财产保险的业务分类

1. 企业财产保险基本险

在企业财产保险基本险中，保险人主要负责赔偿因火灾、雷击、爆炸、飞行物体及其他空中运行物体的坠落等原因造成的保险标的的损失。

但由于下列原因造成保险标的的损失，保险人不负赔偿责任：① 战争及类似战争行为、敌对行为、军事行动、武装冲突、罢工、暴动、恐怖行为、民众骚乱所造成的损失；② 被保险人及其代表的故意行为和纵容所造成的损失；③ 核反应、核子辐射和放射性污染所造成的损失；④ 保险标的遭受保险事故引起的各种间接损失；⑤ 保险标的的本身缺陷、保管不善导致的损毁；⑥ 保险标的的变质、霉烂、受潮、虫咬、自然磨损、自然损耗、自燃、烘焙所造成的损失；⑦ 由于行政行为或执法行为所致的损失；⑧ 其他不属于保险责任范围内的损失和费用。

2．企业财产保险综合险

在企业财产保险综合险中，保险人的责任较之基本险有所扩展，除了承保基本险的责任以外，还负责赔偿因暴雨、洪水、台风、暴风、龙卷风、雪灾、雹灾、冰凌、泥石流、崖崩、突然性滑坡、地面突然塌陷等原因造成的保险标的的损失。

企业财产保险综合险的除外责任，除了特别列明地震所造成的一切损失和堆放在露天或罩棚下的保险标的以及罩棚由于暴风、暴雨所造成的损失外，其余与基本险的除外责任相同。

典型案例

【案情简介】

A公司向某保险公司投保了企业财产基本险，财产基本险主险条款的责任免除部分第2条规定："下列损失、费用，保险人也不负赔偿责任……（4）任何原因导致供电、供水、供气及其他能源供应中断造成的损失和费用……"保险期间内，A公司镀膜车间内的烘箱发生起火，厂长发现后关闭了电源，造成财产损失。后A公司与保险公司确认其中部分的损失有：燃烧机、镀膜机（其中一台因突然断电导致内部多个泵受损）、空压机（一台因突然断电，导致内部三个缸头损坏）、冷却设备（其中一台电动机因突然断电损坏）、水空调。保险公司对因断电造成的设备损失拒绝赔偿，A公司遂起诉至法院。

【争议焦点】

其中部分设备的损失是因断电还是因火灾而造成的？

【法院裁判要旨】

经查可确定，原告A公司认为系火灾导致镀膜机、空压机等烧毁，但经现场勘察，镀膜机外部并没有更换，也没有烧毁的痕迹。且内部更换的泵，已被原告处理，导致受损的原因系火灾高温或断电导致高温引起已无法查明，原告应承担不利的法律后果。故法院认定，断电是导致镀膜机等停止工作并最终导致镀膜机等受损的直接原因。断电是因为厂长发现起火后人为断电，故断电造成的三台设备的损失不属于被告保险公司保险责任范围内的保险事故，故无须赔偿。

【评析】

财产保险基本险主要承保由于自然灾害或意外事故造成保险标的的直接损失及保险事故发生后，为抢救保险标的而采取合理的措施造成标的的损失，以及支付的合理施救费用等。本案中，造成保险标的损失的原因并非财产保险基本险的承保范围，故保险公司不应承担保险责任。

（四）企业财产保险的保险金额

企业财产保险的保险金额是被保险人对保险标的的实际投保金额，也是保险人计算保险费的依据和承担补偿责任的最高限额。对于不同的资产，其保险金额的确定方式是不同的。

1. 固定资产

固定资产保险金额的确定方法主要有以下几种。

（1）按照固定资产的账面原值确定保险金额。账面原值是指在建造或购置固定资产时所支出的货币总额。在固定资产登记入账时间较短、固定资产的市场价值变化不大的情况下，这种方式基本上能比较准确地反映固定资产的实际价值。

（2）按照固定资产的账面原值加成数确定。这种方式是将固定资产账面原值作为确定保险金额的基础，在此基础上再附加一定成数，使之接近于重置价值。采取这种方式必须由投保人和保险人事先协商，主要用于固定资产市场价值变化较大的企业财产保险业务，以此抵御通货膨胀对固定资产的实际价值可能造成的贬值影响。

> **提　示**
>
> 成数：表示一个数是另一个数的十分之几的数，相当于百分数。例如，一成就是 10%，三成五就是 35%。

（3）按照固定资产重置价值确定。重置价值是指重新建造或购置某些财产所需支付的全部费用。由于这种方式回避了固定资产目前的实际价值，使得保险金额往往大于保险财产的实际价值。

（4）按其他方式确定。按其他方式确定是指被保险人依据公估或评价后的市价确定固定资产的保险金额。

2. 流动资产

流动资产的保险金额由被保险人按最近 12 个月任意月份的账面余额确定，也可由被保险人自行确定。最近 12 个月任意月份的账面余额是指从投保月份往前推 12 个月的其中任意一个月流动资产账面余额。流动资产的账面余额应当按取得时的实际成本核算。

3. 账外财产和代保管财产

账外财产和代保管财产的保险金额可由被保险人自行估价或重置价值确定。采取估价方法时，估价的标准是投保时财产的实际价值。账外财产和代保管财产应在保险单上分项列明。

二、家庭财产保险

家庭财产保险是指以被保险人的家庭有形物质财产为保险标的，在保险标的发生保险事故而遭受损失时，保险人依照合同的约定承担赔偿责任的保险。家庭财产保险采用定期的保险方式，主要是一年期保险业务。

（一）家庭财产保险的标的范围

1. 可保财产

凡属城乡居民拥有，并存放在固定地点的各类财产均可向保险人投保，主要包括：
① 房屋及其室内附属设备，如固定装置的水暖、气暖、供水、管道煤气及供电设备、厨

房配套的设备等；② 室内装潢；③ 室内财产，如家用电器和文化娱乐用品、衣物和床上用品、家具及其他生活用具等。

2. 特约可保财产

在家庭财产保险的保险标的范围中，还包括一些可以经被保险人与保险人特别约定的家庭财产，主要包括：① 被保险人代他人保管，或者与他人共有而由被保险人负责的一般可保财产；② 存放于院内、室内的非机动农机具、农用工具及存放于室内的粮食及农副产品；③ 经保险人同意承保的其他财产。

3. 不可保财产

保险人通常将损失发生后无法确定具体价值的财产，日常生活所必需的日用消费品，法律规定不容许个人收藏、保管或拥有的财产，处于危险状态下的财产及保险人从风险管理的需要出发声明不予承保的财产列为不可保财产。一般而言，普通家庭财产保险对以下家庭财产不予承保：

（1）金银、珠宝、钻石及制品，玉器，首饰，古币，古玩，字画，邮票，艺术品，稀有金属等珍贵财物。

（2）货币、票证、有价证券、文件、书籍、账册、图表、技术资料、电脑软件及资料，以及无法鉴定价值的财产。

（3）日用消耗品、各种交通工具、养殖及动植物。

（4）用于从事工商业生产、经营活动的财产和出租用作工商业的房屋。

（5）无线通信工具，笔，打火机，手表，各种磁带、磁盘、影音激光盘。

（6）用芦席、稻草、油毛毡、麦秆、芦苇、竹竿、帆布、塑料布、纸板等为外墙、屋顶的简陋屋棚，柴房、禽畜棚、与保险房屋不成一体的厕所、围墙、无人居住的房屋及存放在里面的财产。

（7）政府有关部门征用、占用的房屋，违章建筑，危险建筑，非法占用的财产，处于危险状态下的财产。

（8）其他不属于普通家庭财产保险和投资保障型的家庭财产保险列明的家庭财产。

（二）家庭财产保险的保险责任

1. 基本责任

家庭财产保险基本责任范围包括：① 火灾、爆炸、雷电、冰雹、雪灾、洪水、地面突然塌陷、崖崩、龙卷风、冰凌、泥石流，空中运行物体的坠落，外来建筑物和其他固定物体的倒塌所造成的保险财产损失；② 因暴风和暴雨使房屋重要结构倒塌所造成的损失；③ 发生保险事故时，为抢救保险标的或防止灾害蔓延，采取必要的、合理的措施而造成保险标的的损失；④ 保险事故发生后，被保险人为防止或减少保险标的的损失所支付的必要的、合理的费用。

2. 附加责任

经被保险人和保险人双方特别约定，凡存放于保险单所载明地址内的保险标的，由于遭受外来人员盗抢，并已和公安部门确认为盗抢行为所致的直接损失，由保险人负责赔偿。此外，家用电器用电安全保险、管道破裂及水渍保险、家庭住户第三者责任一切险、出租房屋租金损失险、出租房屋费用损失险及房屋出租人责任保险等都属于家庭财产保险中的附加责任。

3．免除责任

由下列原因造成的家庭财产损失保险人不承担赔偿责任：① 战争、军事行动或暴力行为；② 核子辐射和污染所造成的损失；③ 电机、电器、电器设备因使用过度、超电压、碰线、弧花、漏电、自身发热等原因造成的本身损毁；④ 被保险人及其家庭成员、服务人员、寄居人员的故意行为，或勾结纵容他人盗窃，或被外来人员顺手偷摸，或窗外钩物所致的损失等；⑤ 地震、海啸所造成的一切损失；⑥ 其他不属于家庭财产保险单列明的保险责任内的损失和费用。

（三）家庭财产保险的业务分类

1．家庭财产个人保险

家庭财产个人保险以城乡居民自有的家庭财产为保险标的，向保险人投保并缴纳保险费，保险人对被保险标的的财产因发生保险事故造成的损失承担赔偿责任。

2．家庭财产团体保险

家庭财产团体保险以城乡居民的所在单位为投保人，以城乡居民为被保险人，以城乡居民自有的、共有的或者用管的家庭财产为保险标的，以团体为单位向保险人投保并缴纳保险费，保险人对被保险标的因发生保险事故造成的损失承担赔偿责任。

3．家庭财产两全保险

家庭财产两全保险是兼具经济补偿和到期还本双重性质的保险。被保险人投保后，可以在保险事故发生时按照合同的约定获得保险人的赔偿金，同时，在保险期届满时，无论是否发生过保险赔偿，被保险人都可以领回所缴纳的保险金。

（四）家庭财产保险的保险金额

普通家庭财产保险中，房屋及室内附属设备、室内装潢的保险金额由被保险人根据购置价或市场价自行确定。房屋及室内附属设备、室内装潢的保险价值为出险时的重置价值。室内财产的保险金额由投保人根据家庭财产保险标的的实际价值自行确定保险金额。

我国家庭财产保险的最低保险金额为 1 000 元，保险金额以千元为单位。具体确定保险金额的方式有以下两种：① 单一总保险金额制。保险人对所保同一地点、同一所有人的各项财产不分类别，确定一个总的保险金额，发生损失时不分损失财产类别，只要在总的保险金额限度以内都可以获得赔偿。② 分项总保险金额制。保险人对所保同一地点、同一所有人的各项财产，均逐项列明保险金额，发生损失时承担各项财产在各自的保险金额限度内的赔偿责任。

（五）家庭财产保险赔偿方式

一般情况下，房屋及室内附属设备、室内装潢采用比例赔偿方式，室内财产采用第一危险赔偿方式。

1. 房屋及室内附属设备、室内装潢

（1）全部损失。保险金额等于或高于保险价值时，赔偿金额以不超过保险价值为限；保险金额低于保险价值时，按保险金额赔偿。

（2）部分损失。保险金额等于或高于保险价值时，按实际损失计算赔偿金额；保险金额低于保险价值时，应将实际损失或恢复原状所需修复费用乘以保险金额与保险价值的比值来计算赔偿金额。

2. 室内财产

家庭室内财产采用第一危险赔偿方式。只要损失金额在保险金额之内，保险人都负赔偿责任。赔偿金额的多少，只取决于保险金额与损失额，而不考虑保险金额与保险价值之间的比例关系。

典型案例

【案情简介】

2016 年 5 月 30 日，王某向保险公司投了一份家庭财产保险，保险金额为 16 000 元。其中，二间楼房的保险金额为 6 000 元；房屋以外财产保险金额为 10 000 元。保险期限自 2016 年 5 月 30 日起至 2017 年 5 月 30 日 24 时止。由本村协保员张某填写家庭财产保险集体投保分户清单，该清单上王某投保财产的坐落地点以居住地址为准。协保员张某收取了王某交纳的保险费并出具了保险单收据。2016 年 2 月，王某租用本村祠堂用以堆放家具、杉木、三轮残疾人用车及经营猪肉买卖。2016 年 10 月 23 日，因祠堂内电线老化漏电引起火灾，致使王某堆放在祠堂内的家具、杉木、三轮残疾人用车、农副产品和新鲜猪肉等财产均被烧毁，共计损失 19 800 元。事故发生后，王某向保险公司提出索赔遭到拒绝，遂诉至法院。

法院认为，王某以参加村集体投保的形式向保险公司投保家庭财产，保险公司收取了保险费，应认定合同成立。王某未向保险公司申明投保的财产中有部分存放于祠堂内，保险公司亦未审核保险标的及坐落地点即按协保员填具的财产分户清单作出承保表示，双方对本案纠纷产生均有过错。最后，经法院主持调解，双方当事人达成协议，由保险公司向王某赔偿损失 4 000 元。

【评析】

本案应从以下两点进行分析：

（1）原告王某存放于祠堂内的财产是否属于保险公司承保范围。

《经济合同法》第 25 条规定："保险合同中，应明确规定保险标的、坐落地点（或运输工具及航程）、保险金额、保险责任、除外责任、赔偿办法、保险费缴付办法以及保险起讫期限等条款。"本案投保人王某在签订保险合同前就租用了祠堂搞经营并存放财物，其投保的财产是楼房二间及房屋类以外财产，但其并未向协保员明确告知房屋类以外财产的范围及坐落地点，所以其对本案合同的不完备即保险标的的地址不详负有过错责任。而协保员作为保险公司的代理人，在签订保险合同时应将办理保险的有关事项告知投保方，但其并未查实投保人财产分存几处即填写了分户清单，该清单

上并未载明房屋类以外财产具体坐落何处，因而可认为，保险公司对该财产的坐落地及危险程度情况采取放任态度，其对本案合同的不完善亦负有过错责任。

（2）协保员的行为性质如何认定。

本案的协保员向每个投保人收取保险费，填写财产分户清单，并开具保险费收据，保险公司根据协保员填写的分户清单核收保险费，签发保险单，该保险单载明：以所附分户清单为准，并另开保险费收据。可见，协保员的行为只能认定为根据保险人的授权代为办理保险业务的行为，根据《民法通则》第 63 条第 1、2 款和第 124 条第 1款之规定，协保员行为所产生的法律后果应由保险公司承担。

三、运输工具保险

运输工具保险是投保人和保险人约定以载人或载货或从事某种交通作业的运输工具为保险标的，保险人在运输工具因遭受自然灾害或意外事故而造成损失后承担保险责任的保险。依据交通运输工具种类的不同，运输工具保险可分为机动车辆保险、船舶保险和飞机保险等。下面主要介绍机动车辆保险的相关内容。

（一）机动车辆保险概述

1. 机动车辆保险的概念

机动车辆保险是指投保人和保险人约定以机动车辆本身及其第三者责任为保险标的，保险人在承保的机动车辆因遭受自然灾害或意外事故而造成损失后承担保险责任的保险。其保险标的是各种汽车、电车、电瓶车、摩托车、拖拉机、各种专用机械车和特种车等通过各种能源驱动运行的机动车辆。作为保险标的的机动车辆必须具备以下条件：领有交通管理部门核发的行驶证或交通牌照；车辆经过交通管理部门检验合格并办理免检手续。

2. 机动车辆保险的基本险别

机动车辆保险的基本险别可分为商业保险和机动车交通事故责任强制保险两大类。

商业保险又包括基本险和附加险。通常所说的车辆损失险和第三者责任保险就属于基本险的范畴。车辆损失险的附加险包括全车盗抢险、玻璃单独破碎险、车辆停驶损失险、自然损失险和新增设备损失险等；第三者责任保险的附加险包括车主责任险、无过失责任险。而不计免赔特约险则作为车辆损失险和第三者责任保险共同的附加险由车主选择投保。

机动车交通事故责任强制保险与第三者责任保险在保险种类上属于同一个险种，都是保障道路交通事故中第三方受害人获得及时、有效赔偿的险种。

3. 机动车辆保险的特点

（1）保险标的流动性强，风险大，行路不固定，常常异地出险，保险人很难控制，给机动车辆保险的承保和理赔带来诸多不便。

（2）业务量大，投保率高，符合风险分散的原则。

（3）保险赔偿有特殊规定。机动车辆保险规定，在保险期内，不论发生一次或多次保险责任范围内的部分损失或费用支出，只要每次赔偿金额加上免赔额之和小于保险金额，保险责任就有效，只有当被保险车辆部分损失一次赔偿金额与免赔额之和等于保险金额时，车辆损失险的保险责任才终止；第三者责任事故赔偿后，无论每次事故赔偿是否达到赔偿限额，保险责任继续有效，直至保险期满。

读一读

什么是免赔额

免赔额即保险人和被保险人事先约定，被保险人自行承担损失的一定比例或金额，损失金额在规定数额之内的，保险人不负责赔偿。免赔额又可分为相对免赔额和绝对免赔额。实际工作中如不特别列明，保险单上的免赔额都是指绝对免赔额。

（1）绝对免赔额是指当损失金额超出双方约定的金额时，保险人赔偿超过的部分，即赔偿损失金额和双方约定金额两者之间的差额；当损失金额低于约定的金额时，保险人不负责赔偿。例如，合同中规定绝对免赔额为200元，则损失在200元以下的，保险人不予赔偿；若损失超过200元，保险人对超过的部分给予赔偿。通常，这种免赔额应用于每次损失。

（2）相对免赔额是指当损失低于规定的比例或金额时，保险人不承担赔偿责任；当损失高于规定的比例或金额时，保险人将赔偿全部损失。这是一种在海上货物运输保险中经常使用的免赔额。海上运输保险之所以使用相对免赔额，一是因为托运人能预料到由于恶劣天气、船舶持续航行和货物经常搬动至少会造成一些小额损失；二是财产由承运人占用，其不具有夸大损失的动机。

（4）赔偿采用绝对免赔的方式。我国《机动车辆保险条款》规定了机动车辆保险每次保险事故的赔偿计算按责任免赔的原则。根据被保险车辆驾驶员在事故中所负责任，车辆损失险和第三者责任保险在符合赔偿规定的金额内实行绝对免赔率：负全部责任的免赔率为20%，负主要责任的免赔率为15%，负同等责任的免赔率为10%，负次要责任的免赔率为5%，单方肇事事故的免赔率为20%。

（5）采用无赔款优待。无赔款优待是指被保险车辆在上一年度保险期内无赔款，续保时可享受无赔款减收保费优待。优待金额为本年度续保险种应缴保费的10%。优待的条件为：① 保险期内无赔款，一年度投保的车辆损失险、第三者责任保险、附加险中任一款有赔款，续保时不能享受无赔款优待；② 不续保不享受该优待；③ 保险期限必须满一年。

（6）代位求偿和委付原则适用于机动车辆保险业务。

（二）机动车交通事故责任强制保险

1. 机动车交通事故责任强制保险的概念

机动车交通事故责任强制保险简称交强险，是我国首个由国家法律规定实行的强制保险制度。根据我国《机动车交通事故责任强制保险条例》的规定，机动车交通事故责任强制保险是指由保险公司对保险机动车发生道路交通事故造成本车人员、被保险人以外的受害人的人身伤亡、财产损失，在责任限额内予以赔偿的强制性责任保险。

2．交强险合同的当事人和关系人

交强险的投保人是指与保险人订立交强险合同，并按照合同负有支付保险费义务的机动车的所有人、管理人。交强险的被保险人是指投保人及其允许的合法驾驶人。交强险合同中的受害人是指因被保险机动车发生交通事故遭受人身伤亡或者财产损失的人，但不包括被保险机动车本车车上人员、被保险人。

典型案例

【案情简介】

2014 年 4 月 22 日，受害人杜某在人财保险张家界分公司分别投保了交强险和商业第三者责任保险（以下简称三者险），保险期间自 2014 年 4 月 26 日 0 时起至 2015 年 4 月 25 日 24 时止，其中交强险保险责任限额为 122 000 元（含死亡伤残赔偿限额 110 000 元，医疗费用赔偿限额 10 000 元，财产损失赔偿限额 2 000 元），三者险保险责任限额为 200 000 元，三者险责任免除条款第五条用加黑加粗字体约定："被保险机动车造成下列人身伤亡或财产损失，不论在法律上是否应当由被保险人承担赔偿责任，保险人均不负责赔偿：（一）被保险人及其家庭成员的人身伤亡、所有或代管的财产的损失；（二）被保险机动车本车驾驶人及其家庭成员的人身伤亡、所有或代管的财产的损失……"同时，受害人杜某在投保单中的投保人声明栏签名确认保险人已向本人详细介绍并提供了投保险种所使用的条款，并对其中免除保险人责任的条款等内容向本人作了明确说明。2015 年 4 月 14 日 8 时 20 分，受害人杜某驾驶其所有的湘 G×××× 号中型自卸货车，从慈利县国太桥乡国太桥居委会自建农贸市场棚屋内倒车出库后，发现车辆有故障，于是，受害人杜某某下车，在该车底排除故障过程中，因车辆的发动机未熄火，导致车辆向前行驶，致使车辆左后轮碾轧到受害人杜某，造成杜某死亡、农贸市场自建的雨棚架受损的交通事故。案发后，慈利县公安局对受害人杜某尸检后，出具系心脏损伤死亡（车祸碾轧形成）的死因结论书，同时，慈利县公安局交通警察大队派员勘查了事故现场，并于 2015 年 4 月 16 日出具道路交通事故证明，认定该起事故属于道路交通事故，但事发的根本原因无法查清。

【争议焦点】

被保险人、车上人员杜某是否属于本车交强险中的第三者？

【评析】

杜某是否属于本车交强险中的第三者，可从以下两个方面进行分析。

（1）被保险人能否成为第三者问题。杜某系被保险人，但在交通事故发生时他已经离开车体，停止对车辆的操作。虽然在停车进行维修过程中，因操作不当致使车辆未能安全停放，但也只是违反机动车的操作规定。本质上，杜某已经失去对车辆的控制，在这个时间节点上，其身份已经转化为第三者。在不具备免赔事由的情形下，保险公司应当在交强险范围内对其进行赔偿。

（2）"本车人员"还是"车外人员"的理解问题。车上人员下车时被所驾驶车辆碾轧致死，此种情况下此人是否属于"本车人员"，现今司法解释里没有明确的具体规定。本案中杜某在车辆运行过程中的活动，应该结合现实因素综合考量。在交通事故发生之前，杜某坐在被保险车辆的驾驶位上，属于"本车人员"，但因运行中车辆故障需临时维修而停驶，发生交通事故时，杜某已经置身车外，并不在车上，由此应当认定在交通事故发生之时，杜某已经由本车人员转化为"车外人员"。

3. 交强险的责任限额

交强险的责任限额是指被保险机动车发生交通事故，保险人对每次保险事故所有受害人的人身伤亡和财产损失所承担的最高赔偿金额。交强险的责任限额标准，全国统一定为12.2万元。在12.2万元总的责任限额（每次事故的最高赔偿额）下，实行分项限额：

（1）被保险机动车在道路交通事故中有责任的赔偿限额：死亡伤残赔偿限额为110 000元；医疗费用赔偿限额为10 000元；财产损失赔偿限额为2 000元。

（2）被保险机动车在道路交通事故中无责任的赔偿限额：死亡伤残赔偿限额为11 000元；医疗费用赔偿限额为1 000元；财产损失赔偿限额为100元。

4. 交强险的保险责任和免除责任

死亡伤残赔偿限额项下负责赔偿丧葬费、死亡补偿费、受害人亲属办理丧葬事宜支出的交通费用、残疾赔偿金、残疾辅助器具费、护理费、康复费、交通费、被扶养人生活费、住宿费、误工费，以及被保险人依照法院判决或者调解承担的精神损害抚慰金。医疗费用赔偿限额项下负责赔偿医疗费、诊疗费、住院费、住院伙食补助费，以及必要的、合理的后续治疗费、整容费、营养费。

下列损失和费用，交强险不负责赔偿和垫付：① 因受害人故意造成的交通事故的损失；② 被保险人所有的财产及被保险机动车上的财产遭受的损失；③ 间接性损失，如致使受害人停水、停电或受害人财产因市场价产生贬值的损失；④ 因交通事故产生的法律诉讼费用。

典型案例

【案情简介】

2014年6月4日17时27分左右，赣BP××××号小型轿车（驾驶人未确定，车辆所有人为永朋公司）沿章贡区会昌路由南向北行驶至与兴国路交叉路口处时在右转弯过程中与原告阳某驾驶的赣州临时Y××××号二轮车发生碰撞，导致原告阳某受伤及车辆受损。事故发生后，赣BP××××号小型轿车驾驶人（未确定，司法实践称为"无名氏"）驾车逃逸。赣州市公安局交警支队直属大队依法作出赣市公交直认字（2014）第509号《道路交通事故责任认定书》，认定赣BP××××号小型轿车驾驶人（未确定）承担全部责任，原告阳某不承担事故责任。事故当天，原告被送往赣南中西医结合医院住院治疗30天，入院诊断：① 左肱骨大结节骨折；② 多处软组织挫伤。出院医嘱：① 注意休息2个月，加强营养；② 不适门诊随诊。治疗期间，花费门诊治疗费、住院治疗费共计8 178.23元（其中原告支付7 178.23元，被告永朋公司支付1 000元）。2015年1月7日，经江西赣州市司法鉴定中心评定，原告的残情构成十级伤残。原告支付伤残鉴定费 700 元。被告永朋公司垫付原告赣州临时 Y×××× 号二轮车维修费 700 元。

原告阳某系农业家庭户口，与其丈夫薛某共生育子女 2 名。被告永朋公司所有的赣 BP×××× 号小型轿车在被告太平洋财险投保了机动车事故责任强制保险，在被告安邦财险投保了商业第三者责任保险 50 万元并附加不计免赔。

【争议焦点】

保险公司是否应在机动车交通事故强制责任险范围内赔偿？

【评析】

本案中，公安交警认定本次交通事故由赣 BP×××× 号小型轿车驾驶人（未确定）承担全部责任，被告永朋公司所有的赣 BP×××× 号肇事车辆在被告太平洋财险投保了机动车交通事故强制责任保险。本案中的交通事故在交强险赔偿范围内，故太平洋财险应承担赔偿责任。

由于原告阳某的各项损失均在交强险责任限额内，故被告太平洋财险应赔偿的费用包括：医疗费 8 178 元、住院伙食补助费 900 元、营养费 900 元、交通费 300 元、残疾赔偿金 20 234 元、被扶养人生活费 9 435 元、伤残鉴定费 700 元、护理费 3 513.3 元、误工费 16 839.16 元、精神抚慰金 3 000 元及永朋公司已垫付的费用 1 700 元，共计 65 699.46 元。

5. 交强险的保险期限

除国家法律、行政法规另有规定外，交强险合同的保险期为一年，以保险单载明的起止时间为准。

（三）车辆损失险

1. 车辆损失险的概念

车辆损失险简称车损险，是指被保险车辆遭受保险责任范围内的自然灾害或意外事故，造成被保险车辆本身损失，以及所发生的施救费用等，保险人依照保险合同的规定给予赔偿的保险。

2. 车辆损失险的保险责任

车辆损失险的保险责任是指保险人对被保险车辆在行使或停放期间遭遇自然灾害或意外事故导致的车辆损失所承担的赔偿责任。包括碰撞责任、非碰撞责任及合理的施救、保护费用三类。

（1）碰撞责任

碰撞责任是指被保险车辆与外界静止的或运动中的物体的意外撞击造成本车的损失。这是车辆损失险的主要保险责任。

（2）非碰撞责任

非碰撞责任是指除碰撞以外的自然灾害和意外事故造成的被保险车辆的损失，分为自然灾害责任和意外事故责任。其中，自然灾害责任包括雷击、暴风、龙卷风、暴雨、洪水、海啸、地陷、冰陷、崖崩、雪崩、雹灾、泥石流、滑坡等；意外事故责任包括火灾、爆炸、外界物体倒塌、空中运行物体坠落、行驶中平行坠落，以及载运被保险车辆的渡船遭受自然灾害（只限于有驾驶员随车照料者）致使被保险车辆本身发生损失等。

（3）合理的施救、保护费用

被保险车辆在发生保险事故时，被保险人对被保险车辆采取施救、保护措施所支出的合理费用，保险人负责赔偿。对于此项费用，保险人的最高赔偿金额以保险金额为限（不包括车辆的修复费用）。

3. 车辆损失险的除外责任

下列任何原因造成的被保险车辆的损失，保险人均不负赔偿责任：地震、战争、军事冲突、竞赛、测试、故意行为、违法活动、饮酒、吸毒、肇事逃逸、无证驾驶等。

被保险人车辆的下列损失和费用，保险人不负赔偿责任：自然损耗、朽蚀、腐蚀、故障、车轮单独损坏、玻璃单独破碎、人工直接供油、高温烘烤、自燃，以及不明原因引起的火灾、受本车所载货物撞击、摩托车反倒、受损后未修而继续使用、排气管被水淹后启动发动机、间接损失、精神损害、污染赔偿、全车被盗抢及期间附属设备的丢失与第三者责任等。

典型案例

【案情简介】

2014 年 6 月 14 日，陆磊作为被保险人为其云 CB××××号起亚轿车向镇雄财保公司电子商务营业部投了保险，其中，机动车损失保险（A）保险金额为 72 000 元、第三者责任保险（B）保险金额 100 000、车上人员责任险（司机）（D11）、车上人员责任险（乘客）（D12）保险金额均为 10 000 元、机动车交通事故责任强制保险（BZ）保险金额为 122 000 元，商业险和意外险的保费合计为 2 043.50 元，交强险保险费合计为 665 元。保险期间自 2014 年 6 月 14 日至 2015 年 6 月 13 日。该投保单载明一项投保人："保险人已向本人详细介绍并提供了投保险种所使用的条款，并对其中免除保险人责任的条款（包括但不限于责任免除、投保人被保险人义务、赔偿处理、附则等），以及本保险合同中付费约定和特别约定的内容向本人作了明确说明……"陆磊在投保人签名处签名。中国人民财产保险股份有限公司家庭自用汽车损失保险条款（编号：A01H01Z0209××××）的责任免除条款中第 7 条第 5 项规定了被保险机动车自然以及不明原因火灾造成的损失，保险人不负责赔偿。附加款条款的自然损失条款（编号：A01G01F0609××××）规定投保了家庭自用汽车损失保险的机动车，可投保本附加险和对自燃的保险责任、责任免除等事项作了规定。2014 年 12 月 20 日下午 5 时许，陆磊驾驶云 CB×××号车行驶至母享镇陇东村寒柏岭路段时，该车在行驶过程中冒烟，陆磊等人立即将车停到路边，车辆发生燃烧导致车辆全部烧毁。事故发生后，经双方多次协商未果。陆磊称，其在镇雄财保公司投了机动车损失险，保险限额为 72 000 元，在保险期限车辆发生燃烧导致车辆全部烧毁。投保时，镇雄财保公司未对其所投的险种及其适用的条款和自己的免责条款作出解释和特别说明；且对格式条款争议的，应按照通常理解解释，并作出有利于被保险人或受益人的解释；对其车辆燃烧所造成的损失，镇雄财保公司应当赔偿。镇雄财保公司称，车辆被烧毁的原因是不明原因的自燃，该车此次发生的事故不在保险范围内，公司不应承担保险赔偿义务。

【争议焦点】

镇雄财保公司对陆磊投了机动车损失保险的车辆所发生的自燃损失是否应该承担赔偿？

【评析】

本案中，双方签订的机动车保险单和投保单已分别作了明确的特别约定和重要提示，投保人在收到保险单、承保险种对应的保险条款后，请立即核对，如有不符合疏漏，请在48小时内通知保险人并办理变更或补充手续，超过48小时未通知的，视为投保人无异议。陆磊收到保单后，未对保单提出变更或补充。结合中国人民财产保险股份有限公司家庭自用汽车损失保险条款和中国人民财产保险股份有限公司附加险条款，可以看出该车损险和附加险是不同的两种保险，附加险中的大部分均属车损险的免责条款，附加险是在投了车损险的基础上对车损险的补充保险。陆磊驾驶的车辆发生自燃属于保险公司应当免责的情形，故保险公司不承担赔偿。

4. 车辆损失险的保险价值和保险金额的确定

车辆损失险的保险价值是指投保时作为确定保险金额的保险标的的价值。投保人投保车辆损失险时，保险价值由保险合同签订地购置与被保险车辆同类型新车的价格确定，所以车辆损失险的保险价值是投保时的新车购置价。

车辆损失险的保险金额由投保人和保险人从下列三种方式中选择确定，保险人根据确定保险金额的不同方式承担相应的赔偿责任。

（1）按投保时被保险车辆的新车购置价确定

新车购置价是指保险合同签订地购置与被保险车辆同类型新车（含车辆购置税）的价格，以发票金额为据。无同类型新车市场销售价格的，由投保人与保险人协商确定。

（2）按投保时被保险车辆的实际价值确定

实际价值是指新车购置价减去折旧金额后的价格。被保险车辆的折旧按月折旧率0.6%计算，不足一个月的部分，不计折旧。最高折旧率不超过投保时被保险车辆新车购置价的80%。

（3）由保险人与被保险人协商确定

车辆损失险的保险金额也可以通过协商的方式确定，但保险金额最高不得超过同类型新车购置价。

（四）第三者责任保险

1. 第三者责任保险的概念

第三者责任保险是以各类符合国家交通管理部门行驶要求的机动车辆在运行过程中发生的民事损害赔偿责任为保险标的，在机动车辆发生交通事故造成第三者的人身伤害或财产损失时，由保险公司按照保险合同的规定承担经济赔偿责任的保险业务。第三者是指保险合同当事人以外的人。

2. 第三者责任保险的保险责任

被保险人或其允许的合格驾驶人员在使用被保险车辆过程中发生意外事故，致使第三者遭受人身伤亡或财产直接损毁，依法应由被保险人支付的赔偿金额，保险人依照《道路交通安全法》和保险合同的规定给予赔偿。

3. 第三者责任保险的除外责任

（1）被保险车辆造成下列人员伤亡或财产损失，不论在法律上是否应当由被保险人承担赔偿责任，保险人均不负责赔偿：① 被保险人及其家庭成员的人身伤亡、所有或代替的财产损失；② 被保险人允许的驾驶人及其家庭成员的人身伤亡、所有或代管的财产损失；③ 本车上其他人员的人身伤亡或财产损失。

（2）下列原因造成的对第三者的损害赔偿责任，保险人不予赔偿：① 地震、战争、军事冲突、恐怖活动、暴乱、扣押、罚没、政府征用；② 竞赛、测试，在营业性维修场所修理、养护期间；③ 利用保险车辆从事违法活动；④ 驾驶人员饮酒、吸食或注射毒品、被药物麻醉后使用保险车辆；⑤ 保险车辆肇事逃逸；⑥ 驾驶人员无驾驶证或驾驶车辆与驾驶证准驾车型不相符、公安交通管理部门规定的其他属于无有效驾驶证的情况下驾车、使用各种专用机械车、特种车的人员无国家有关部门核发的有效操作证、驾驶营业性客车的驾驶人员无国家有关部门核发的有效资格证书；⑦ 非被保险人允许的驾驶人员使用保险车辆；⑧ 保险车辆不具备有效行驶证件；⑨ 保险车辆拖带未投保第三者责任保险的车辆（含挂车）或被未投保第三者责任保险的其他车辆拖带。

（3）下列损失和费用，保险人不负责赔偿：① 保险车辆发生意外事故，致使第三者停业、停驶、停电、停水、停气、停产、通信中断的损失及其他各种间接损失；② 精神损害赔偿；③ 因污染（含放射性污染）造成的损失；④ 第三者财产因市场价格变动造成的贬值、修理后因价值降低引起的损失；⑤ 保险车辆被盗窃、抢劫、抢夺造成第三者人身伤亡或财产损失；⑥ 被保险人或驾驶人员的故意行为造成的损失。

（4）应当由交强险赔偿的损失和费用，保险人不负责赔偿。保险事故发生时，被保险车辆未投保交强险或交强险合同已经失效的，对于交强险各分项赔偿限额以内的损失和费用，保险人不负责赔偿。

4. 第三者责任保险的赔偿限额

赔偿限额是保险人计算保险费的依据，是保险人承担第三者责任保险每次事故赔偿的最高限额。赔偿限额由投保人和保险人在投保时按 5 万元、10 万元、20 万元、50 万元、100 万元和 100 万元以上 1 000 万元以内的档次协商确定。

5. 第三者责任保险的保险期限

第三者责任保险的保险期限一般为一年，以保险单载明的起讫时间为准。

四、货物运输保险

货物运输保险简称货运险，是以运输过程中的货物为保险标的，当运输中的货物因自然灾害或意外事故而遭受损失时基于经济补偿的一种财产保险。

按运输方式的不同，货物运输保险可分为直运货物运输保险、联运货物运输保险、集装箱运输保险。按运输工具的不同，货物运输保险可分为水上货物运输保险、陆上货物运输保险、航空货物运输保险、特种运输保险。按货物运输险适用范围的不同，货物运输保险可分为国内货物运输保险、海上货物运输保险、邮包保险。下面主要介绍海上货物运输保险的相关内容。

（一）海上货物运输保险的保险责任

海上货物运输保险是指对海上运输途中因自然灾害、意外事故或外来原因造成的货物损失，由保险人负责赔偿的保险。从承保险别上看，海上货物运输保险分为基本险和附加险。基本险包括平安险、水渍险与一切险；附加险又可分为一般附加、特别附加和特殊附加。

1．基本险的保险责任

（1）平安险的保险责任范围

平安险的保险责任范围包括：① 被保险货物在运输途中由于恶劣气候、雷电、海啸、地震、洪水等自然灾害造成的整批货物的全部损失或推定全损；② 由于运输工具遭受搁浅、触礁、沉没、互撞、与流冰或其他物体碰撞及失火、爆炸等意外事故造成货物的全部或部分损失；③ 在运输工具已经发生搁浅、触礁、沉没、焚毁等意外事故的情况下，货物在此前后又在海上遭受恶劣气候、雷电、海啸等自然灾害所造成的部分损失；④ 在装卸或转运时由于一件或数件整件货物落海造成的全部或部分损失；⑤ 被保险人对遭受承保责任内危险的货物采取抢救、防止或减少货损的措施而支付的合理费用，但以不超过该批被救货物的保险金额为限；⑥ 运输工具遭遇海难后，在避难港由于卸货所引起的损失及在中途港、避难港由于卸货、存仓以及运送货物所产生的特别费用；⑦ 共同海损的牺牲、分摊和救助费用；⑧ 运输合同中订有"船舶互撞责任"条款，根据该条款规定应由货方偿还船方的损失。

提 示

推定全损：是指实际全损已不可避免，或受损货物残值，如果加上施救、整理、修复、续运至目的地的费用之和超过其抵达目的地的价值时，视为已经全损。

（2）水渍险的保险责任范围

水渍险的保险责任范围不仅包括平安险承保全部责任，还包括被保险货物在运输途中由于恶劣气候、雷电、海啸、地震、洪水等自然灾害所造成的部分损失。

（3）一切险的保险责任范围

一切险的保险责任范围除包括平安险和水渍险的各项责任外，还负责被保险货物在运输途中由于外来原因所致的全部或部分损失。值得注意的是，一切险并非对运输途中的一切风险都负责，而是在具备以下三个条件时才承担责任：① 被保险货物必须有损失；② 必须是运输途中的损失；③ 必须是外来原因。

2. 附加险的保险责任

附加险主要承保由于外来原因所致的损失。附加险不能单独投保，只能在被保险人投保基本险后根据需要选择一种或几种附加险投保。附加险分为一般附加险、特别附加险和特殊附加险。

一般附加险包括：偷窃、提货不着险，淡水雨淋险，渗漏险，短量险，钩损险，破碎碰损险，锈损险，混杂沽污险，串味险，受潮受热险和包装破裂险等。

特别附加险包括：舱面险、拒收险、交货不到险、黄曲霉素险、进口关税险以及货物出口到港澳地区的存仓火险责任扩展条款等。

特殊附加险主要是战争险和罢工险。

（二）海上货物运输保险的除外责任

（1）被保险人的故意行为或过失所造成的损失；

（2）属于发货人责任引起的损失，如包装不善等；

（3）在保险责任开始前，被保险货物已存在的品质不良或数量短缺所造成的损失；

（4）被保险货物的自然损耗、品质缺陷、特性以及市价跌落、运输延迟引起的损失和费用；

（5）战争险和罢工险等特殊附加险条款所规定的责任范围和除外责任。

典型案例

【案情简介】

原告 A 公司（伦敦的进口商）为从北非运往伦敦的 100 吨硅藻土货物在被告 B 保险公司投保了一切险。保险单规定承保"一切造成损失或损害的风险，不论损失的比例如何"。两张保险单均规定了施救条款，且保险单加入了协会货物保险条款第 6 条的规定："本保险决不承保保险标的固有缺陷或性质引起的损失、损害或者费用。"该批货物于 2016 年 6 月 5 日离开非洲，于 2016 年 6 月 12 日到达英国泰晤士河，并将货物硅藻土越过船舷卸至驳船，准备在 W 码头卸载。此时原告发现包装货物的许多纸袋已经破损，为了装载，原告重新包装了货物，并由此产生了一定费用。原告认为这些费用应该属于保险单中规定的施救费用，由此向被告索赔，但被告认为用纸袋包装的货物的损坏是包装上的固有缺陷，属于保险的除外责任，拒不赔付，由此产生诉讼。法院认为本案被保险的标的用纸袋包装不能承受正常运输的磨损，该包装在运输期间有缺陷，在驳船上发生的重新包装产生的特别费用是由于包装的固有缺陷导致的，而依协会货物保险条款第 6 条的规定"一切造成损失或损害的风险"是受到限制的，不包括重新包装的费用，这是由原告引起的，因此不能依据施救条款获得赔偿，因为保险单的承保范围是风险，而不是一个确定的事实。最后，法院判保险人胜诉，不必承担向被保险人赔偿的责任。

【评析】

本案中被保险人投保的是一切险。一切险承保范围除了包括平安险和水渍险所规定的自然灾害和意外事故责任之外，还负责承保货物在运输途中由于外来原因所造成的承保标的物的全部或部分的损失。尽管一切险是海上货物运输保险中范围最广的险别，但这并不意味着在保险责任期间内发生的一切损失保险人均应赔偿。保险合同中一般都会规定有除外责任条款。

本案中涉案保单中适用的《协会海上运输货物保险条款》第 6 款规定："除非保险单另有规定，对正常磨损、渗漏和破裂，保险标的固有缺陷或特性，或者鼠害或虫害造成的任何损失，或者不是海上风险造成的机器损坏，保险人不负赔偿责任。"由于本案中包装标的物的纸袋的缝隙处没有充分加固，有些地方甚至根本没有用胶粘加固，充分说明了本案货物的包装是有缺陷的，不足以抵御保险涉及的一般操作和运输。这种情况下对货物重新包袋所产生的特殊的费用应当属于海上货物保险中的"固有缺陷"。故结合条款规定，保险人不负赔偿责任。

（三）海上货物运输保险的保险期限

按照国际保险业的习惯，海运保险基本险采用的是"仓至仓条款"，即保险责任自被保险货物从原保险单所载明的起运地发货人仓库或储存处所开始运输时生效，包括正常运输过程中的海上、陆上、内河和驳船运输在内，直至该项货物到达保险单所载明目的地收货人的仓库为止。最长不超过被保险货物卸离海轮后 60 天。

在被保险人无法控制的情况下，致使保险货物无法运到原定卸载港而在途中被迫卸货、重装或转载，以及由此发生的运输延迟、绕道，保险责任即行终止。

五、工程保险

（一）工程保险的概念

工程保险是指承保工程项目在建设过程中可能出现的自然灾害和意外事故所造成的物质损失，以及被保险人依法应对第三人的人身伤亡和财产损失承担的民事赔偿责任的财产保险。通常，工程保险可分为建筑工程保险、安装工程保险和科技工程保险。安装工程保险的使用范围、内容与建筑工程保险基本相同，两者是承包工程项目中相辅相成的一对险种。本节仅讲解建筑工程保险的相关内容。

读一读

科技工程保险

科技工程保险是随着现代高科技、新技术的发展和广泛应用而发展起来的一类特殊工程保险。其虽与建筑工程保险和安装工程保险有很多相似之处，但更具专业技术性和科技开拓的危险性，且与现代科学技术的研究和应用直接相关。科技工程保险以具有危险集中、价值高昂、科技因素极高等特点的各种重大科技工程或科技产业为保险标的，主要包括海洋石油开发保险、航天工程保险、核能工程保险和其他科技工程保险等类型。

（二）建筑工程保险

1. 建筑工程保险的概念

建筑工程保险是指以各类建筑工程为保险标的，当保险标的因自然灾害和意外事故遭受物质损失，以及依法应对第三人的人身伤亡和财产损失承担民事赔偿责任时，保险人按照合同约定支付赔偿金的财产保险。其中，作为保险标的的各类建筑工程是指适用于各种民用、工业用和公共事业用的建筑工程，如房屋、道路、桥梁、港口、机场、水坝、道路、娱乐场所、管道及各种市政工程项目等。

2. 投保人及被保险人

凡在工程建设期间承担风险或具有可保利益关系的各方均可称为被保险人。建筑工程保险的被保险人大致包括以下几方：① 工程所有人，即建筑工程的所有者；② 工程承包人，包括主承包人和分承包人；③ 技术顾问，即建筑工程所有人聘请的建筑师、设计师、工程师和其他专业顾问，代表建筑工程所有人监督工程合同执行的单位或个人；④ 其他关系方，如贷款银行或债权人等。

由于建筑工程保险可同时有两个或两个以上的被保险人，应选出其中一方作为建筑工程保险的投保人，负责办理投保手续，代表自己和其他被保险人缴纳保险费，且将其他被保险人的利益包括在内，并在保险单上清楚地列明。由此，其中任何一位被保险人负责的项目发生保险范围之内的损失，都可分别从保险人那里获得相应的赔偿，无须根据各自的责任互相进行追偿。

3. 保险标的和保险金额

（1）建筑工程

建筑工程包括建筑工程合同内规定建筑的建筑物主体，建筑物内的装修设备，配套的道路设备、桥梁、水电设施等土木建筑项目，以及存放在施工场地的建筑材料设备和为完成主体工程而必须修建的、主体工程完工后即拆除或废弃不用的临时工程，如脚手架、工棚、围堰等。该保险项目的保险金额为工程完工时的总造价，包括设计费、材料设备费、施工费、杂运费、保险费、税款及其他费用。

（2）安装工程项目

安装工程项目是指建筑工程内部的安装项目，如取暖、照明、供水、空调等机器设备的安装项目。该项目保险金额按重置价投保。

（3）施工机具设备

施工机具设备指设备在施工现场，作为施工用品的机具设备，如吊车、叉车、挖掘机、压路机、搅拌机等。施工机具设备一般为承包商所有，不包括在建筑工程价内，这些设备应在保险清单上列明机器的名称、型号、制造厂家、出厂年份和保险金额。施工机具设备应按重置价单独投保。

（4）场地清理费用

场地清理费用指保险标的受到损坏时，为拆除受损标的、清理灾害现场、运走废弃物等，以便进行修复工程所发生的费用。该项目费用一般不包括在建筑合同价格内，需单独投保。对大工程而言，该项保险金额一般不超过合同价格的 5%；对小工程而言，保险金额不超过合同价格的10%。

（5）第三者责任

第三者责任即工程保险期内因被保险人的原因造成第三者（如工地附近居民、行人及外来人员）的人身伤亡或财产损失而应由被保险人承担的责任范围。保险金额由被保险人根据其承担损失能力的大小、意愿及支付保费的多少来决定，一般应在保险单中列明保险人对同一原因发生一次或多次保险事故引起的财产损失和人身伤亡的赔偿限额。

4. 保险责任

（1）物质损失部分的责任范围

在保险期内，若被保险财产在列明的责任范围内，因自然灾害或意外事故造成的物质损坏或灭失，保险人按保险单的规定负责赔偿。自然灾害是指地震、海啸、雷电、飓风、台风、龙卷风、暴风、洪水、水灾、冻灾、冰雹、地崩、山崩、雪崩、火山爆发、地面下沉及其他人力不可抗拒的破坏力强大的自然现象；意外事故是指不可预料的以及被保险人无法控制并造成物质损失或人身伤亡的突发性事件，包括火灾和爆炸。另外，保险人对盗抢、工人和技术人员违反操作规程或破坏行为、原材料或工艺不善引起的其他财产损失也负赔偿责任。

（2）第三者责任部分的责任范围

在保险单有效期间，因保险事故造成工地及邻近的第三者人身伤亡或财产损失，依法应由被保险人承担经济赔偿责任的，均可由保险人按保险条款规定赔偿，包括事先经保险人书面同意的被保险人因此而支出的诉讼费用，但不包括罚款。最高赔偿不得高于保险单明细表中规定的每次事故的赔偿限额或保险单有效期内累计赔偿限额。

5. 保险期限

（1）保险责任的开始

以投保工程破土动工日或自承包项目所用材料卸至工地时开始，两者以先发生者为准。但保险财产在到达工地之前的运输过程中或到达工地后的卸货过程中造成的损失不属于建筑工程保险的保险责任。保险财产运至工地后，在工地内储存期间或在工地范围内运输搬运过程中造成的损失均属于建筑工程保险的保险责任。

（2）保险责任的终止

保险责任的终止日可以根据下列情况确定：保险单规定的终止期、工程建筑完毕移交、工程所有人开始使用、机器设备试车，一般以先发生者为准。如果是保险工程部分移交，则移交部分的保险责任终止；若工程所有人部分使用，则该使用部分的保险责任终止。

（3）延长保险期限

保险期限终止后，若投保工程不能如期完成，被保险人可提前向保险人申请延长保险期限。保险人通过加批保险单对原约定的保险期限予以延长。

（4）保证期

工程项目完工验收合格后，还有一个保证期。保证期是指根据工程合同的规定，承包商对于所承建的工程项目在工程验收并交付使用之后的一定时期内，如果建筑物或被安装的机器设备存在质量问题，甚至造成损失的，承包商对于这些质量问题和损失应承担修复或赔偿责任。若工期延长，保证期随之顺延。保证期不包含在工期内，投保与否由投保人自己决定，若需投保必须增加保费，通常为 12 个月。

6. 赔偿处理

（1）物质损失的赔偿

部分物质损失的赔偿以将被保险财产修复至其受损前状态所需的费用扣除残值和免赔额后的金额为准。其中，修复费用包括修复所需的材料费用、运费、工资等。若修复费用高于受损标的的保险金额，对于超出部分，保险人不承担赔偿责任。

全部物质损失的赔偿以被保险财产损失前的实际价值扣除残值和免赔额后的金额为准。最高不超过受损财产的保险金额。

（2）第三者责任的赔偿

第三者责任的最高赔偿金额不得高于保险单明细表中规定的每次事故的赔偿限额或保险单有效期内累计赔偿限额。

（3）代位求偿

如果损失是由第三者造成的，保险人在对被保险人进行赔偿之后，就取得了代位求偿的权利。

六、农业保险

（一）农业保险的概念

农业保险是指农业生产者以其种植的农作物或者养殖的畜禽等为保险标的，保险人在保险标的遭受自然灾害和意外事故等保险事故造成经济损失时支付保险赔偿金的保险。

（二）农业保险的特征

基于农业生产的特殊性，农业保险具有如下特征。

1. 保险标的种类繁多

农业保险的保险标的的种类繁多，且价值不稳定。根据《农业保险条例》第 2 条的规定，农业保险的承保范围包括种植业、林业、畜牧业和渔业生产等诸多领域。由于作为保险标的的农作物和动物的生长都要经过一定的时间周期，在此周期内，资金的投入、物质资料的损耗、成本的回收、产品的收获也在不断变化，且往往受到自然灾害和市场价格的影响，因而保险标的的保险价值是变化且不稳定的。

2. 保险金额确定方式灵活多样

我国幅员辽阔，不同地区的自然条件不同，农业生产者从事的农业生产活动也有所区别，且农业产品品种繁多，因此在确定保险金额时往往采用灵活多样的方法，如针对农作物的保险金额，一般根据其处于生长期还是收获期而有所不同。

3. 保险责任以基本保障为原则

农业保险合同的目的在于补偿农业生产者因自然灾害和意外事故所遭受的经济损失，使其能够在受损后及时维持和恢复农业再生产，因此保险人支付的赔偿金数额以补偿被保险人投入农业生产的成本和部分预期利润为标准，而不及于全部预期利润。

（三）农业保险的分类

1. 种植业保险

种植业保险一般分为农作物保险和林木保险两大类。

（1）农作物保险

农作物保险是以各种农作物为保险标的，承保农作物在生长期和收获期遭受保险责任范围内的经济损失的一种保险，具体包括生长期农作物保险和收获期农作物保险。生长期农作物保险是以各种农作物为承保对象，以各种农作物在生长期间因自然灾害造成收获量减少或成本损失为承保责任的保险。收获期农作物保险是以农作物成熟后的初级产品为承保对象的短期风险保险，是生长期农作物保险的后续保险。

（2）林木保险

林木保险是承保林木生产期间因自然灾害所致风险损失的保险，林木保险以森林保险为主要内容，也可承保各种果树。

2. 养殖业保险

养殖业保险是以有生命的人工养殖动物为保险标的的保险。一般将其分为禽畜养殖保险和水产养殖保险。

（1）禽畜养殖保险

禽畜养殖保险是以有生命的禽畜类为承保对象的一种保险，保险的具体标的主要有商品性质的牛、马、猪、羊等家畜和鸡、鸭、鹅等家禽。

（2）水产品养殖保险

水产品养殖保险是指对利用淡水或海水水域进行人工养殖的虾、贝、藻、鱼、蟹、蚌等，在其遭受自然灾害或意外事故造成经济损失的情况下，提供经济补偿的一种保险保障方式。

（四）农业保险的保险金额

种植业保险金额的取得，与其他财产保险有所不同：① 对于生长期农作物保险的保险金额，一般采用农作物平均收获量或者生产成本的计算方式；② 对于收获期农作物保险的保险金额，一般按照测定的当年平均产量价值的八成承保，农作物的价格依据当地收购价和市场价计算；③ 对于以具有经济价值的天然林或人工林作为保险标的的森林保险，则按天然林、人工林划分档次，以亩为单位计算。

养殖业保险的保险金额的确定，依据保险标的的不同而有所不同：① 对于大牲畜保险，通过确定牲畜的市场价格来确定，或通过双方当事人之间协商确定保险金额；② 对于中小家畜保险，通常有保险人、投保人和公证人三方根据中小家畜的合理估价确定保险金额；③ 对于家禽保险，一是采用定额保额的方式，即合同中明确规定赔偿金额，二是变动保额，即根据家禽的生长规律，实行逐日变动的保额；④ 对于水产养殖保险，一般以承包的水面面积作为承包单位来确定保险金额，或按保险标的在收获时投入的成本作为最高保险金额，或是以市场价格或产品的销售价与产量作为确定保险金额的依据。

第三节　责任保险

一、责任保险概述

（一）责任保险的概念

责任保险是指以被保险人依法对第三者应承担的民事赔偿责任为保险标的，当被保险人因承保范围内的致害行为导致第三人人身伤亡或财产损失而依法应承担民事赔偿责任时，由保险人负责赔偿的一种财产保险。

例如，汽车、轮船肇事造成他人的人身伤亡或财产损失，企业产品缺陷造成消费者的财产损失或人身伤亡等，致害人均必须依照有关法律或合同的规定对受害人承担经济赔偿责任。如果致害人投保了责任保险，便将这一风险转嫁给了保险人，一旦责任事故发生，就由保险人承担致害人（被保险人）应向受害人赔偿的经济利益损失。

（二）责任保险的特征

责任保险属于广义财产保险的范畴，是一种无形的、没有实体的财产保险。责任保险虽与一般财产保险一样都是赔偿性质的保险，但它们之间又存在差异。责任保险的特征主要表现在以下几个方面。

1. 责任保险的产生基础是法律的健全与完善

法制的健全与完善是责任保险产生与发展的基础。正是由于人们在社会中的行为受到法律的制约，才会发生因为触犯法律造成他人的身体及财产受损，并因此承担相应的损害赔偿责任。

2. 责任保险的保险标的是民事赔偿责任

在保险实务中，凡是社会成员在日常的生产和生活中有可能依法承担的民事赔偿责任，都可以向保险人投保，使其成为责任保险合同的保险标的。但是，作为民事赔偿责任的保险标的须具备以下要件：① 应当在保险合同有效期间内发生应承担民事责任的事实；② 应当是被保险人基于过失或无过失而承担的民事赔偿责任，若是故意违法行为所产生的民事责任，保险人则不承担赔偿责任；③ 应当是被保险人向第三人承担的民事赔偿责任，即责任保险实际上是为第三人的利益而承保，故当被保险人的人身或财产发生损失时，保险人不承担保险责任。

3. 责任保险补偿对象的替代性与保障性

责任保险的直接补偿对象是与保险人签订保险合同的被保险人（致害人），间接补偿对象是受害人，保险金最终归受害人所有。所以，责任保险既代替了被保险人（致害人）的赔偿责任，又保障了受害人应有的合法权利，是一种双重保障机制。

4. 责任保险的保险金额具有限额化

责任保险的保险标的是无形的民事法律风险，无法用货币来衡量，且每个被保险人责任风险的大小也是事先无法预估的，其损害后果也是不确定的，因此保险人对基于风险产生的民事赔偿责任也无法通过保险价值来界定。故在订立保险合同时，投保人和保险人不约定保险金额，只约定保险责任的最高限额，而保险人给付保险金额均以合同约定的最高限额为限。

5. 责任保险的承保方式具有多样性

在保险实务中，责任保险的承保方式可以分为三种情形：① 独立承保方式，保险人将民事赔偿责任作为专门的保险责任予以承保，签发专门的责任保险单。② 附加承保方式，保险人将民事赔偿责任作为附加险，与被保险人参加的其他财产保险一并承保，即一般财产保险是主险，责任保险是附加险。③ 组合承保方式，保险人将民事赔偿责任作为基本责任的一部分予以承保，不必签订单独的责任保险合同，也无须签发附加或特约条款。

二、责任保险的种类

（一）公众责任保险

1. 公众责任保险的概念

公众责任保险是指以被保险人的过失行为或意外事故造成公众的人身或财产损失而依法应当承担的民事赔偿责任为保险标的的责任保险。公众责任的形成，以致害人在法律上负有经济赔偿责任为前提，其法律依据是各国的民法及各种有关的单行法规制度。

2. 公众责任保险的适用范围

公众责任保险主要承保的是被保险人在保险期间内、在保险地点进行生产经营或其他各项活动的过程中，由于意外事故而造成第三者人身伤害或财产损失，依法应由被保险人所承担的各种经济赔偿责任。工厂、办公楼、住宅、商店、旅馆、医院、影院及展览馆等各类公共场所均可投保公众责任保险。

3. 公众责任保险的保险责任

公众责任保险的保险责任范围包括：① 在保险期间内，被保险人在保险合同载明的区域范围内因经营业务发生意外事故，造成第三者的人身伤亡或财产损失和损害，依法应由被保险人承担的经济赔偿责任；② 保险事故发生后，被保险人因保险事故而被提起仲裁或诉讼的，对应由被保险人支付的仲裁或诉讼费用及事先经保险人书面同意支付的其他必要的、合理的法律费用。

一般而言，公众责任保险的除外责任主要有：① 被保险人故意行为引起的损害事故；② 战争、内战、叛乱、暴动、骚乱、罢工或封闭工厂引起的任何损害事故；③ 人力不可抗拒的原因引起的损害事故；④ 核事故引起的损害事故；⑤ 有缺陷的卫生装置及除一般食物中毒以外的任何中毒；⑥ 由于震动、移动或减弱支撑引起的任何土地、财产或房屋的损坏责任；⑦ 被保险人的雇员或正在为被保险人服务的任何人所受到的伤害或财产损失；⑧ 各种运输工具的第三者或公众责任事故；⑨ 保险单上列明的其他除外责任等。

典型案例

2017 年 4 月 29 日，薛某带着 7 岁的儿子杨某在一家酒店吃饭。席间，杨某从楼梯间旁的包间出来，与端汤上楼梯的服务员王某发生碰撞，导致热汤倾洒烫伤杨某。杨某被送往市人民医院治疗，全身多处烫伤。因烫伤伤口过深，疤痕持续增生，杨某后又至某大学附属医院门诊部、某医疗美容门诊部等多家医疗机构检查、治疗，共花费医疗费 5 641.96 元。后薛某要求酒店赔偿杨某医疗费、住院伙食补助费、护理费、交通费、营养费、精神损害抚慰金等各项损失 26 328.60 元。经协商，酒店承担杨某各项损失的 85%，即赔付 22 379.31 元。因该酒店在某保险公司投保了公众责任保险，随后，酒店向保险公司提出赔偿其损失 22 379.31 元。

保险公司认为，酒店赔偿杨某的各项损失是出于人道的自愿补偿，杨某的受伤主要是监护人在公众场所未尽监护职责造成的，酒店无须承担侵权之责，保险公司也不存在赔偿的义务，故拒绝了酒店提出的赔偿要求。遂该酒店将其告上法庭。

法院经审理认为，酒店与保险公司之间签订的公共责任保险合同合法有效，保险合同约定，由于雇员的过失造成他人人身伤害或财产损失依法应由被保险人承担的经济赔偿责任由保险人负责赔偿。本案中，酒店雇员张某采用传统的托盘传菜，该传菜方式存在较大的安全隐患，张某未采取有效的保障措施以确保被碰撞后热汤不倾洒致伤他人，这是导致杨某受伤的主要原因，且张某的行为系职务行为。薛某作为监护人在公众场所未尽到监护之责是本起事故的次要原因。酒店承担杨某各项损失的 85%于法有据。故保险公司应依照保险合同约定赔偿酒店已支付的经济赔偿 22 379.31 元。

【评析】

公众责任保险以被保险人依法应当承担的公众责任为保险标的。本案中，酒店与保险公司签订了公众责任保险合同，酒店服务员张某在传菜过程中因未采取安全措施致他人身体受到伤害，属于酒店在经营活动中因雇员的疏忽行为发生的意外事故，酒店依法应承担相应的经济赔偿责任，这一经济赔偿责任已通过酒店投保公众责任保险的方式转嫁给了保险公司，因此，保险公司应承担酒店已赔偿的相应损失。

4. 公众责任保险的赔偿限额

赔偿限额既是公众责任保险人承担经济赔偿责任的最高额度，也是厘定费率、计算保险费的重要因素。确定工作责任保险的赔偿限额通常有两种方法：① 规定每次事故赔偿限额，但不规定累计限额；② 规定每次事故赔偿限额，并规定保险期限内的累计限额。

5. 公众责任保险的赔偿

当发生公众责任保险事故时，保险人的理赔应当以受害人向被保险人提出有效索赔并被法律认可为前提，以赔偿限额为保险人承担责任的最高限额，并根据规范化的程序对赔案进行处理。

（二）产品责任保险

1. 产品责任保险的概念

产品责任保险是指以产品的制造商或销售商因其生产、销售或提供的产品存在缺陷而造成第三者人身伤害或财产损失所应承担的产品质量责任为保险标的的责任保险。产品责任保险的目的在于保护产品的制造商或销售商免受因其产品的使用而造成他人人身或财产损害而承担赔偿责任的损失。

2. 产品责任保险的投保人和被保险人

制造商、销售商、修理商等一切可能对产品事故造成损害负有赔偿责任的人，都具有可保利益，都可以投保产品责任保险。

除投保人外，经投保人申请并同意后，还可以将其他有关方作为被保险人，必要时需加保费，并规定对各被保险人的责任互不追偿。但在各关系方中，制造商应承担最大风险。若其他有关各方已将产品重新装配、改装、修理、改换包装或使用说明书，并因此引起产品事故，则应由有关各方负责，其他凡产品原有缺陷引起的问题，最后都要追溯至制造商的责任。

3. 产品责任保险的保险责任

产品责任保险的保险责任范围包括：① 在产品责任险保险有效期内，由于被保险人所生产、出售的产品或商品在承保区域内发生事故，造成使用、消费或操作该产品或商品的人或其他任何人的人身伤害、疾病、死亡或财产损失，依法应由被保险人负责时，保险公司根据本保险单的规定，在约定的赔偿限额内负责赔偿；② 对被保险人应付索赔人的诉讼费用及经本公司书面同意负责的诉讼及其他费用，保险公司亦负责赔偿，但本项费用与责任赔偿金额之和以本保险单明细表中列明的责任限额为限。

产品责任保险的除外责任主要包括：① 根据合同或协议应由被保险人承担的其他人的责任；② 根据劳工法律制度或雇佣合同等应由被保险人承担的对其雇员及有关人员的损害赔偿责任；③ 被保险人所有、照管或控制的财产的损失；④ 产品仍在制造或销售场所，其所有权仍未转移至消费者手中时的责任事故；⑤ 被保险人故意违法生产、出售或分配的产品造成的损害事故；⑥ 被保险产品本身的损失；⑦ 不按照被保险产品说明安装、使用或在非正常状态下使用时造成的损害事故等。

典型案例

李某在家中吃饭，不慎将餐桌上的一瓶啤酒碰倒，引起爆炸，飞溅的玻璃瓶碎片将李某的右眼球扎伤。经鉴定为伤残六级。于是，李某提起诉讼，要求该啤酒厂赔偿经济损失 6 000 元。

对于啤酒厂是否应承担赔偿责任，有两种不同意见：一种认为在产品侵权责任构成要件中，必须有残缺产品、损害事实和因果关系。因此，原告李某必须对被告的啤酒瓶存在缺陷承担举证责任，只有其证明被保的产品是缺陷产品，产品侵权责任才能成立，被告啤酒厂才会在没有免责事由的情况下承担侵权责任。另一种意见认为，在产品侵权责任中，啤酒瓶爆炸的本身就已经说明了该产品是缺陷产品，原告对此无须承担举证责任，必须由被告举证其产品不是缺陷产品后，才能免责，否则，应负赔偿责任。

【评析】

产品侵权责任构成要件为：① 须有缺陷产品；② 须有人身、财产的损害事实；③ 缺陷产品与损害事实之间存在相当因果关系。一般来说，这些构成要件应当由原告承担举证责任，否则，被保险人无须承担侵权责任。但是，根据《最高人民法院关于民事诉讼证据的若干规定》第9条第1款第3项的规定，能够从日常生活经验法则中推定出另一事实的，当事人无须承担举证责任。在本案中，啤酒瓶是否存在缺陷是双方争执的关键问题，缺陷一般是指一种不合理的危险，且该危险危及他人人身和财产的安全。按照日常生活经验，一个人在正常情况下对一件产品应具有安全性的期望，在该产品对其产生损害事实的情形下，可以推断被告生产的爆炸的啤酒瓶是存在制造缺陷或指示、说明缺陷，无须原告对被告的啤酒瓶进行缺陷证明。如果被告不能提出反证及免责事由，则应承担侵权责任。因此，啤酒厂应承担李某的经济损失。

4. 产品责任保险的赔偿限额

产品责任保险通常规定两项赔偿限额：① 每次事故的赔偿限额和保险单累计赔偿限额，即保险人对每次产品事故规定一个最高赔偿金额，同时对保险期限内的累计赔偿规定一个最高限额。② 每项限额分为人身伤害和财产损失两类，因产品导致消费者人身伤害或财产损失时，分别使用各自的限额。由保险人负责的诉讼抗辩费用在赔偿限额以外赔付，但不得超过赔偿限额。

5. 产品责任保险的赔偿处理

在产品责任保险的理赔过程中，保险人的责任通常以产品在保险期内发生事故为基础，而不论产品是否在保险期内生产或销售。在保险生效前生产或销售的产品，只要在保险有效期内发生保险责任事故并导致消费者或其他任何人的财产损失和人身伤亡，保险人均予以负责；反之，即使在保险有效期内生产或销售的产品，如果不是在保险有效期内发生保险责任事故，保险人则不会承担责任。

对于赔偿标准的掌握，仍然以保险双方在签订保险合同时确定的赔偿限额为最高额度，它既可以每次事故赔偿限额为标准，也可以累计的赔偿限额为标准。生产、销售、分配的同批产品由于同种原因造成多人人身伤害、疾病、死亡或多人财产损失的，均被视为一次事故造成的损失，适用于每次事故的赔偿限额。

（三）雇主责任保险

1. 雇主责任保险的概念

雇主责任保险是指以作为被保险人的雇主对其雇员在受雇期间因工作遭受意外伤、残、死亡或患有与职业有关的疾病而依法应承担的民事赔偿责任为保险标的的责任保险。

2. 雇主责任保险的保险责任

雇主责任保险的保险责任范围包括：① 被保险人所雇用的员工，在保险有效期内，在受雇过程中，从事保险单所载明的被保险人的业务有关工作时，遭受意外而致受伤、死亡或患与业务有关的职业性疾病所致伤残或死亡，被保险人根据雇用合同，须付医药费及经济赔偿责任；② 被保险人处理保险责任范围内的索赔时支付的法律费用。

但下列原因导致的责任事故通常除外不保：① 战争、暴动、罢工、核风险等引起雇员的人身伤害；② 被保险人的故意行为或重大过失；③ 被保险人对其承保人的雇员所负的经济赔偿责任；④ 被保险人的合同项下的责任；⑤ 被保险人的雇员因自己的故意行为导致的伤害；⑥ 被保险人的雇员由于疾病、传染病、分娩、流产，以及因此而施行的内、外科手术所致的伤害等。

3. 雇主责任保险的赔偿

在处理雇主责任保险赔偿时，保险人必须首先确认受害人与致害人之间是否存在雇佣关系。雇主责任保险的赔偿限额，通常是固定若干个月的工资收入，即以每一位雇员若干个月的工资收入作为其发生雇主责任保险时的保险赔偿额度，每一位雇员只适用于自己的赔偿额度。

如果保险责任事故是第三者造成的，保险人在赔偿时仍然使用去权益转让原则，即在赔偿后可以代位求偿。

典型案例

2016 年年底，某厂为其全体员工投保了雇主责任保险。2017 年年初，该厂职工赵某由于操作升降机不当，导致脚部压伤，治疗期间共花费医药费、误工费等 2 万元。2017 年 4 月 28 日，保险公司做出了赔款 19 200 元的理赔决定。事后，赵某得知保险公司赔款 19 200 元，而厂方只付给他 8 000 元时，心里极不平衡，与厂方大闹了一场。那么，厂方应该全额赔偿还是部分赔偿赵某呢？

【评析】

厂方应全额赔偿赵某。因为厂方投保的雇主责任保险就是把应由厂方承担的责任风险转嫁给保险公司。假如雇佣合同中标明发生的工作事故由厂方负全责，那么厂方就应付给赵某 2 万元（保险公司给付 19 200 元，厂方支付 800 元）的全额赔款；假如雇佣合同中标明发生事故后厂方与事故责任者各负 50% 的责任，那么厂方就应付给赵某 1 万元，另 1 万元由赵某自负，保险公司应是在 1 万元内确定具体赔偿额。

（四）职业责任保险

1. 职业责任保险的概念

职业责任保险是指以各种专业技术人员因工作上的疏忽或过失给他人造成的人身或财产损害的民事赔偿责任为保险标的的责任保险。

职业责任包含如下含义：① 作为被保险人的专业技术人员应当具有合法执业资格；② 造成他人人身伤害和财产损失的致害行为应当出于专业技术人员的疏忽或过失；③ 致害行为应当是专业技术人员在从事相应的专业技术工作过程中实施的；④ 实施致害行为的后果是承担民事赔偿责任，刑事责任和行政责任的不能作为保险标的。

2．职业责任保险的投保人范围

目前，职业责任保险在保险市场上较为适用的是医生、药剂师、会计师、律师、建筑师、美容师、经纪人、代理人、工程师等技术工作者。职业责任保险通常由提供各种专业技术服务的单位投保的团体业务，如医院、设计院、律师事务所、会计师事务所等。个体职业技术人员，则由其本人投保个人职业责任保险。

3．职业责任保险的承保方式

职业责任保险有如下两种承保方式：

（1）以事故发生为基础承保

在此承保方式下，保险公司仅对在保险有效期内发生的职业责任负责，而不管受害方是否在保单有效期内提出索赔，其实质是延长了保险责任期限。该方式的优点在于，保险人支付的赔款与其保险期内实际承担的风险责任相适应。缺点是保险人在该保险单项下承担的赔偿责任往往要经过很长时间才能确定，而且因为货币贬值等因素，受害方最终索赔的金额可能大大超过职业责任保险事故发生当时的水平或标准。在这种情况下，保险人通常规定赔偿责任限额，同时明确一个后延截止日期。

（2）以索赔为基础承保

该承保方式是保险公司仅对保险有效期内，受害人向被保险人提出的有效索赔负赔偿责任，而不管导致该索赔案的事故是否发生在保险有效期内。由于从职业责任的发生到受害方提出索赔，可能会间隔较长时间，使保险人对被保险人投保以前的职业责任负责，从而扩大了保险人的风险责任。因此，保险人通常会在保单内规定追溯日期，约定仅对追溯日以后发生的职业责任，并在保单有效期内提出的索赔负责。

例如，某职业责任保险产品的有效期为2017年1月1日至2017年12月31日，追溯日为2015年1月1日，则保险人仅对被保险人在2015年1月1日后发生的职业责任，并在2017年1月1日至2017年12月31日期间提出的索赔负责。对于追溯日期的确定，如果被保险人是第一次投保，由双方协商确定一个合适的日期；若非第一次投保，则通常以首次投保职业责任保险的保单有效开始日作为追溯日期。

4．职业责任保险的保险责任

职业责任保险保险人的责任范围包括：① 被保险人、被保险人的前任、被保险人的雇员及从事该业务的雇员的前任因职业上的疏忽和过失对他人造成的财产损失或人身伤害所要承担的赔偿责任；② 因赔偿纠纷引起的诉讼抗辩费用及经保险人同意的有关费用。

职业责任保险的除外责任主要有：① 因文件的灭失或损失引起的任何索赔；② 因被保险人、被保险人的前任、被保险人的雇员及从事该业务的雇员的前任的欺诈、犯罪及其他故意行为所引起的索赔；③ 被保险人在投保或保险有效期间不如实告知的情况所引起的任何索赔；④ 因被保险人恶意中伤或诽谤行为而引起的索赔；⑤ 职业责任事故造成的间接损失或费用。

5．职业责任保险的赔偿

保险人对赔偿金通常规定一个累计的赔偿限额，法律诉讼费用则在赔偿金之外另行计算，但如果保险人的赔偿金仅为被保险人应付给受害方的总赔偿金的一部分，则该项费用应当根据各自所占的比例进行分摊。

第四节　信用保险和保证保险

信用保险和保证保险都是以市场经济活动中的信用风险作为保险标的的财产保险，只是根据承保方式的不同而进行了划分。

一、信用保险

（一）信用保险的概念

信用保险是指以信用风险作为保险标的，保险人对于被保险人（债权人）因债务人不能履约而遭受的经济损失承担保险赔偿责任。在信用保险合同中，投保人与被保险人是一致的，保险人承保的是债务人不履行义务的信用风险。

（二）信用保险的分类

1.出口信用保险

出口信用保险是指保险人与出口商之间就保险人对出口商因其债务人不履行合同义务而遭受的经济损失承担保险赔偿责任的保险。出口信用保险保障的是本国出口商的收汇风险，或外国进口方不守信用的风险。与其他商业性保险不同的是，出口信用保险一般由国家政府资助参与业务管理，其目的是提升本国产品的国际竞争力，推动本国的出口贸易，保障出口商的收汇安全和银行的信贷安全。

2.投资信用保险

投资信用保险是指保险人对被保险人（本国投资者）在外国投资期间因投资国的政治原因造成的投资损失承担保险赔偿责任的保险。由于投资信用保险承保的是国家政治风险，该类保险通常是由政府特设机构或指定的机构办理。

3.国内信用保险

国内信用保险是指保险人对国内工商企业（债权人）因债务人不履行义务而遭受的损失承担保险赔偿责任的保险。它主要承保当商品交易采取延期或分期付款时，卖方因买方不能如期偿还全部或部分货款而遭受的经济损失。

通常，国内信用保险的保证人是买方，被保险人是卖方，保险人向卖方提供信用的保障。其承保的风险多为商业风险，一般不承保政治风险。

二、保证保险

（一）保证保险的概念

保证保险是指以债务人（投保人）因自身信用所涉及的违约行为为保险标的，保险人对债务人违约导致债权人（被保险人）遭受的经济损失承担保险赔偿责任。保证保险合同的主体涉及三方当事人，即保险人、作为投保人的债务人、作为被保险人的债权人。与信用保险合同不同的是，保证保险合同的投保人和被保险人是分离的。

（二）保证保险的分类

1. 确实保证保险

确实保证保险是指保险人对债务人不履行法律或合同义务给债权人造成的经济损失承担保险赔偿责任的保险。其保险标的是被保证人的违约责任。确实保证保险分为以下几类。

（1）合同保证保险

合同保证保险是指保险人对因债务人不履行合同义务而造成的债权人经济损失承担赔偿责任的保险。常见的险种有履约保证保险、投保保证保险、预付款保证保险和维修保证保险。

（2）司法保证保险

司法保证保险是指保险人因对债务人不履行司法义务而造成的经济损失承担赔偿责任的保险，它又可分为诉讼保证保险和委托保证保险。

（3）许可证保证保险

许可证保证保险是指保险人对从事经营活动领取执照的人遵守法律法规或履行义务提供保险责任的保险。其主要适用于从事美容业、加油站、娱乐业，或者经营汽油、烟酒等业务的企业和个人。

2. 诚实保证保险

诚实保证保险又称雇员忠诚保证保险，是指保险人对雇主（被保险人）因其雇员的欺诈、伪造、隐匿、盗窃、违背职责等不诚实行为所遭受的经济损失承担保险赔偿责任的保险。

但并非雇员所有的不诚实行为都会导致保险人承担赔偿责任，只有同时具备以下三个条件时，保险人才承担保险责任：① 雇员的不诚实行为发生在保险期间内；② 雇员的不诚实行为发生在其受雇用期间（该期间连续未中断）；③ 雇员的不诚实行为发生在其从事雇佣工作的过程中，与其职业或职责有关。此外，被保险人在保险期间或保险期间结束后6个月内或其雇员死亡、被解雇或退休后6个月内发现其雇员的不诚实行为（以先发生者为准），也属于保险责任范围之内。

3. 产品质量保证保险

产品质量保证保险是指保险人对制造商、销售商或修理商因制造、销售或修理的产品的质量问题给使用者造成的经济损失承担保险赔偿责任的保险。

产品质量保证保险合同的保险责任包括三个部分：① 被保险产品因不具备产品应当具备的使用性能而事先未作说明的，或者不符合在产品或包装上注明采用的产品标准的，或者不符合以产品寿命，或实物样品等方式表明的质量状况，依法应由被保险人承担修理、更换退货责任的，保险人按照保险单载明的赔偿比例对被保险人负责赔偿实际损失；② 经保险人事先同意，因被保险产品修理、更换或退货而产生的应由被保险人承担的鉴定费、运输费和交通费；③ 保险事故发生后，被保险人因保险事故而被提起仲裁或者诉讼的，对应由被保险人支付的仲裁或诉讼费用及事先经保险人书面同意支付的其他必要的、合理的费用。

读一读

产品质量保证保险与产品责任保险的区别

（1）保险标的不同。产品责任保险的保险标的是产品责任；而产品质量保证保险的保险标的是产品质量违约责任。

（2）性质不同。产品责任保险是保险人针对产品责任提供的替代责任方承担因产品事故造成对受害方经济赔偿责任的责任保险；产品质量保证保险是保险人针对产品质量违约责任提供的带有担保性质的保证保险。

（3）责任范围不同。产品责任保险承保的是因产品缺陷致使消费者、用户或其他第三者遭受人身伤害或财产损失依法应负的经济赔偿责任，产品本身的损失通常不予赔偿；产品质量保证保险承保的是投保人因其制造或销售的产品质量有缺陷而产生的对产品本身的赔偿责任，即承保因产品质量问题所应负责的修理、更换产品的赔偿责任。

思考题

1. 财产保险的特征是什么？
2. 企业财产保险、家庭财产保险的标的范围分别是什么？
3. 企业财产保险、家庭财产保险的保险责任分别包括哪些？
4. 企业财产保险、家庭财产保险的业务分别是如何分类的？
5. 机动车辆保险的险别可分为哪些？不同险别的保险责任和除外责任是什么？
6. 海上货物运输保险的保险责任和除外责任分别是什么？
7. 建筑保险的保险标的可分为哪些？建筑保险如何进行赔偿处理？
8. 农业保险的特征是什么？它可分为哪几类？
9. 什么是责任保险？其特征是什么？其种类有哪些？
10. 什么是信用保险？什么是保证保险？两者分别该如何分类？
11. 信用保险与保证保险有哪些区别？

第八章

保险公司的经营规则

内容提要

　　保险组织是在保险领域内依法设立的专门经营保险业务的组织和个人。保险组织采取何种形式，与一国保险业的发展水平密切相关。目前，各国保险业普遍采取的保险组织类型是保险公司。为了规范保险市场秩序、保护保险当事人的合法权益，保险公司在进行保险业务活动时要遵守一定的法定准则。本章重点介绍了保险公司的形式，保险公司设立、变更和终止的法律规定，以及保险公司的经营规则。

学习目标

知识目标

- ⊃ 了解保险公司的形式
- ⊃ 了解保险公司设立、变更和终止的相关规定
- ⊃ 理解保险公司的经营规则

能力目标

- ⊃ 能够熟练运用保险公司的经营规则

引导案例

　　1997年12月1日原保险监管机构中国人民银行发布公告：鉴于永安财产保险股份有限公司存在严重违法、违规等问题，中国人民银行总行决定依据《保险法》有关规定，从1997年12月1日至1998年5月31日对永安财产保险股份有限公司实行为期半年的接管，接管期间由接管组行使该公司的一切经营管理权力，代行原董事会、监事会职责，被接管的永安财产保险股份有限公司的债权债务不因接管而变化，接管期间照常办理业务并受理已承保业务的理赔案。

　　永安财产保险股份有限公司是1996年1月22日经中国人民银行总行批准筹建的商业性财产保险公司，同年8月25日正式成立，其主要股东为国家电力、电子、邮电、有色金属、航天航空等行业的国有大型企业集团和骨干企业，注册资本为6.8亿元人民币，主要经营财产保险、责任保险、信用保险等业务。该保险公司是我国唯一一家在我国西部地区的财产保险公司，总部设在西安，营业区域为西北五省及山西省、四川省和重庆市。

　　永安财产保险股份有限公司是我国保险业恢复18年来首例被接管的保险公司，被接管的原因主要有两个：一是资本金问题，即资本金严重不足，其注册资本为6.8亿元，实际到位不足1亿元；二是违规经营，即存在异地展业的问题。

　　请思考：保险公司在经营过程中，应遵守哪些规则？

第一节　保险公司概述

一、保险公司的概念

　　保险公司是依法设立的、有独立的法人财产、专门经营保险业务的保险组织。保险公司是目前各国保险业普通采取的保险组织类型。

二、保险公司的形式

　　随着保险业的不断发展，保险公司的形式日益多元化，主要包括股份有限保险公司、有限责任保险公司、相互保险公司和专业自保保险公司四种形式。

（一）股份有限保险公司

　　股份有限保险公司是各国保险业存在最多的保险形式。它最早出现于荷兰，后因其组织较为严密健全，适合保险经营而逐渐为各国保险业普遍采用。股份有限保险公司通过投资者购买股票来募集保险公司的资本，投资者以其认购的股份为限享有股权，并对保险公司承担债务责任。

股份有限保险公司适用《公司法》的相关规定，但为了确保其偿付能力，维持稳定的保险经营秩序，保险业法对其规定了严于一般股份有限公司的规则。

目前，股份有限保险公司是我国保险公司的主要组织形式，如中国人寿财产保险股份有限公司、中国平安保险股份有限公司等。

提　示

保险业法又称保险业监管法，是国家对保险业进行监督和管理的法律规范体系。从各国的保险业立法来看，一般都涉及保险业的组织和经营规则、国家保险监管体制和监管形式等内容。

（二）有限责任保险公司

有限责任保险公司是由股东投资形成的并以自己的全部资产对外承担责任的保险公司。而公司股东则以投资的资本为限享有股权，并对公司债务承担有限责任。

与股份有限保险公司相比，有限责任保险公司的设立条件相对较低，组织机构设置简单，设立程序较为简便，因而在经营保险业务时，具有较强的灵活性和较高的运行效率。

（三）相互保险公司

相互保险公司是由具有相同保险需要的社会成员作为股东出资设立，并为组织成员提供风险保险的保险组织。与股份制保险公司相比，相互保险公司具有以下特点：① 投保人具有双重身份，既是公司的投资者，又是公司的被保险人；② 不以营利为目的，只重视互助和分红；③ 保险产品具有价格低、风险小的特征。

在保险业发达的国家，相互保险公司是一种重要的保险组织形态，也是保险业所特有的组织形态。

提　示

相互保险公司的经营方式是社员缴纳相当资金形成基金，用以支付创立费用、业务费用即担保资金，它是公司的负债，当公司填补承保业务损失后开始支付债务利息，同时在全部创立费用、业务费用摊销并扣除准备金之后偿还基金。

（四）专业自保保险公司

专业自保保险公司又称自保保险公司，是指非保险业的企业或跨国企业以自行保险为目的，作为母公司全额出资设立的专为其母公司提供保险服务的保险机构。自保保险公司附属于母公司，母公司直接影响并支配着该自保公司的运营，包括承保、索赔处理的政策和投资行为等。

我国境内的首家自保保险公司是于2013年12月成立的中石油专属财产保险股份有限

公司，其经营范围是中国石油及其关联企业的财产损失保险、责任保险、信用保险和保证保险，短期健康保险、意外伤害保险和上述业务的再保险，以及国家法律、法规允许的保险资金运用等业务。可以说，中石油专属财产保险股份有限公司是我国保险业创新的试点探索。

三、保险公司的设立、变更和终止

（一）保险公司的设立

我国《保险法》对保险公司设立的条件有明确规定。第 69 条规定，设立保险公司应当具备下列条件：

（1）主要股东具有持续盈利能力，信誉良好，最近三年内无重大违法违规记录，净资产不低于人民币 2 亿元；

（2）有符合本法和《中华人民共和国公司法》规定的章程；

（3）有符合本法规定的注册资本；

（4）有具备任职专业知识和业务工作经验的董事、监事和高级管理人员；

（5）有健全的组织机构和管理制度；

（6）有符合要求的营业场所和与经营业务有关的其他设施；

（7）法律、行政法规和国务院保险监督管理机构规定的其他条件。

第 70 条规定，设立保险公司，其注册资本的最低限额为人民币 2 亿元。国务院保险监督管理机构根据保险公司的业务范围、经营规模，可以调整其注册资本的最低限额，但不得低于本条第 1 款规定的限额。保险公司的注册资本必须为实缴货币资本。

（二）保险公司的变更

保险公司的变更是指保险公司组织上的变更，以及活动宗旨、业务范围上的变化。保险公司的变更必须向主管机关提出申请，经主管机关审查批准。

根据我国《保险法》的相关规定，保险公司的变更包括：变更名称；变更注册资本；撤销分支机构；公司分立或者合并；修改公司章程；变更出资额占有限责任公司资本总额5%以上的股东及其实际控制人，或者变更持有股份有限公司股份 5%以上的股东及其实际控制人。《保险公司管理规定》第 26 条在此基础上补充了"扩大业务范围"一项。

（三）保险公司的终止

保险公司的终止是指保险公司在存续过程中，由于法定事由的出现而终止业务经营，并按照法定程序消灭公司法人资格。保险业务的特殊性决定了保险公司的终止关系到众多投保人、被保险人的合法利益，因此，各国保险法均予以严格规制。保险公司的终止主要表现为解散和破产。

1. 保险公司的解散

保险公司的解散是指已经成立的保险公司，因公司章程的规定或法定事由出现而终止公司业务经营活动，开始公司的清算，处理未了结事务并使公司的法人资格消灭的法律行为。根据我国《公司法》的有关规定，公司解散有任意解散和强制解散两种情况。

任意解散即公司基于自己的意志而自愿终止公司的活动并消灭保险人资格。各国保险法一般限制保险公司的自愿解散，特别是严格限制经营长期人身保险业务的保险公司的自行解散。我国《保险法》也规定了经营有人寿保险业务的保险公司除分立、合并或者被依法撤销外不得解散。

强制解散是指公司由于法律或保险监督管理机关的命令而被迫解散。保险公司在经营过程中发生严重违法、违规行为，危害被保险人和公众利益的，可以由行政机关责令关闭，强制解散。我国《保险法》第 165 条规定："保险公司因违法经营被依法吊销经营保险业务许可证的，或者偿付能力低于国务院保险监督管理机构规定标准，不予撤销将严重危害保险市场秩序、损害公共利益的，由国务院保险监督管理机构予以撤销并公告，依法及时组织清算组进行清算。"保险公司宣告解散后，公司的权利能力受到限制，公司进入清算程序，同时，公司清算组成为公司对外代表人。

2. 保险公司的破产

保险公司的破产是指保险公司不能支付到期债务，经保险监督管理机构同意，由法院依法宣告破产，而终止公司业务经营活动并消灭其法人资格的一种法律行为。由于保险企业的破产可能会危害投保人、被保险人的合法权益，不利于社会秩序的稳定，各国保险法对保险企业的破产持谨慎态度。

保险公司破产，应由保险监督管理机构批准，并经人民法院宣告。需要注意的是，经营人寿保险业务的保险公司被依法撤销或被依法宣告破产的，其持有的人寿保险合同及准备金，必须转移给其他经营人寿保险业务的保险公司，不能达成转让协议的，由金融监督管理部门指定经营有人寿保险业务的保险公司接受。

保险公司宣告破产后，人民法院指定破产清算组，负责清理保险公司的债权债务。由于保险公司不同于其他企业，其破产清算应依照《破产法》和《保险法》规定的清算程序进行，以维护被保险人或受益人的利益。

第二节　保险公司的经营规则

保险经营规则是指各保险企业及其工作人员在保险经营的各个环节（即承保、防灾、理赔、投资）和再保险等保险经营活动中应当遵守的行为规则。保险经营规则既是保险监督管理机构对保险企业经营活动进行监督管理的法律依据，又是保险企业依法进行自我规范的基本准则。

一、业务范围及管理规则

（一）业务范围限制规则

保险公司的业务范围是指保险公司根据法律和公司章程的规定并由保险监管机构核

定的业务经营活动领域。由于各类保险业务具有各自不同的性质，经营方式和核算原理各有特点，各国保险业法对于保险公司的业务范围都有所限制。

我国对保险公司业务范围的限制实行如下规则：

（1）保险公司业务范围法定规则。即保险公司应当在国务院保险监督管理机构依法批准的业务范围内从事保险经营活动。

（2）原则上的分业经营原则。保险分业经营是指同一保险人不得同时兼营财产保险业务和人身保险业务。之所以实行分业经营原则，一是由财产保险和人身保险各自的特点决定的，两者在保险标的、保险期限、保险风险等方面有明显的区别。二是由经营技术方面的原因决定的，财产保险与人身保险在承保手续、保费计算及保险金的赔付方式等方面截然不同。若同一保险人兼营两者，难免会顾此失彼，两俱无成。三是基于经济方面的原因，若同一保险机构兼营财产保险和人身保险，必然造成业务庞杂，资金混合使用，难以保证稳定的偿付能力。因此，保险公司实行分业经营，有利于实现保险业规范化管理，有利于提高保险业水平，同时有利于保证保险公司有相应的赔付能力，维护被保险人的合法权益。

（3）经批准的兼业经营。即经营财产保险业务的保险公司经国务院保险监督管理机构批准，可以经营短期健康保险业务和意外伤害保险业务。

（二）业务管理规则

保险公司的业务管理规则是指各保险企业及其工作人员在保险业务管理过程中应当遵守的行为规范。业务管理规则既是保险监督管理机构对保险企业业务活动进行监督管理的法律依据，又是保险企业依法进行自我规范的基本准则。

1. 保险公司行为规则

（1）保险公司的不正当竞争行为

保险公司开展业务，应当遵循公平竞争的原则，不得从事不正当竞争。根据我国《反不正当竞争法》的相关规定，不正当竞争行为是指经营者违反本法规定损害其他经营者的合法权益，扰乱社会经济秩序的行为。具体来说，保险业中存在的不正当竞争行为包括：① 《反不正当竞争法》中列举的混淆行为、虚假宣传、商业贿赂、侵犯商业秘密、低价倾销、不正当有奖销售以及诋毁商誉行为等。② 《反垄断法》规定的垄断协议，滥用市场支配地位，具有或者可能具有排除、限制竞争效果的经营者集中等三类经济性垄断行为。

（2）保险公司的关联交易行为

关联交易是指公司或是附属公司与在本公司直接或间接占有权益、存在利害关系的关联方之间所进行的交易。根据《保险法》的规定，保险公司应当按照国务院保险监督管理机构的规定，建立对关联交易的管理制度。保险公司的控股股东、实际控制人、董事、监事、高级管理人员不得利用关联交易损害公司的利益。

（3）保险公司的信息披露

《保险法》规定，保险公司应当按照国务院保险监督管理机构的规定，建立信息披露制度。保险公司应当按照国务院保险监督管理机构的规定，真实、准确、完整、及时地披露财务会计报告、偿付能力信息、风险管理状况、保险产品经营情况等重大事项。

2. 保险公司员工行为规则

保险公司员工的行为规则是指保险企业的工作人员在执行、履行职责时所应遵守的行为准则。我国《保险法》明确规定，保险公司及其工作人员在保险业务活动中不得有下列行为：

（1）对保险产品作引人误解或者与事实不符的宣传或者说明；

（2）欺骗投保人、被保险人或者受益人；

（3）对投保人隐瞒与保险合同有关的重要情况；

（4）阻碍投保人履行本法规定的如实告知义务，或者诱导其不履行本法规定的如实告知义务；

（5）给予或者承诺给予投保人、被保险人、受益人保险合同约定以外的保险费回扣或者其他利益；

（6）未按照规定或者约定的期限履行保险合同约定的赔偿或者给付保险金义务；

（7）拒不依法履行保险合同约定的赔偿或者给付保险金义务；

（8）故意编造未曾发生的保险事故、虚构保险合同或者故意夸大已经发生的保险事故的损失程度进行虚假理赔，骗取保险金或者牟取其他不正当利益；

（9）挪用、截留、侵占保险费；

（10）委托未取得合法资格的机构从事保险销售活动；

（11）利用开展保险业务为其他机构或者个人牟取不正当利益；

（12）利用保险代理人、保险经纪人或者保险评估机构，从事以虚构保险中介业务或者编造退保等方式套取费用等违法活动；

（13）唆使、诱导保险代理人从事违背诚信义务的活动；

（14）以捏造、散布虚假事实等方式损害竞争对手的商业信誉，或者以其他不正当竞争行为扰乱保险市场秩序；

（15）泄露、出售或者非法向他人提供在业务活动中知悉的投保人、被保险人的商业秘密或者个人信息；

（16）违反法律、行政法规和国务院保险监督管理机构规定的其他行为。

读 一 读

中国平安保险（集团）股份有限公司

中国平安保险（集团）股份有限公司（以下简称"中国平安""公司""集团"）于 1988 年诞生于深圳蛇口，是中国第一家股份制保险企业，已发展成为融保险、银行、投资三大主营业务为一体、核心金融与互联网金融业务并行发展的个人金融生活服务集团之一。公司为香港联合交易所主板及上海证券交易所两地上市公司，股票代码分别为 2318 和 601318。

中国平安致力于成为国际领先的个人金融生活服务提供商，坚持"科技引领金融，金融服务生活"的理念，聚焦"大金融资产"和"大医疗健康"两大产业，围绕保险、银行、资产管理、互联网金融四大板块，为客户创造"专业，让生活更简单"的品牌体验，获得持续的利润增长，向股东提供长期稳定的价值回报。

中国平安是国内金融牌照最齐全、业务范围最广泛、控股关系最紧密的个人金融生活服务集团之一。平安集团旗下子公司包括平安寿险、平安产险、平安养老险、平安健康险、平安银行、平安信托、平安证券、平安大华基金等，涵盖金融业各个领域，已发展成为中国少数能为客户同时提供保险、银行及投资等全方位金融产品和服务的金融企业之一。此外，经过多年的部署和努力，2016 年平安互联网业务蓬勃发展，互联网用户规模高速增长。截至 2016 年 12 月 31 日，平安互联网用户规模约 3.46 亿，较年初增长 43.4%。

中国平安拥有 110 万名寿险销售人员和约 31.8 万名正式雇员。截至 2016 年 12 月 31 日，集团总资产达 5.58 万亿元，归属母公司股东权益为 3 834.49 亿元。从保费收入来衡量，平安寿险为中国第二大寿险公司，平安产险为中国第二大产险公司。

中国平安是中国金融保险业中第一家引入外资的企业，拥有完善的治理架构，国际化、专业化的管理团队。公司一直遵循对股东、客户、员工、社会和合作伙伴负责的企业使命和治理原则，在一致的战略、统一的品牌和文化基础上，确保集团整体朝着共同的目标前进。通过建立完备的职能体系，清晰的发展战略，领先的全面风险管理体系，真实、准确、完整、及时、公平对等的信息披露制度，积极、热情、高效的投资者关系服务理念，为中国平安持续稳定的发展提供保障。

中国平安秉承"专业创造价值"的文化理念，在为股东、员工、客户创造价值的同时，也积极履行企业的社会责任，追求与各利益相关方的合作双赢，共同进步。公司多年来在教育慈善、环境保护及志愿者服务等公益事业中持续投入，深耕发展，运用互联网平台将公益提升到 3.0 时代，积极回应社会热点问题，引导员工、客户和公众共同参与社会公益活动。公司因此获得广泛的社会褒奖：连续十五年获评"中国最受尊敬企业"称号，连续十年荣获"最具责任感企业"赞誉，多次荣获国际环保大会颁发的"国际碳金奖"。

二、保险公司偿付能力规则

偿付能力是指保险公司偿还到期债务的能力，即保险公司履行赔偿或给付保险金责任的能力，它通常被作为保险公司财务状况良好的最低标准。

保险公司的偿付能力一般分为两种，即实际偿付能力和最低偿付能力。实际偿付能力是在某一时点上（通常为会计年度末），保险公司实际资产减去实际负债的差额。这里所指的实际资产是保险监管部门的认可资产，实际负债也是保险监管部门的认可负债。最低偿付能力是有保险法律或主管部门规定的，保险公司在存续期间必须达到的保险公司实际资产减去实际负债的差额的标准。由于各国保险法规对认可资产和认可负债的规定不同，各国保险公司的最低偿付能力标准也存在差异。

（一）对偿付能力的规定

根据我国《保险法》的规定，保险公司应当具有与其风险程度相适应的最低偿付能力。保险公司的偿付能力应当符合下列要求：① 核心偿付能力充足率和综合偿付能力充足率符合国务院保险监督管理机构规定的标准；② 实际资本减去最低资本的差额、认可资产减去认可负债的差额不得低于国务院保险监督管理机构规定的数额；③ 保险公司的风险综合评级结果符合国务院保险监督管理机构规定的标准。

（二）对最低偿付能力额度的规定

2003 年 3 月，中国保险监督管理委员会根据《保险法》制定并公布实施了《保险公司偿付能力额度及监管指标管理规定》，要求保险公司根据保障被保险人利益、保证偿付能力的原则，稳健经营，确保实际偿付能力额度随时不低于应具备的最低偿付能力额度，并分别对财产保险公司、人寿保险公司和再保险公司作了如下规定：

（1）财产保险公司应具备的最低偿付能力额度为下述两项中数额较大的一项：① 最近会计年度公司自留保费减营业税及附加后 1 亿元人民币以下部分的 18%和 1 亿元人民币以上部分的 16%；② 公司最近三年平均综合赔款金额 7 000 万元以下部分的 26%和 7 000 万元以上部分的 23%。综合赔款金额为赔款支出、未决赔款准备金提转差、分保赔款支出之和减去摊回分保赔款和追偿款收入。经营不满三个完整会计年度的保险公司，采用第一项规定的标准。

（2）人寿保险公司最低偿付能力额度为长期人身险业务最低偿付能力额度和短期人身险业务最低偿付能力额度之和。

长期人身险业务最低偿付能力额度为下述两项之和：① 投资连结类产品期末寿险责任准备金的 1%和其他寿险产品期末寿险责任准备金的 4%；② 保险期间小于三年的定期死亡保险风险保额的 0.1%，保险期间为 3 年到 5 年的定期死亡保险风险保额的 0.15%，保险期间超过 5 年的定期死亡保险和其他险种风险保额的 0.3%。在统计中未对定期死亡保险区分保险期间的，统一按风险保额的 0.3%计算。风险保额为有效保额减去期末责任准备金。

短期人身险业务最低偿付能力额度的计算适用财产保险公司最低偿付能力的规定。

（3）再保险公司最低偿付能力额度等于其财产保险业务和人身保险业务计算的最低偿付能力额度之和。

三、保险资金运用规则

保险基金运用是指保险企业在组织经济补偿过程中，将积聚的保险基金暂时闲置的部分用于融资或投资，使资金增值。由于保险资金担负着随时补偿灾害损失和给付保险金的责任，所以《保险法》对保险资金运用的原则也作了明确规定，规定保险公司的资金运用必须稳健，遵循安全性原则。

随着世界经济的高速发展，资金的需求越来越大，金融投资的形式也越来越多样化。同样的，保险公司的投资形式也呈多样化发展。综观各国对保险投资的立法规定，保险投资形式一般包括银行存款、债券、股票、不动产和贷款等。

（一）银行存款

银行存款是指保险公司将资金存入银行，以获取利息收入的一种资金运用形式。银行存款的安全性高，流动性强，但收益偏低，因此，存款主要用于保险公司正常的赔付、业务费用支出，一般不作为追求收益的资金运用对象。

（二）债券

债券是证明持有人有权按期取得固定利息和到期收回本金的债务凭证。债券按其发行人的不同可分为公债和公司债。公债是指由一国的中央政府或地方政府发行及担保的债券。一般认为，政府公债能享受某种税收优惠，且无违约风险，是保险公司较好的投资对象，但利率比一般债券低。公司债是由公司发行的一种长期性债券（也有短期的）。由于公司债利率较高、安全程度也较高，并且债券的持有者比股票持有者享有优先的请求权，因此较受保险公司欢迎。保险公司可针对不同业务财产保险和人身保险的特点，投资于长期债权和短期债权。

（三）股票

股票是股份公司发给股东的所有权凭证。股票通常分为优先股和普通股。普通股是有价证券中风险较大的一种，其股息的有无完全取决于年度终了满足各种优先请求权后有无盈余。如无盈余，则无股息分配；如有盈余，则进行股息的分配。优先股同时具有债券和普通股的特点，有固定的收益率，但没有债券常有的担保；像普通股一样，优先股也代表了公司的所有权，但它不像普通股那样能够参与利润分红和公司的经营管理。优先股收益率固定，风险比普通股小，较适合保险投资。

（四）不动产

不动产投资是指用于购买土地、房产或其他建筑物的投资。不动产投资的优点在于投资者能对资产项目进行管理和控制，且营利性和安全性较好，因此不动产投资在各国保险市场上较为普遍。但不动产投资具有风险大、周期长的特点，与保险资金运用的安全性和流动性原则不符，所以各国保险法对保险人的不动产投资，尤其是对纯为收益而进行的不动产投资严加限制。

（五）贷款

贷款是保险人将保险资金贷放给单位或个人，并按期收回本金、获取利息的活动。

保险人发放的贷款一般为抵押贷款，即以不动产、有价证券或寿险保单为抵押的贷款，有时也以其他担保形式放款。不动产价格风险小，但有时一个不动产抵押物上可能设定其他担保物权，影响保险人的权益行使。有价证券抵押贷款风险的大小，取决于有价证券本身有无担保。以无担保的有价证券为抵押的放款，其风险类似于对有价证券本身的投资；以有担保的有价证券为抵押的放款类似于不动产抵押放款，风险较小。以寿险保单为抵押，一般均以保单现金价值的一定比例为限，因此，这种放款十分安全。

由于各个国家和地区因保险监管模式与保险政策的不同，保险公司的投资形式也不完全相同。根据我国《保险法》的规定，保险公司的资金运用限于下列形式：① 银行存款；② 买卖债券、股票、证券投资基金份额等有价证券；③ 投资不动产；④ 投资股权；⑤ 投资保险资产管理产品；⑥ 以风险管理为目的运用金融衍生品；⑦ 国务院规定的其他资金运用形式。

读 一 读

中国保险资金运用渠道

目前，我国保险资金可选择的投资渠道包括银行存款、固定收益类资产、权益类资产和其他投资等。

从保险资金运用情况来看，我国保险资金运用仍采取保守策略，即银行存款与债券投资占比较大，股票、基金和其他投资占比较小。从 2015 年开始，投资于股票和紧急的险资比例达到 15%，同比增幅达到 36.36%；其他投资中不动产投资占比较大，并且投资比例不断增大，使得其他投资比例增加，并于 2015 年首次超过了银行存款比例。总体来说，当前我国的保险资金运用渠道相对多元。

随着我国资本市场的日臻成熟，以及保险业市场化改革的快速推进，保险资金的投资渠道将进一步放宽，保险企业在资金运用方面将获得越来越多的自主权。

优化我国保险资金投资组合的结构，应注意以下几个方面：

（1）保险资金的运用需要多元化的投资渠道。在保险业发达的国家，如美、英、日等国，保险资金能够投资于多种渠道，并且随着一个国家保险业及宏观经济的发展，保险资金的投资渠道会相应拓宽，保险公司亦会随之调整投资策略。我国保险业正处于高速发展期，对我国保险公司来讲，抓住机遇，积极拓宽保险资金运用渠道，及时跟进行业政策是非常必要的。

（2）保险资金运用应秉承价值投资、长期投资和稳健投资原则。保险资金的负债性、社会性及其对保值增值的要求确立了以上投资原则的基础，发达保险市场主体通过将用于偿付损失的普通账户与用于投资的独立账户分开，根据两种账户不同的资金性质来配置不同的资产，充分遵循稳健投资原则。其次，保险公司还将较大比重资金投资于基建和能源开发项目，这样的投资决策具有长期价值性，保险公司可以更好地应对经济周期的波动和市场利率的变化。

（3）保险公司不仅要充分发掘国内市场的潜力，还要积极地拓展海外市场。无论是诸如美、英这样的大体量经济大国，还是如日本这样的小体量经济强国，均有积极拓展海外市场的投资决策。将保险资金合理地运用于海外市场能够有效地分散风险，这一点对于保险公司来说意义重大。

（4）保险资金投资结构的优化与有效的监管体系密切相关。尽管各个发达保险市场主体的监管制度不同，但各国均有与本国国情相适应的监管体系来保证其保险业的正常运行。我国保监会提出的"放开前端，关注后端"的监管制度一定程度上给予了保险机构制定投资策略的自主性，但是由于我国保险资金运用结构仍存在进一步优化的空间，所以监管体系的提升和完善也是保险监管机构的工作方向。

（5）由于近年来国家经济政策引导保险业进行了市场化改革，保监会出台多项关于保险资金运用的利好政策，险资的投资收益屡创新高，但险资的运用中出现的诸如险资的各类资产配置结构不合理、收益率较低的固定收益类资产之比仍然过大等问题，保险公司应予以重视。

（6）保险公司资金运用结构的确定，必须建立在充分考量了自身的风险承受能力和偏好基础上。保险公司始终以保值增值为经营目标，其对资金的流动性要求较高，投资资金的存续期普遍较长，对利率变化较为敏感。因此，险企应该在保持一定收益率的情况下，追求风险最小化。现阶段，险企若要很好地权衡风险和收益，则应该动态保持中性风险偏好，合理配置各类资产。

（7）保险公司需要结合自身特点和目标来拟定投资策略，充分发挥比较优势。如部分保险公司利用综合金融的平台优势，创新和发展金融产品投资；部分公司发挥在股权投资或不动产投资方面的优势，优化资产配置结构。

在2017年8月的中国保险资产管理业协会战略发展专业委员会第二次会议暨保险资产管理业助力实体经济发展研讨会上，中国保监会副主席陈文辉指出，党的十八大以来，保险业持续快速发展，保险资金服务实体经济能力显著提升。截至2017年6月末，保险资金通过债权计划、股权计划等方式，直接投资国家重大基础设施建设、养老社区和棚户区改造等民生工程，累计金额超过4万亿元。保险资金积极推进支农支小融资业务试点，利用保险业务协同优势，丰富农户、农业合作社、小微企业和个体经营者的融资来源，降低融资成本。保险资金已经成为我国经济发展的一支重要力量。

陈文辉强调，保险资金运用要坚持审慎稳健运作，深刻反思过去一个时期少数保险机构激进经营和激进投资问题并认真汲取教训，决不能使保险资金成为大股东投资控股的工具。一要培育审慎稳健的投资文化。保险资金最注重安全，树立审慎稳健的投资文化是保险资金运用的应有之义，也是保险资金运用安身立命之所在。保险资金运用要把握好三个原则：① 投资标的应当以固定收益类产品为主，股权等非固定收益类产品为辅；股权投资应当以财务投资为主，战略投资为辅；即使进行战略投资，也应当以参股为主。② 坚持服务保险主业。保险资金运用"不忘初心"和"回归本源"，就是坚持服务保险主业的根本方向。正确处理保险的保障功能和投资功能的关系，保障是根本功能，投资是辅助功能、衍生功能，是为了更好的保障，不能本末倒置。③ 提升资金运用能力。加快建立健全资产负债管理机制，强化保险机构资产负债匹配管理。加快提升股权、不动产、境外投资等不同投资领域的专业投资能力，"没有金刚钻，不揽瓷器活"。

四、保险经营风险防范规则

在现代保险业中，由于再保险业的兴起，保险公司的承保风险可分为自留风险与分保风险两大部分。因此，各国保险法对保险经营风险的防范法律机制，均从自留额与再保险两个制度进行构建。

（一）风险自留责任的规则

风险自留责任也称自留额，是保险公司根据其自身的承受能力（含总承受能力和险种承受能力）而确定的每一危险单位自己所能承担的风险和责任的最大限额。

提 示

危险单位是保险标的发生一次事故可能波及的损失范围。例如，汽车险以每一辆汽车为一个危险单位，海上货物运输险以每一艘船的每一航次为一个危险单位等。

由于保险公司经营险种的多样化，且每一险种又有其自身的特点，所以不同险种自留额的高低也有所不同。但总的来说，任何自留额的确定都要考虑以下因素。

1. 非技术性因素

非技术性因素指的是国家通过法律要求办理再保险的有关规定，主要体现在以下两个方面：

（1）总自留额

保险公司在制定自留额时要从资本大小的角度考虑，一家资本金大的公司，一定会比资本金小的公司自留额比例要大，也就是说保险公司的资本金越大，其自留额也就越高。

（2）具体业务自留额

我国《保险法》第105条第1款规定："保险公司对每一危险单位，即对一次保险事故可能造成的最大损失范围所承担的责任，不得超过其实有资本金加公积金总和的10%；超过的部分应当办理再保险。"在实际工作中，这条规定通常适用于保额巨大且需要办理临时分保的业务，如电厂、炼油厂、大桥等项目。

2. 技术性因素

技术性因素是指保险公司根据自己的实际经营情况来制定各个险种的自留额，这些技术性的因素主要包括：

（1）保费量

保费量是反映业务规模的一个指标，保费量越大，风险覆盖面越广泛，保险公司经营的稳定性也就越强。由于这些原因，保险公司的保费量和自留额之间成正比关系，也就是说，保费量越大，自留额越高。这一规律也同样适用于分险种的自留额。

（2）赔付率

赔付率的情况对自留额的确定具有重要的影响。保险公司十分注重所经营的业务整体和各险种的赔付率情况。作为商业保险公司，盈利是经营的目标，而赔付率的高低在一定程度上决定了盈亏的程度。一般情况下，保险公司会尽量将赔付率低、效益好的险种的自留额保持在较高的水平，将赔付率高、效益差的险种的自留额设置在较低的水平。

（3）风险结构

从宏观上看，风险结构指的是保险公司整体业务中各个险种的比例，如果赔付率低、效益好的险种保费量占较大的份额，则该公司的风险结构为好，反之为差。

通常，保险公司通过阅读和分析风险结构表的内容，对每一险种的经营情况进行详细了解，根据每一区间的情况确定自留额。

提 示

风险结构表的内容包括：险种、保额的区间划分（如保额1元～300 000元为第1区间，保额 3 000 001 元～600 000 元为第 2 区间，以此类推）；每一区间的保单数量、每一区间的累计保额、每一区间的保费数和平均费率、每一区间的赔款金额和赔付率。

（4）风险积累

在考虑制定自留额的时候，保险公司不仅要考虑对某一单独风险的承受能力，同时也要考虑由于风险的积累，如果出现一次具有连带性的灾害，保险公司所要承担的累计责任可能是几个单独风险之和，也可能是几十个，甚至上百个单独风险的总和。在考虑累计风险方面，保险公司必须对本地区有可能造成大面积损害的自然风险有清楚的了解，同时可根据自己的市场份额来计算出自己累计责任的保额。

（5）经济周期

经济周期的不同阶段对保险业和自留额的影响可归纳为以下四个方面：① 高峰阶段。费率处于较高水平，保费量处于较大水平，道德风险的可能性较小，自留额可相应保持较高水平。② 衰退阶段。费率下滑，保费量开始萎缩，道德风险的可能性加大，自留额应调低。③ 萧条阶段。费率处于低下水平，保费总收入比高峰阶段大幅减少，处于道德风险的多发期，自留额应尽可能保持低水平。④ 恢复阶段。费率开始回升，保费量逐渐加大，道德风险的可能性减少，自留额可适当调高。

（二）再保险的分出规则

保险公司为了避免自己承保的业务遭受巨额损失，可通过再保险的方式将自己承保的风险和责任的一部分转移给其他保险公司。再保险业务包括分出保险与分入保险，承保风险是自留风险与分出风险之和。再保险是分散保险经营风险、稳定财务必不可少的重要措施之一。其作用可分为以下几点。

1. 分散危险

保险公司承揽的各种风险责任有多重不确定性，即使按照大数法则、概率论的要求来承担业务，也很难使承揽的业务险种在数量上都达到大量、使保险金额都达到自然均衡、使实际赔付率完全与预定的比率相符，以及使经营的各个年度都不致遭遇巨灾损失。

为此，保险公司可借助再保险机制，依据其资本金和准备金的实际情况，确定每类保险的自留限额，然后将超出自留额的部分分出，以使同类危险单位的保险金额均衡，使实际的平均损失更能接近预期的平均损失。

提 示

大数法则又称"大数定律"或"平均法则"。人们在长期的实践中发现，在随机现象的大量重复中往往出现几乎必然的规律，即大数法则。此法则的意义是：风险单位数量愈多，实际损失的结果会愈接近从无限单位数量得出的预期损失结果。据此，保险人可较精确地预测危险，合理厘定保险费率，使在保险期限内收取的保险费和损失赔偿及其他费用开支相平衡。大数法则是近代保险业赖以建立的数理基础。

2．控制责任

根据自留额确定的风险积累因素，保险公司要对一年中所发生的赔款控制在一定额度内，可采用超额损失赔款的分保方法，将累积责任分出去，以稳定经营成果。

3．扩大业务经营的能力

每一个保险人承保的业务总量要受到资本额的限制，但由于计算保费时可以扣除分出保费，利用再保险手段可在不增加资本金的情况下，扩大业务经营的能力。

4．形成巨额联合保险基金

由于每个保险公司独立建立的保险金受资金力量的限制，不能单独承担巨灾、巨额危险的业务。通过再保险可以使多家保险公司共同联合起来承担巨灾危险，并形成巨额联保基金。

思考题

1．保险公司的形式有哪些？
2．保险公司设立的条件是什么？
3．保险公司变更的内容有哪些？
4．保险公司终止的表现形式是什么？
5．保险公司的业务范围有哪些限制？
6．保险公司的业务管理规则包括什么？
7．保险公司偿付能力规则是什么？
8．保险资金运用规则是什么？
9．保险经营风险防范规则包括什么？

第九章

保险监督管理

内容提要

现代市场经济社会中，各市场主体无不参与到各种金融活动之中，金融活动是市场经济的中心，对金融业的监管也就成为规范市场秩序的重要手段之一。保险业的监督管理作为金融监管的一个组成部分，以其法定性、专业性、广泛性和严格性维护着保险市场的稳定发展，从而对整体市场经济的有序运行起着不可或缺的重要作用。本章介绍了保险监管的目标、模式、主体、措施和内容及保险监管的相关法律规定，旨在通过学习了解保险业如何在相关部门的监管下有序、健康地发展。

学习目标

知识目标

- ➲ 了解什么是保险监管
- ➲ 理解保险监管的目标、模式、主体和措施
- ➲ 理解保险监管的内容
- ➲ 掌握我国关于保险监管的相关法律规定

能力目标

- ➲ 能够运用保险监管的相关法律规定分析实际案例

引导案例

　　一日，张大爷在某银行内与营业员李某发生争吵。起因是张大爷一年前在李某的劝说下购买了 10 份某保险公司的分红型人寿保险，李某告诉张大爷每年分红收益率要比储蓄存款利息率高 3 倍以上，但实际上保险的收益率还不到储蓄存款利息率的 1/3。而且，在购买保险时，李某并未向张大爷提供保险条款说明，直到现在张大爷也不知道保险条款的具体内容。李某声称风险自负，有事就找保险公司。有人打电话给某报社，报社立即派记者前来了解情况，却被李某怒斥多管闲事。张大爷要向中国保险监督管理委员会（以下简称保监会）举报，李某却说保监会不管这件事，银行归中国银行业监督管理委员会管。

　　请思考：本案中的监管者到底是谁？

第一节　保险监管概述

一、保险监管的概念

　　保险监管是指一个国家对本国保险业的监督和管理。一个国家的保险监管制度通常由两大部分构成：一是国家通过制定保险法律法规，对本国保险业进行宏观指导与管理；二是国家专门的保险监管职能机构依据法律或行政授权对保险业进行行政管理，以保证保险法规的贯彻执行。

二、保险监管的目的

　　国家对保险业监管的目的是指国家保险监管机关在一定时期内对保险业进行监督管理所要达到的要求或效果。由于保险业的特殊性，国家的监督管理也具有独特的目的。

（一）强化保险人的偿付能力

　　偿付能力关系到保险人最终能否履行合同约定向被保险人、受益人赔付保险金，一旦保险人的偿付能力出现问题，将会极大损害被保险人、受益人的利益，甚至可能引发社会秩序的紊乱。因此，各国保险业监督管理的首要目标就是强化保险人的偿付能力，保证其稳健经营。

（二）防止利用保险进行欺诈

1. 保险人方面的欺诈

　　保险人方面的欺诈行为包括：① 保险人缺乏必要的偿付能力经营保险业务，超出核定的业务经营范围经营保险业务；② 不具备保险人资格的人经营保险业务；③ 利用自己拟订保险条款和保险费率的优势欺骗投保人或被保险人。针对保险人的欺诈行为，国家主管机关可通过审定保险经营范围和审批保险条款的制度予以防范。

2．投保人方面的欺诈

投保人利用保险欺诈形式多样、手法各异，主要表现在投保人利用保险谋取不当利益。例如，投保人故意制造保险事故；故意夸大保险事故造成的经济损失，以谋取更多的保险赔款等。对于投保人方面的欺诈，各国的保险法大都通过制定保险利益原则、损失补偿原则和保险人的责任免除等方式加以杜绝。

3．社会方面的欺诈

社会方面的欺诈包括保险公司以外的单位或个人，未经主管机关批准非法从事保险经营活动，盗用保险人或其代理人的名义骗取客户；保险公司工作人员内外勾结，编制假案，骗取保险金等。对于社会方面的保险欺诈，各国保险法以及相关法律中均作出具体责罚，以打击和制止此类违法犯罪行为。

（三）维护保险市场秩序

实现保险监管的目标，不仅可以维护保险人与被保险人之间的公平，而且可以为保险人之间的竞争提供合理的环境。

从目前我国保险市场的实际情况看，通常只是保险人要求投保人必须履行如实告知义务，而保险人对保险合同内容、费率计算方式及理赔注意事项并未翔实告知投保人，对投保人（被保险人）产生了不平等待遇。因此，通过保险监管减少投保人因欠缺保险知识可能遭受不公平待遇的现象，以维护被保险人的合法权益。

保险人之间合理的竞争能够促进保险业的快速发展。但目前，我国保险市场上存在放佣、回扣、差价和不按费率规定随意加减的情况，均属于不合理竞争。不合理竞争破坏了保险业的形象，影响了保险市场的秩序。在这种情况下，通过监管可以防止市场独占或过度竞争，减少保险企业破产的概率，保证合理的价格水平，最终促进保险业的健康发展。

三、保险监管的模式

保险监管模式是一国关于保险监管机构和保险监管法规的体制安排。综合世界各国保险业的监管实践，保险业监管有三种主要模式，即实体监管模式、公示监管模式和准则监管模式。

（一）实体监管模式

实体监管模式也称严格监管模式，是国家保险管理机关在制定保险法规的基础上，根据保险法规所赋予的权力，对保险业实行的全面有效的监督管理措施。其监管的内容涉及保险业的设立、经营、财务乃至倒闭清算。实体监管模式的内容具体实际，有明确的衡量尺度，是对保险业监管中最为严格的一种。

（二）公示监管模式

公示监管模式也称松散监管模式，是指政府对保险业的经营不作直接监督，仅规定保险人按照政府规定的格式及内容，定期将其营业结果呈报政府的主管机关，并予以公示。对保险人的组织形式、保险公司的规范及保险资金的运用等，均由保险人自行管理，政府不过多干预。

公示监管模式是国家对保险业最为宽松的一种监督管理模式，适用于保险业自律能力较强的国家。它将政府和大众结合起来，有利于保险人在较为宽松的市场环境中自由发展。

（三）准则监管模式

准则监管模式又称折中监管模式，是指国家通过制定一系列有关保险经营的法律、法规，要求保险从业者共同遵守，并在形式上监督实行的一种监管方式。在这种监管方式中，政府对保险经营的若干重大事项，如最低资本金的要求、资产负债表的审核、资本金的运用、违反法律的处罚等都有明确的规范，但对保险人的业务经营、财务管理及人事等方面，则不加干预。

这种监管方式只注重保险经营形式上的合法，不触及保险业经营的实体。目前多数国家采用准则监管模式。

四、保险监管的主体

保险业的管理可分为国家对保险业的管理和保险业的自我管理。国家对保险业的管理通常称为保险监管，保险业的自我管理通常称为行业自律。严格来说，保险监督不包括行业自律。然而，在现实生活中，国家对保险业的管理构成保险监管的基础，保险业的自我管理构成保险监管的补充。从这个意义上说，保险监管的主体分为国家保险监管机构和保险行业自律组织两大部分。

（一）国家保险监管机构

国家保险监管机构作为一国保险的主管机关，形式多样，名称不一，不同国家有不同的称谓，同一国家的不同时期也有不同的主管机构。综观国内外保险监管机构的设置，大致分为两种情况：① 设立直属政府的保险监管机构；② 在直属政府的机构下设立保险监管机构，执行保险监管的部门隶属于财政部、商业部、中央银行、金融管理局等。

读一读

我国保险监管机构的发展历程

我国保险业在新中国成立后经历了一个曲折的发展过程，保险业的行政归属也几经周折。新中国成立初期，保险监管部门是中国人民银行。1952年6月，在苏联经济发展模式的影响下，保险业划归财政部领导，成为国家财政体系中的独立核算单位。1959年，受制于国内经济大环境的变化，国内保险业务停办，仅保留涉外保险业务，保险业重新划归中国人民银行领导，中国人民保险公司行政上隶属于中国人民银行国外局下属保险处。20世纪80年代初恢复国内保险业务后，由中国人民保险公司独家垄断经营保险业务，事实上并无专门的保险监管活动。1986年后，新疆兵团保险公司、深圳平安保险公司、中国太平洋保险公司等相继成立，中国人民保险公司的垄断地位被打破，在此期间的保险监管由中国人民银行负责。1995年7月，中国人民银行设立了专门行使保险监管职能的部门——保险司。1998年11月18日，中国保险监督管理委员会（简称保监会）正式成立。保监会是国务院直属的事业单位，是全国商业保险的主管机关，它的成立标志着中国保险监管工作进入了新的历史阶段。

根据我国《保险法》第147、148条规定，保险监督管理机构依照本法和国务院规定的职责，遵循依法、公开、公正的原则，对保险业实施监督管理，维护保险市场秩序，保护投保人、被保险人和受益人等保险消费者的合法权益。国务院保险监督管理机构依照法律、行政法规制定并发布有关保险业监督管理的规章。

中国保险监督管理委员会的主要职责包括：

（1）拟定保险业发展的方针政策，制定行业发展战略和规划；起草保险业监管的法律、法规；制定业内规章。

（2）审批保险公司及其分支机构、保险集团公司、保险控股公司的设立；会同有关部门审批保险资产管理公司的设立；审批境外保险机构代表处的设立；审批保险代理公司、保险经纪公司、保险公估公司等保险中介机构及其分支机构的设立；审批境内保险机构和非保险机构在境外设立保险机构；审批保险机构的合并、分立、变更、解散，决定接管和指定接受；参与、组织保险公司的破产、清算。

（3）审查、认定各类保险机构高级管理人员的任职资格；制定保险从业人员的基本资格标准。

（4）审批关系社会公众利益的保险险种、依法实行强制保险的险种和新开发的人寿保险险种等的保险条款和保险费率，对其他保险险种的保险条款和保险费率实施备案管理。

（5）依法监管保险公司的偿付能力和市场行为；负责保险保障基金的管理，监管保险保证金；根据法律和国家对保险资金的运用政策，制定有关规章制度，依法对保险公司的资金运用进行监管。

（6）对政策性保险和强制保险进行业务监管；对专属自保、相互保险等组织形式和业务活动进行监管。归口管理保险行业协会、保险学会等行业社团组织。

（7）依法对保险机构和保险从业人员的不正当竞争等违法、违规行为及对非保险机构经营或变相经营保险业务进行调查、处罚。

（8）依法对境内保险及非保险机构在境外设立的保险机构进行监管。

（9）制定保险行业信息化标准；建立保险风险评价、预警和监控体系，跟踪分析、监测、预测保险市场运行状况，负责统一编制全国保险业的数据、报表，并按照国家有关规定予以发布。

（10）承办国务院交办的其他事项。

（二）保险行业的自律

保险行业自律即保险行业自我管理，是指保险行业通过建立同业公会或行业公会等行业组织形式，在遵守国家对保险业管理的法律法规的前提下，对保险行业内部相互关系的自我约束和协调。在发达国家或地区的保险市场上，保险同业公会较为常见。保险同业公会的地位因国家或地区而异，大致可以分为两种情况：① 充当政府与保险人、被保险人及社会大众之间的桥梁，如中国香港的保险公司，按业务性质组成许多行业公会，这些行业公会又设立了香港保险联合会、香港保险总会和香港寿险总会三个组织，通过这三个保险行业组织与政府管理部门进行沟通。② 保险同业公会不具有某种约束力，保险人自愿参加，保险同业公会只是提供同业沟通的场所，本身不具有管理职能。

保险行业自律组织虽然在维护保险市场秩序、增强市场活力、弥补政府行为的不足等方面发挥着不可忽视的作用，但由于保险行业自律的特点，其发挥的作用是有限的，原因主要包括：① 保险业的自行管理职能处于自愿而不能加以强制；② 管理的范围只是保险市场上的一部分而非全部；③ 成立保险同业组织的目的在于保障或增进本身的利益，而不是为了被保险人或受益人的利益等。因此，保险监管的主体仍然是国家或政府，行业自律组织只是政府监管的一种补充。

五、保险监管的措施

保险监督管理机构依法履行职责，可以采取下列措施：

（1）对保险公司、保险代理人、保险经纪人、保险公估人、保险资产管理机构、外国保险机构的代表机构进行现场检查；

（2）进入涉嫌违法行为发生场所调查取证；

（3）询问当事人及与被调查事件有关的单位和个人，要求其对与被调查事件有关的事项做出说明；

（4）查阅、复制与被调查事件有关的财产权登记等资料；

（5）查阅、复制保险公司、保险代理人、保险经纪人、保险公估人、保险资产管理机构、外国保险机构的代表机构，以及与被调查事件有关的单位和个人的财务会计资料及其他相关文件和资料；对可能被转移、隐匿或者毁损的文件和资料予以封存；

（6）查询涉嫌违法经营的保险公司、保险代理人、保险经纪人、保险公估人、保险资产管理机构、外国保险机构的代表机构、股东、实际控制人，以及与涉嫌违法事项有关的单位和个人的银行账户及开户信息；

（7）对有证据证明已经或者可能转移、隐匿违法资金等涉案财产或者隐匿、伪造、毁损重要证据的，经保险监督管理机构主要负责人批准，申请人民法院予以冻结或者查封。

保险监督管理机构采取前款第（1）项、第（2）项、第（5）项措施的，应当经保险监督管理机构负责人批准；采取第（6）项措施的，应当经国务院保险监督管理机构负责人批准。

保险监督管理机构依法进行监督检查或者调查，其监督检查、调查的人员不得少于二人，并应当出示合法证件和监督检查、调查通知书；监督检查、调查的人员少于二人或者未出示合法证件和监督检查、调查通知书的，被检查、调查的单位和个人有权拒绝。

保险监督管理机构依法履行职责，被检查、调查的单位和个人应当配合。保险监督管理机构工作人员应当忠于职守，依法办事，公正廉洁，不得利用职务便利牟取不正当利益，不得泄露所知悉的有关单位和个人的商业秘密。保险监督管理机构指导保险行业建立健全保险纠纷调解处理机制，依法化解保险纠纷。

国务院保险监督管理机构应当与中国人民银行、国务院其他金融监督管理机构建立监督管理信息共享机制。保险监督管理机构依法履行职责，进行监督检查、调查时，有关部门应当予以配合。

典型案例

中国保险监督管理委员会（以下简称中国保监会）对泰康人寿保险有限责任公司（以下简称泰康人寿）及相关人员作出行政处罚决定书（保监罚〔2017〕21号）。经查：中国保监会对泰康人寿2015年签单的电话销售保单业务进行检查中，随机抽查下属的25家电话销售中心，均发现存在电话销售欺骗投保人的违法行为，且违规保单占比均较高。同时，泰康人寿总公司负责电话销售业务规划与督导、产品与销售支持及对电话销售中心业务进行合规性管理，检查发现总公司在销售业务品质管理等内控方面存在诸多问题。时任泰康人寿电话销售事业部运营部负责人彭惠英、时任泰康人寿助理总裁兼电话销售事业部总经理李朝晖对上述违法行为负有直接责任。

【评析】

中国保监会依法有权监管保险公司保险业人员的市场行为。泰康人寿电话销售欺骗投保人的行为，违反了《保险法》第124条有关规定。根据该法第179条，对泰康人寿罚款30万元。根据该法第192条，对彭惠英警告并罚款10万元，对李朝晖警告并罚款5万元。

第二节　保险监管的内容

一、保险机构监管

保险机构监管是指对保险市场上各市场供给主体准入与退出保险市场的监管。保险机构监管不仅要对保险市场内现有机构的设立、变更、解散、破产和清算等实施监管，而且要对保险市场外违规经营保险业务的机构进行管理，严禁其未经授权擅自经营保险业务。

（一）保险机构设立的监管

各国的法律对保险机构的组织形式和应具备的条件都有规定。从组织形式上看，国外一般将股份有限公司、相互保险公司等列为法定的保险组织形式，我国保险组织的形式为有限责任公司、股份有限公司和其他形式。从具备的条件来看，一般包括对资本金、对人员素质及对硬件设施的要求等。

对资本金、对人员素质及对硬件设施的要求是一家保险公司申请成立的最基本条件，缺一不可。凡符合法律规定要求的申请即具备了申请资格，但保险监管部门在审查设立申请时，还要考虑保险发展和公平竞争的需要，对申请人要有所选择。可见，对保险公司设立的监管，关键在于资格条件的审查。

（二）保险公司兼并的监管

保险兼并在一定程度上是受到鼓励的。从国外立法看，保险兼并在原则上也是自由的。当然，完全的自由往往会破坏公平原则，因此有必要制定适当的法律、法规对兼并行为予以规范和限制。一般来说，各方面的约束主要包括：

（1）反垄断法的限制。保险公司兼并后如果有可能形成垄断，保险监管部门则不予批准。

（2）公司组织形式上的限制。例如，有的国家规定，只有股份有限公司和有限责任公司之间可以兼并，相互保险公司与其他形式的保险公司一般不能兼并。相互保险公司如果兼并，必须先改组为股份有限公司。

（3）股份利益上的限制。有的国家规定，对可能严重侵害股东和社会利益的兼并也不予批准。在美国，法律规定保险公司接受兼并时必须进行保单持有人投票，同意兼并的票数过半后，保险公司方可被兼并。其目的主要在于保护被保险人的利益，防止保险公司利用兼并逃避债务。

此外，兼并还受破产清算法、资产评估法等法律规定的制约。各国保险监管部门也会特别关注敌意收购。

提 示

敌意收购也称恶意收购，是经过收购者和目标公司股东双方的合作，旨在通过收购目标公司股东手中所持的股份，取代其目标公司的投资者地位而成为目标公司的股东。其行为在法律上引起了股权关系的变更。

（三）保险公司的整顿与接管

1. 保险公司的整顿
（1）整顿的条件

保险公司未依照保险法规定提取或者结转各项责任准备金，或者未依照保险法规定办理再保险，或者严重违反保险法关于资金运用规定的，由保险监督管理机构责令限期改正，并可以责令调整负责人及有关管理人员。

保险公司逾期未改正的，国务院保险监督管理机构可以决定选派保险专业人员和指定该保险公司的有关人员组成整顿组，对公司进行整顿。整顿决定应当载明被整顿公司的名称、整顿理由、整顿组成员和整顿期限，并予以公告。

（2）整顿组的职权

整顿组有权监督被整顿保险公司的日常业务。被整顿公司的负责人及有关管理人员应当在整顿组的监督下行使职权。

（3）被整顿保险公司的业务运作

在整顿过程中，被整顿保险公司的原有业务继续进行。但是，国务院保险监督管理机构可以责令被整顿公司停止部分原有业务、停止接受新业务，调整资金运用。

（4）整顿的结束

被整顿保险公司经整顿已纠正其违反保险法规定的行为，恢复正常经营状况的，由整顿组提出报告，经国务院保险监督管理机构批准，结束整顿，并由国务院保险监督管理机构予以公告。

2. 保险公司的接管

（1）接管的条件

保险公司有下列情形之一的，国务院保险监督管理机构可以对其实行接管：① 公司的偿付能力严重不足的；② 违反本法规定，损害社会公共利益，可能严重危及或者已经严重危及公司的偿付能力的。

此外，被接管的保险公司的债权债务关系不因接管而变化。接管组的组成和接管的实施办法，由国务院保险监督管理机构决定，并予以公告。

（2）接管的期限

接管期限届满，国务院保险监督管理机构可以决定延长接管期限，但接管期限最长不得超过二年。

（3）接管的终止

接管期限届满，被接管的保险公司已恢复正常经营能力的，由国务院保险监督管理机构决定终止接管，并予以公告。

（四）保险公司的解散、撤销、破产和清算

政府对保险企业进行监管的基本目的是避免保险企业破产，以保障被保险人的合法权益。对经营不当，财务发生危机的保险企业，政府一般采取扶助政策，利用各种措施帮助其渡过难关，继续正常营业。但是，保险企业若违法经营或有重大失误，以致不得不破产时，政府便以监管者的身份，令其停业或发布解散令，选派清算员，直接介入清算程序。对保险公司的解散、撤销、破产和清算，我国《保险法》有以下规定：

（1）保险公司因分立、合并需要解散，或者股东会、股东大会决议解散，或者公司章程规定的解散事由出现，经国务院保险监督管理机构批准后解散。经营有人寿保险业务的保险公司，除因分立、合并或者被依法撤销外，不得解散。保险公司解散，应当依法成立清算组进行清算。

（2）保险公司有《中华人民共和国企业破产法》第 2 条规定情形的，即保险公司不能清偿到期债务，并且资产不足以清偿全部债务或者明显缺乏清偿能力的，或者有明显丧失清偿能力可能的，经国务院保险监督管理机构同意，保险公司或者其债权人可以依法向人民法院申请重整、和解或者破产清算；国务院保险监督管理机构也可以依法向人民法院

申请对该保险公司进行重整或者破产清算。

（3）保险公司因违法经营被依法吊销经营保险业务许可证的，或者偿付能力低于国务院保险监督管理机构规定标准，不予撤销将严重危害保险市场秩序、损害公共利益的，由国务院保险监督管理机构予以撤销并公告，依法及时组织清算组进行清算。

（4）经营有人寿保险业务的保险公司被依法撤销或者被依法宣告破产的，其持有的人寿保险合同及责任准备金，必须转让给其他经营有人寿保险业务的保险公司；不能同其他保险公司达成转让协议的，由国务院保险监督管理机构指定经营有人寿保险业务的保险公司接受转让。

（5）破产财产在优先清偿破产费用和共益债务后，按照下列顺序清偿：① 所欠职工工资和医疗、伤残补助、抚恤费用，所欠应当划入职工个人账户的基本养老保险、基本医疗保险费用，以及法律、行政法规规定应当支付给职工的补偿金；② 赔偿或者给付保险金；③ 保险公司欠缴的除第（1）项规定以外的社会保险费用和所欠税款；④ 普通破产债权。破产财产不足以清偿同一顺序的清偿要求的，按照比例分配。

（五）保险公司人员的监管

保险公司人员的监管主要是对公司股东、董事、监事和高级管理人员进行的监督与管理，由于其行为会给保险公司的经营带来很大的影响，故我国《保险法》不仅规定了股东、董事、监事和高级管理人员的任职资格，而且对其违法行为也作了规定。

1. 保险公司股东的义务和责任

国务院保险监督管理机构有权要求保险公司、保险专业代理机构、保险经纪人的股东、实际控制人在指定的期限内提供有关信息和资料。

保险公司的股东存在虚假出资、抽逃出资或者其他损害保险公司利益行为的，由国务院保险监督管理机构责令限期改正，情节严重的，可以限制其股东权利，并可以责令其转让所持股权。保险专业代理机构、保险经纪人的股东存在虚假出资、抽逃出资行为的，适用前款规定。

保险公司的股东利用关联交易严重损害公司利益，危及公司偿付能力的，由国务院保险监督管理机构责令改正。在按照要求改正前，国务院保险监督管理机构可以限制其股东权利；拒不改正的，可以责令其转让所持的保险公司股权。

典型案例

2016 年 11 月 9 日至 12 月 16 日，中国保监会对珠江人寿保险股份有限公司进行了"两个加强、两个遏制"回头看现场检查，发现了该公司关联交易管理不完善的问题，具体包括以下几个方面：① 关联交易制度不完善，违反了《关于规范保险公司治理结构的指导意见（试行）》（保监发〔2006〕2 号）第 5 条、《保险公司信息披露管理办法》（保监会令 2010 年第 7 号）第 24 条、《保险公司关联交易管理暂行办法》（保监发〔2007〕24 号）第 18 条、《关于进一步规范保险公司关联交易有关问题的通知》（保监发〔2015〕36 号）第 5 条规定。② 关联方信息档案不完整、信息更新不及时，违反了《保险公司股权管理办法》（保监会令 2014 年第 4 号）第 10 条和《保险公司收购合并管理办法》（保监发〔2015〕19 号）第 24 条。③ 未按规定对保险资金运用和关联交易开展审计，违反了《保险公司关联交易管理暂行办法》（保监发〔2007〕24 号）第 18 条。

依据有关规定，中国保监会对珠江人寿保险股份有限公司检查发现的问题提出了相应的监管要求——按照《保险公司收购合并管理办法》《保险公司股权管理办法》《保险公司关联交易暂行办法》《保险公司信息披露管理办法》等监管要求，充实完善股权管理、关联信息管理、关联交易管理、信息披露管理的内容，强化章程对股东、董事和高管的约束力，防止股东、董事和高管隐瞒关联信息、利用关联交易进行不良利益输送。

【评析】

珠江人寿保险股份有限公司应结合此次检查整改工作，加强法律法规学习，进一步树立合规经营意识，全面排查经营管理中存在的违规问题和风险隐患，完善制度，强化执行力，防范化解经营风险。

2. 保险公司董事、监事和高级管理人员的义务和责任

保险监督管理机构根据履行监督管理职责的需要，可以与保险公司股东、实际控制人、董事、监事和高级管理人员进行监督管理谈话，要求其就公司的业务活动和风险管理的重大事项做出说明。

保险公司在整顿、接管、撤销清算期间，或者出现重大风险时，国务院保险监督管理机构可以对该公司直接负责的董事、监事、高级管理人员和其他直接责任人员采取以下措施：① 通知出境管理机关依法阻止其出境；② 申请司法机关禁止其转移、转让或者以其他方式处分财产，或者在财产上设定其他权利。

二、保险业务监管

保险业务监管主要包括对保险经营范围的监管、对保险条款和保险费率的监管和对再保险业务的监管等内容。

（一）对保险经营范围的监管

对保险经营范围的监管是保险监管机构依法规定保险公司所能经营的业务种类和范围，并禁止没有取得授权而开展保险业务的行为。通常包括两个方面的内容：① 金融业间（银行、保险、证券、信托业之间）的兼业问题，即是否允许保险人兼营保险业务以外的金融业务或非保险机构经营保险业务；② 保险业内不同业务的兼营问题，即同一保险人是否可以同时经营性质不同的保险业务。

目前，多数国家的银行业、证券业和保险业之间实行分业经营和分业监管体制，禁止混业经营。但也有少数国家对跨行业经营的限制已取消或放宽。关于保险业务的兼营，多数国家禁止保险公司同时从事性质不同的保险业务，一般执行产寿险分业经营的原则，即

同一保险人不得兼营财产保险和人寿保险业务。

（二）对保险条款和保险费率的监管

保险条款的拟定与保险费率的厘定，是体现和运用保险专业技术的重要环节，各国政府对此进行了不同程度的监管。在保险监管宽松的国家或地区，基本条款和费率多由保险行业协会或公会确定，且制成公约，由保险公司共同遵守，政府保险监管机构仅负责维持条款和费率的统一，对违法现象进行制止和处罚。在保险监管严格的国家或地区，保险公司制定的费率和条款必须经国家保险监管机关批准认可并备案后，方可使用。

我国《保险法》第149条规定："关系社会公众利益的保险险种、依法实行强制保险的险种和新开发的人寿保险险种等的保险条款和保险费率，应当报国务院保险监督管理机构批准。国务院保险监督管理机构审批时，应当遵循保护社会公众利益和防止不正当竞争的原则。其他保险险种的保险条款和保险费率，应当报保险监督管理机构备案。保险条款和保险费率审批、备案的具体办法，由国务院保险监督管理机构依照前款规定制定。"

第150条规定："保险公司使用的保险条款和保险费率违反法律、行政法规或者国务院保险监督管理机构的有关规定的，由保险监督管理机构责令停止使用，限期修改；情节严重的，可以在一定期限内禁止申报新的保险条款和保险费率。"

（三）对再保险业务的监管

对再保险业务进行监管有利于保险公司分散风险和稳定经营，有利于防止保费外流和发展民族保险业。

我国《保险法》对保险公司办理再保险业务作了明确规定，保险公司应当按照国务院保险监督管理机构的规定办理再保险，并审慎选择再保险接受人。再保险的管理办法，由国务院保险监督管理机构制定。

中国保监会在对再保险的监管过程中，有权限制或禁止保险公司向中国境外的保险公司办理再保险分出业务或者接受境外再保险分入业务，并要求保险公司办理再保险分出业务时，优先向中国境内的保险公司办理。

三、保险财务监管

保险财务监管就是对保险公司资产负债情况的监管，其内容主要包括对资产、偿付能力、准备金、公积金和财务核算等的监管。

（一）资产监管

1. 资本金

保险企业申请开业必须有一定数量的开业资本金，达不到法定最低资本金限额者，不得开业。公司组织的开业资本金为一定金额的资本，相互组织的开业资本金为一定金额的基金。

我国《保险法》规定的设立保险公司的注册资金最低限额为2亿人民币。而且，保险公司的注册资本必须是实缴货币资本。同时，国务院保险监督管理机构可以根据保险公司的业务范围和经营规模，调整保险公司注册资本的最低限额，但不得低于 2 亿人民币。

2. 资金运用

资金运用是保险公司实现资产保值与增值，维持与增强偿付能力的重要手段。各国保险监管机构都把保险资金运用的监管作为资产监管的主要内容，对保险资金运用的程度、范围、资金投向和比例限度等作了明确规定。

同时，对保险公司的违反行为也作了相应的处罚规定，《保险法》第 184 和 185 条规定，保险公司、保险资产管理机构违反本法规定，有下列行为之一的，由保险监督管理机构责令改正，处 10 万元以上 50 万元以下的罚款：① 未按照规定执行资金运用决策程序的；② 未按照规定执行资金运用风险管控要求的。

保险公司、保险资产管理机构违反本法规定，有下列行为之一的，由保险监督管理机构责令改正，没收违法所得，并处违法所得一倍以上 5 倍以下的罚款；没有违法所得或者违法所得不足 20 万元的，处 20 万元以上 100 万元以下的罚款；情节严重的，限制其业务范围、责令停止接受新业务或者吊销业务许可证：① 不具备相应的投资管理能力从事资金运用业务的；② 委托不符合规定的机构从事资金运用业务的；③ 未按照规定的投资形式、投资范围、投资比例从事资金运用业务的；④ 其他未按照规定从事资金运用业务的。

（二）偿付能力的监管

确保保险公司的偿付能力是保险监管最根本的目标，也是保险监管的核心内容。国家有关金融管理机构的保险监管主要是通过立法或其他手段对保险企业的偿付能力加以监督管理，如包括开业资本金和总准备金在内的偿付能力控制、法定最低偿付能力额度控制和违规惩戒控制等。强化对保险偿付能力的监管，一方面可以确保被保险人的利益，另一方面也可以保证保险企业风险管理的完善和财务稳定。

1. 最低偿付能力额度控制

国家对保险企业偿付能力最直接有效的监管手段，就是规定最低偿付额度，以确保保险企业偿付能力的最低限额。如果保险企业的实际偿付能力额度低于法定最低偿付能力额度时，国家保险主管机关就要对保险企业进行干预。

为了确保保险公司的最低偿付能力，我国《保险公司偿付能力额度及监管指标管理规定》进一步明确了保险公司实际偿付能力额度低于最低偿付能力额度的监管措施。其规定对偿付能力充足率小于 100% 的保险公司，中国保监会可将该公司列为重点监管对象，根据具体情况采取以下监管措施：

（1）对偿付能力充足率在 70% 以上的公司，中国保监会可要求该公司提出整改方案并限期达到最低偿付能力额度要求，逾期未达到的，可对该公司采取要求增加资本金、责令办理再保险、限制业务范围、限制向股东分红、限制固定资产购置、限制经营费用规模、限制增设分支机构等必要的监管措施，直至其达到最低偿付能力额度要求。

（2）对偿付能力充足率在 30% 到 70% 之间的公司，中国保监会除采取前款所列措施外，还可责令该公司拍卖不良资产、责令转让保险业务、限制高级管理人员的薪酬水平和在职消费水平、限制公司的商业性广告、责令停止开展新业务以及采取中国保监会认为必要的其他措施。

（3）对偿付能力充足率小于 30%的公司，中国保监会除采取前两款所列措施外，还可根据《保险法》的规定对保险公司进行接管。

2. 建立偿付能力监管体系

由于保险公司的偿付能力处于不断变动的过程中，为了及时掌握变动情况，各国都在积极探索建立一套完善的偿付能力监管体系。我国《保险法》对此也作了相关规定，具体规定如下。

（1）国务院保险监督管理机构应当建立健全以风险为导向的保险公司偿付能力监管体系，对保险公司的偿付能力充足率、偿付能力综合风险、风险管理能力实施评估、监控、分析和检查，并建立偿付能力风险的市场约束机制。

（2）国务院保险监督管理机构发现保险公司存在重大风险隐患，可以派出工作组对保险公司进行专项检查，对保险公司划拨资金、处置资产、调配人员、使用印章、订立及履行合同等经营、管理活动进行管控。

（3）对偿付能力不符合规定的保险公司，国务院保险监督管理机构应当将其列为重点监管对象，并可以根据具体情况采取下列措施：① 责令改进风险管理体系；② 责令增加资本金、办理再保险；③ 责令调整业务结构或者资产结构；④ 限制业务增长速度或者资产增长速度；⑤ 限制业务范围；⑥ 限制向股东分红；⑦ 限制固定资产购置或者经营费用规模；⑧ 限制资金运用的形式、比例； ⑨ 限制增设分支机构；⑩ 责令出售资产、转让保险业务；⑪ 限制董事、监事、高级管理人员的薪酬水平；⑫ 限制商业性广告；⑬ 责令调整负责人及有关管理人员；⑭ 责令停止接受新业务。

（三）准备金监管

准备金是保险公司履行承担赔偿或给付保险金义务的资金准备，是保险公司的负债。如果各项责任准备金计提不足，就不能保证被保险人或受益人及时得到赔付。为了确保保险公司的偿付能力，保障被保险人和受益人的利益，各国的保险法规都对准备金的提取作了明确规定，且内容大体一致。

1. 未到期责任准备金

未到期责任准备金是指保险公司在会计年度决算时，对未满期保单提存的一种资金准备。由于会计年度与保单规定的保险期限并不一致，在会计年度决算时，对来年依然有效的保单，必须从当年保费收入中提取一部分结转下一会计年度，提存的这部分保费收入，即未到期责任准备金。

我国《保险法》第99条规定："保险公司应当依法提取各项责任准备金。保险公司提取偿付能力目的的责任准备金应当遵循保障被保险人利益、保证偿付能力的原则。保险公司提取责任准备金的具体办法，由国务院保险监督管理机构制定。"

2. 未决赔款准备金

未决赔款准备金是保险公司在会计年度决算时，对已发生保险责任而应该赔付，但尚未赔付的赔款所提存的资金准备。造成这种情况的原因主要是：① 被保险人或受益人已经提出索赔，但保险公司需要对索赔申请进行审核，以确定是否属于保险责任及责任的多少；② 发生了保险事故，但被保险人或受益人尚未提出索赔申请。因此，保险公司必须从当年收取的保费中提取一部分作为未决赔款准备金。

（四）公积金监管

公积金是保险公司依照有关法律、行政法规及国家财务会计制度的规定，从公司税后利润中提取的积累资金。保险公司提取公积金是为了弥补公司亏损和增加公司资本金。公积金按来源的不同，可分为资本公积金和盈余公积金。

提 示

> 资本公积金是在公司的生产经营之外，由资本、资产本身及其他原因形成的股东权益收入。股份公司的资本公积金主要来源于的股票发行的溢价收入、接受的赠与、资产增值、因合并而接受其他公司资产净额等。
>
> 盈余公积金是指企业按照规定从税后利润中提取的积累资金。盈余公积金主要用于弥补企业以前年度亏损和转增资本。

（五）财务核算监管

为了有效地管理保险企业的经营，国家必须随时了解和掌握保险企业的营业状况。各国立法和行政规章一般都要求保险企业在年终时向主管部门递交年终报告，反映其财务核算结果。报告内容由主管部门统一制定，以便国家监督和检查，各国法律还赋予保险的行政监督机关以相当的权利直接定期或抽样检查保险企业的财务报表。

1. 建立精算报告与合规报告制度

根据《保险法》第 86 条的规定，保险公司应当聘用专业人员，建立精算报告制度和合规报告制度。

2. 按规定报送有关报告、报表、文件和资料

根据《保险法》第 87 条的规定，保险公司应当按照保险监督管理机构的规定，报送有关报告、报表、文件和资料。保险公司的偿付能力报告、财务会计报告、精算报告、合规报告、公司治理报告、资金运用报告、信息安全报告及其他有关报告、报表、文件和资料必须如实记录保险业务事项，不得有虚假记载、误导性陈述和重大遗漏。

3. 按规定妥善保管业务经营活动的完整账簿、原始凭证和有关资料

根据《保险法》第 88 条的规定，保险公司应当按照国务院保险监督管理机构的规定妥善保管业务经营活动的完整账簿、原始凭证和有关资料。账簿、原始凭证和有关资料的保管期限，自保险合同终止之日起计算，保险期间在一年以下的不得少于 5 年，保险期间超过一年的不得少于 10 年。

4. 聘请或者解聘中介机构报告制度

根据《保险法》第 89 条的规定，保险公司聘请或者解聘会计师事务所、资产评估机构、资信评级机构等中介服务机构，应当向保险监督管理机构报告；解聘会计师事务所、资产评估机构、资信评级机构等中介服务机构，应当说明理由。

思考题

1. 保险监管的目标是什么？
2. 保险监管模式有哪些？
3. 保险监管的主体是什么？
4. 保险监督管理机构如何依法履行职责？
5. 保险机构监管包括哪些内容？
6. 保险业务监管包括哪些内容？
7. 保险财务监管包括哪些内容？

第十章

与保险相关的其他法律制度

内容提要

与保险相关的其他法律、法规包括道路交通安全法、反不正当竞争法和消费者权益保护法。道路交通安全法主要与财产保险公司的机动车保险业务密切相关，属于机动车保险承保与理赔的主要法律依据之一。反不正当竞争法和消费者权益保护法主要与保险机构拓展市场业务相关行为密切相关，保险机构拓展业务除了应遵守保险监管部门的业务准则之外，也应当遵守正当竞争规则与保护消费者权益的规则。

学习目标

知识目标

- ⊃ 了解道路交通安全管理的原则与规则
- ⊃ 掌握公安交管部门处理交通事故的程序
- ⊃ 理解不正当竞争行为的类型与特征
- ⊃ 了解不正当竞争行为的违法责任
- ⊃ 了解消费者的权利与经营者的义务
- ⊃ 掌握消费者权益保护的方法

能力目标

- ⊃ 能够判断常见的交通违法行为
- ⊃ 能够识别常见的不正当竞争行为
- ⊃ 能够找到解决消费者权益纠纷的方法

引导案例

公安部部署全国公安交管部门在全国范围内组织统一行动，严查超速、超员、超载和疲劳驾驶等"三超一疲劳"的野蛮驾驶行为。仅 2013 年 8 月 15 日至 17 日 3 天，依法查处"三超一疲劳"野蛮驾驶行为 2.3 万起，其他野蛮危险驾驶行为 3 万余起。

"三超一疲劳"案例举例部分如下：

1. 客车超员案例（3 起）

6 月 15 日，河南省新中州运输集团某大客车发生侧翻，造成 3 人死亡，51 人受伤。经查，该客车核载 63 人，实载 105 人，超员 66.7%。

7 月 20 日，辽宁省大连顺达汽车客运服务有限公司某大客车，核载 55 人，实载 87 人，超员 58.2%。

8 月 11 日，云南省驾驶人郭某驾驶的微型面包车，核载 7 人，实载 15 人，超员 114.3%。在急弯处失控冲出路面翻坠陡坡下，造成 11 人死亡，4 人受伤。

2. 货车超载案例（2 起）

6 月 15 日，青海省平安县驾驶人田某驾驶重型货车，核载 12.67 吨，实载 36 吨，超载 184.1%。行驶途中因制动失效，与两辆小型轿车和一辆三轮汽车连环相撞，造成 5 人死亡，3 人受伤。

8 月 4 日，江西省鹏飞建陶有限责任公司某重型货车，核载 12.9 吨，实载 37.5 吨，超载 190.7%。行驶途中因车上瓷土倾泻，将对向行驶的一辆小型轿车掩埋，造成该车内 5 人死亡。

3. 超速行驶案例（2 起）

7 月 24 日，甘肃省榆中公路运输服务公司驾驶人张某驾驶大客车转弯时失控驶出路面，撞上路右侧灯杆后侧翻，造成 5 人死亡，10 人受伤。经查，该路段限速 70 公里/小时，肇事大客车行驶速度 102 公里/小时，超速 45.7%。

8 月 9 日，上海瑞锦旅游客运有限公司某大客车，与一辆大货车追尾相撞，造成客车内 10 人死亡，35 人受伤。经查，该路段大客车夜间限速 80 公里/小时，肇事大客车行驶速度 114 公里/小时，超速 38.9%。

4. 疲劳驾驶案例（1 起）

8 月 12 日，河南省金豫汽车运输有限公司某重型货车在行驶过程中越过道路中心黄实线，与对向正常行驶的大客车相撞，造成大客车内 11 人死亡，12 人受伤。经查，该车连续运行 42 小时，驾驶人张某、李某处于严重疲劳状态。

请思考：上述多起交通事故的发生，给了人们什么警示？

第一节 道路交通安全法

一、道路交通安全法概述

（一）立法目的

随着社会的不断发展，我国社会经济和人民生活水平的不断提高，人们对道路交通的需求迅猛增长，机动车数量和交通流量也大幅度增加。但是，由于城乡道路建设相对滞后，以及道路交通参与者的法制意识普遍淡薄，交通违法现象十分严重，使道路交通安全管理工作难度加大。目前，道路交通安全管理工作存在以下几个突出问题：① 道路交通安全形势严峻，道路交通事故特别是群死群伤的重特大交通事故发生率逐年上升，给国家财产和人民群众的生命、财产带来严重损害；② 大中城市的交通拥堵现象日趋严重，道路通行效率降低，严重影响人们正常的生产、生活；③ 办理机动车登记、检验和驾驶证审验等管理环节没有遵循管住重点、方便一般的原则，该严管的没管住，该便民的不便民；④ 公安交通管理部门及其交通警察的执法行为不规范，乱执法、滥执法等现象时有发生。

因此，为了维护道路交通秩序，预防和减少交通事故，保护人身安全，保护公民、法人和其他组织的财产安全及其他合法权益，提高通行效率，制定《道路交通安全法》是十分必要的。

（二）主管部门与职责

道路交通管理是一项十分复杂的系统工程，而道路交通安全管理只是这个系统中的一个方面。做好道路交通安全管理工作，不能仅仅依靠某一个管理部门，而要充分利用与道路交通工作有关的各个职能部门，各司其职，相互配合，共同创建安全、有序、畅通的道路交通体系。

1. 公安部

公安部即国务院公安部门，是国家道路交通安全的主管部门，负责全国道路交通安全管理工作。其主要职责是：制定全国统一的道路交通安全管理规章，指导全国城乡道路交通安全管理、安全宣传教育、交通指挥、维护交通秩序、处理交通事故和车辆安全检验、驾驶员考核与发证、发牌等工作，制定技术规范和标准，参与道路建设和交通安全设施的规划及组织交通安全科学研究工作等。

2. 地方公安机关交通管理部门

县级以上地方各级人民政府公安机关交通管理部门负责各自行政区域内的道路交通安全管理工作。

3. 行政主管部门

行政主管部门是指交通、建设行政主管部门，是与道路交通安全管理工作关系密切的职能部门。

（1）交通部门

交通部门是主管公路和水陆交通行业的部门，负责公路的规划、公路的建设、公路的养护、路政的管理、公路收费及监督检查等，并对破坏公路的行为进行处罚。

（2）建设部门

建设部门是主管城市道路的业务主管部门，负责研究拟订城市规划、村镇规划、工程建设、城市建设、村镇建设及城市供水、燃气、热力、市政设施、公共客运、园林、市容和环卫等工作。这些工作均与城市、村镇道路的建设和维护等息息相关。

此外，各级人民政府应当保证道路交通安全管理工作与经济建设和社会发展相适应。县级以上地方各级人民政府应当适应道路交通发展的需要，依据道路交通安全法律、法规和国家有关政策，制定道路交通安全管理规划，并组织实施。

二、道路交通安全法基本规定

（一）机动车和非机动车

《道路交通安全法》从便于进行道路交通安全管理的角度可将车辆分为机动车和非机动车两类。机动车是指以动力装置驱动或者牵引，在道路上行驶的供人员乘用或者用于运送物品以及进行工程专项作业的轮式车辆。非机动车是指以人力或者畜力驱动，上道路行驶的交通工具，以及虽有动力装置驱动但设计最高时速、空车质量、外形尺寸符合有关国家标准的残疾人机动轮椅车、电动自行车等交通工具。《道路交通安全法》专门对非机动车的管理作了相关规定，因此，非机动车的管理不适用机动车及其驾驶员管理的所有规定。

1. 机动车注册登记制度

国家对机动车实行登记制度。机动车经公安机关交通管理部门登记后，方可上道路行驶。尚未登记的机动车，需要临时上道路行驶的，应当取得临时通行牌证。

注册登记，又可以称为行驶资格登记，是机动车辆的"出生"登记。经过注册登记之后，机动车正式成为道路交通的一个活动主体，取得参与道路交通活动的合法主体资格，从而正式纳入《道路交通安全法》的管理范围。

未领取机动车号牌、机动车行驶证和机动车登记证书的机动车，其所有人应当填写机动车登记申请表，持相关资料向其所在地的公安机关交通管理部门车辆管理所申请注册登记。相关资料包括：机动车所有人的身份证明，机动车来历凭证，机动车整车出厂合格证或进口机动车进口凭证，车辆购置税的完税证明或者免税凭证，法律、行政法规规定应当在机动车登记时提交的其他证明、凭证。

2. 机动车上路行驶的牌证标志要求

驾驶机动车上道路行驶，应当悬挂机动车号牌，放置检验合格标志、保险标志，并随车携带机动车行驶证。机动车的牌号是车辆取得上道路行驶权利的标志，因此机动车牌号应当按照规定悬挂并保持清晰、完整，不得故意遮挡、污损。

机动车牌号是上路机动车不可缺少的法定标识和资格证明，任何单位和个人不得收缴、扣留机动车号牌。

3．机动车的过户登记项目

机动车过户登记是指已注册登记机动车的所有权发生转移，且原机动车所有人和现机动车所有人的住所在同一车辆管理所管辖区的，现机动车所有人应于机动车所有权转移之日起 30 日内，办理机动车过户登记。

办理机动车过户登记，现机动车所有人应当填写机动车登记申请表，持相关资料，向机动车管辖地车辆管理所申请过户登记，并交验车辆。所持相关资料包括：现机动车所有人的身份证明；机动车登记证书；机动车来历凭证；解除海关监管的机动车，应当提交监管海关出具的《中华人民共和国海关监管车辆解除监管证明书》；机动车行驶证；申请办理过户登记的机动车的标准照片；按规定需要改变机动车登记编号的，还应当交回机动车号牌。

车辆管理所自受理之日起三个工作日内，按照《机动车登记工作规范》的规定，审核资料，确认车辆，对超过检验周期的机动车进行安全检测。对符合本办法规定的，在机动车登记证书上记载过户登记事项，对需要改变机动车登记编号的，确定机动车登记编号，收回原机动车号牌和原机动车行驶证，重新核发机动车号牌和机动车行驶证；对不需要改变机动车登记编号的，收回机动车行驶证并重新核发。

4．机动车的常规检验制度

对登记后上道路行使的机动车，应当依照法律、行政法规的规定，根据车辆用途、载客载货数量、使用年限等不同情况，定期进行安全技术检验。

机动车定期检验通常每年进行一次，所以又称年度检验。定期检验的目的在于检查机动车的主要技术状况，督促加强机动车的维修保养，使机动车处于完好状态，确保机动车行驶安全。

机动车定期检验的主要内容有：检查机动车发动机、底盘、车身及附属设备是否齐全有效；检查制动性、转向操作性、灯光、排放等是否符合国家标准要求；经过改装、改型的机动车是否办理了审验和异动登记手续；检查号牌与行驶证有无损坏、涂改，字迹是否清楚；转籍、过户是否办理了规定的手续，在册机动车与实有机动车是否一致等。

5．机动车第三者责任险强制保险制度

（1）第三者责任险强制保险制度

第三者责任险强制保险制度是指国家对于在我国境内行驶的车辆要求必须办理第三者责任险，否则不予办理注册登记及检验的制度。设立第三者责任强制保险制度主要是为了保障车辆以外的第三方在遭受人身伤亡和财产损毁时，人身伤亡能够得到及时的救助，财产损毁能够得到及时的赔偿。

第三者责任险是车辆基本险的一种，它是指被保险人或其允许的合格驾驶员在使用保险车辆过程中，发生意外事故，致使第三者遭受人身伤亡或者财产直接损毁，依法应当由被保险人支付的赔偿金额，保险人依照《道路交通事故处理办法》和保险合同的规定给予赔偿。

需要注意的是，强制第三者责任险与商业第三者责任险不是同一险种。

（2）道路交通事故社会救助基金

道路交通事故社会救助基金是为了对肇事逃逸机动车、未投保机动车辆造成的交通事故，对受害人进行补偿的制度，是对机动车第三者责任保险制度的重要补充。

在机动车肇事逃逸后，由于暂时无法确定肇事车辆的身份及其投保的保险公司，机动车第三者责任保险的赔偿救助机制难以发挥作用。同样，如果事故车辆根本就没有参加第三者责任保险，也没有理由和措施使保险公司理赔。为了保障受害人得到最基本的抢救治疗，弥补机动车第三者强制保险制度可能遗留的保障盲区，《道路交通安全法》在确立机动车第三者责任强制保险制度的同时，又规定了道路交通事故社会救助制度。

（二）机动车驾驶人

1. 对机动车驾驶人上路行驶的要求

驾驶人驾驶机动车上道路行驶前，要进行必要的车辆检查，禁止驾驶安全设备不全或者机件不符合安全技术标准等具有安全隐患的机动车。

机动车驾驶人遵守道路交通安全法律、法规的规定，并按照操作规范安全、文明驾驶。下列情形中，驾驶人不得驾驶机动车：在饮酒、服用国家管制的精神药品或者麻醉药品，患有妨碍安全驾驶机动车的疾病，以及过度疲劳影响安全驾驶的，不得驾驶机动车。

任何人不得强迫、指使、纵容驾驶人违反道路交通安全法律、法规和机动车安全驾驶要求驾驶机动车。

读 一 读

酒后驾驶的危害

（1）触觉能力降低。饮酒后驾车，由于酒精的麻醉作用，人手、脚的触觉较平时降低，往往无法正常控制节气门、制动装置及转向盘。

（2）判断能力和操作能力降低。饮酒后，人对光、声刺激反应时间延长，本能反射动作的时间也相应延长，感觉器官和运动器官，如眼、手、脚之间的配合发生障碍，因此，无法正确判断距离和速度。

（3）视觉障碍。人饮酒后可使视力暂时受损，视像不稳，辨色能力下降，因此不能发现和正确领会交通信号、标志和标线。同时，人饮酒后视野大大减小，视像模糊，眼睛只盯着前方目标，对处于视野边缘的危险隐患难以发现，易发生事故。

（4）心理状态失常。在酒精的刺激下，人有时会过高地估计自己，对周围人的劝告常不予理睬，往往干出一些力不从心的事。

（5）疲劳。人饮酒后易困倦，表现为行驶不规律、空间视觉差等疲劳驾驶行为。

2. 驾驶证的审验

公安机关交通管理部门按照法律、行政法规的规定，定期对机动车驾驶证实施审验。

现阶段，机动车驾驶证审验的内容包括：进行身体检查、审核违反道路交通安全法律与法规行为和事故是否处理结束；对于审核合格的，在驾驶证上按规定格式签章或记载。持未记载审验合格的驾驶证不具备驾驶资格。

3. 驾驶员违章累积记分制度

公安交通管理部门对机动车驾驶人违反道路交通安全法律、法规行为除依法给予行政处罚外，实行累积记分制度。

（1）记分分值。记分分值是指与交通违章行为相对应的违章记分数值。一次记分的分值，依据违章行为的严重程度，分为 12 分、6 分、3 分、2 分和 1 分。

（2）记分执行。记分周期为一年，总分 12 分，从机动车驾驶员初次领取机动车驾驶证之日起计算。一个记分周期期满后，记分分值累加未达到 12 分的，该周期内的记分分值予以消除，不转入下一个记分周期。

（3）重新考试。公安机关交通管理部门对在一个记分周期内，记分分值满 12 分的机动车驾驶员进行考试的内容是，交通法规与相关知识和道路驾驶。机动车驾驶员在一个记分周期内再次被记满 12 分的，除须重新参加交通法规与相关知识和道路驾驶考试外，还须增考场地驾驶。

对于遵守道路交通安全法律、法规，在一年内无累计记分的机动车驾驶人，可以依法延长审验期。

典型案例

某日，李某（19 岁）驾驶无号牌的三轮摩托车搭载张某和袁某在某路段由南向北行驶，在越过道路中心线超越前方车辆时，与王某（18 岁）驾驶的由北向南行驶的无号牌两轮摩托车发生碰撞，造成两车损坏及王某受伤。经过公安局交通民警林某、冯某的现场勘查及调查材料综合分析证实：李某未依法取得驾驶证，驾驶未经公安机关交通管理部门登记的机动车，且在道路上没有按照交通信号，私自越过对方车道行驶。王某未依法取得驾驶证，驾驶未经公安机关交通管理部门登记的机动车在道路上行驶。

请思考：本案中李某和王某是否违反《道路交通安全法》？该如何处理？

【评析】

首先，李某的行为违反了《道路交通安全法》第 8 条（机动车经公安机关交通管理部门登记后，方可上道路行驶。尚未登记的机动车，需要临时上道路行驶的，应当取得临时通行牌证）、第 19 条第 1 款（驾驶机动车应当依法取得机动车驾驶证）和第 38 条（车辆、行人应当按照交通信号通行；遇有交通警察现场指挥时，应当按照交通警察的指挥通行；在没有交通信号的道路上，应当在确保安全、畅通的原则下通行）的规定，是造成此事故的主要原因。

其次，王某的行为违反了《道路交通安全法》第 8 条及第 19 条第 1 款的规定。

因此，交警部门应依法确定李某承担此事故主要责任，王某承担次要责任。对李某处以 200 元以上 2 000 元以下罚款，并处 15 日以下拘留；对王某处以 200 元以上 2 000 元以下罚款。

（三）道路通行条件

构成道路交通的三要素是人、车、路。其中人和车是道路交通中活动的因素，而路是道路交通中比较固定的因素和条件。

1. 交通信号

交通信号是指在道路上示意车辆、行人如何通行的各种交通指挥信息的总称，主要分为四类：交通信号灯、交通标志、交通标线和交通警察的指挥。

（1）交通信号灯由红灯、绿灯和黄灯三种组成，红灯表示禁止通行，绿灯表示准许通行，黄灯表示警示。交通信号灯信号可以分为指挥灯信号、车道灯信号和人行横道信号。

（2）交通标志是指由图形符号和文字，配之以特定的形状和颜色而组成的指示牌，向交通参与人传递交通信息，包括警告、禁令、指路等方面的指示，是管理道路交通的重要设施之一。

（3）交通标线是由各种路面标线、箭头、文字、立面标记、突起路标和路边线等，所构成的交通安全设施。根据《道路交通标志和标线》国家标准（GB 5768—1999）的规定，道路交通标线分为指示标线、禁止标线和警告标线三类，共 72 种。

（4）交通警察的指挥是指由交通警察通过手势、指挥棒进行指挥、引导和疏通交通的行为。

2. 道路、停车场和道路配套设施的规划设置要求

（1）道路、停车场和道路配套设施的规划、设计、建设应当符合道路交通安全、畅通的需要。

在公路和城市道路等道路的规划、设计和建设过程中，公安机关交通管理部门应当积极参与，从确保道路安全、畅通的角度提出意见和建议。

对于已经建设完成投入使用的道路、停车场、道路设施及道路交通信号设施，公安机关交通管理部门，也应当根据交通的需求和交通安全管理的实际需要，适时提出变更调整的建议，有关道路主管部门应当根据实际情况进行合理地调整。

（2）公安机关交通管理部门具有报告道路事故频发路段及其他道路设施安全隐患的义务。

交通事故在道路的空间分布上有分散型和密集型两种。分散型的事故多与驾驶人及其他交通参与人的不安全行为有关，如超速行驶、截头猛拐、强行超车、跟车过近、酒后驾车、疲劳驾车、行人临时横路、非机动车与机动车抢行等；而密集型分布的事故则多与道路类型、交通设施和交通环境等因素有关，如急弯坡路、视距不良、傍山险道及交通设施欠缺的路口和岔口等地点称为事故多发点或多发路段。

此外，我国的一些道路、停车场及其他道路设施，由于设计、施工、年久失修等原因，存在着许多安全隐患，容易发生交通事故。对此，公安机关交通管理部门应当根据掌握的统计资料，并通过对大量实例的研究，找出道路设计的缺陷，使道路设计不仅仅以满足规范要求为目的，还要通过研究、分析道路交通参与者的心理因素，辅以道路设计的规范性原理，实现道路设计的人性化，提高道路交通的可靠性和安全性，减少道路交通事故中的非偶然性因素。

3. 道路及道路交通的设施维护

为了保障道路、道路设施和道路交通信号的完好，《道路交通安全法》专门规定了有关部门承担道路养护的责任。

因道路出现坍塌、坑槽、水毁、隆起等损毁或者交通信号灯、交通标志、交通标线等交通设施损毁、灭失而影响道路安全和畅通的，道路、交通设施的养护部门应立即设立警示标志，如"注意危险标志""过水路面标志""易滑标志"等，并立即组织抢修。如果已经开始抢修施工，还要标明"施工标志"等。

对于道路损毁的修复，公安机关交通管理部门应当进行督促和监督，保障修复施工符合交通安全的标准，警示标志的设置及其他交通信号的设置要符合国家标准。

对于尚未进行修复，也未设置警示标志的损毁路段，公安机关交通管理部门应当在督促有关部门尽快设置警示标志并抢修。同时，积极采取安全措施疏导交通，维护交通秩序和安全，尽最大可能避免或减少交通事故的发生。

（四）道路通行规定

1. 道路通行的一般规定

（1）车辆实行右侧通行的原则

右侧通行是我国车辆通行的基本原则，其他许多通行规则均以此为基础。右侧通行的标准是：如果道路上划设有中心线的，以中心线为界；未划设中心线的，以几何中心为界，以面对方向定左右，即左手一侧的道路为左侧道路，右手一侧的道路为右侧道路，除了有特殊规定的车辆以外，一律靠右侧道路行驶。在路口内，有岗台或中心圈的，以岗台或中心圈为界，除了有特殊规定的车辆外，均从其右侧左转弯。

应当注意的是，右侧通行的原则只适用于机动车和非机动车，行人不适用右侧通行的原则，自行车推行也视为行人。

（2）车辆和行人各行其道

各行其道是保障道路交通参与主体有序通行的重要原则。按照"低速置右"的原则，可将道路划分为机动车道、非机动车道和人行道。同一方向最左侧为机动车道，然后由左向右，依次是非机动车道和人行道。在机动车道中又可以划分出大型机动车道和小型机动车道，小型机动车道靠左，也可以说行驶速度最高的靠左。

为了明确车辆与行人、车辆与车辆之间各行其道的界限，管理部门可以用路缘石、隔离墩、栏杆或交通标志、标线作为不同路道之间的界限。在划道的道路上，车辆和行人只在属于自己的路道内享有路权，必须严格按照各行其道的原则通行。在没有明确的标志划道场合，默认为机动车在道路中间行驶，非机动车和行人在道路两侧通行。

（3）专用车道内，只准许规定的车辆通行

为了保障某一类车辆的畅通，提高道路的通行效率，在设置的专用车道内，只有某些规定的车辆具有通行权，其他车辆不得进入专用车道行驶，也不得借道行驶。目前，专用车道主要是指公共交通专用车道，简称公交车道。

（4）按交通信号通行

在有交通信号的场合，车辆和行人应当严格按照交通信号灯、交通标志、交通标线的规定通行。否则，将构成交通违章行为。

在遇到有交通信号灯、交通标志、交通标线的规定与交通警察的指挥不一致时，车辆和行人应当服从交通警察的指挥。

在没有任何交通信号的情况下，车辆和行人应当在确保安全、畅通的情况下通行。

（5）公安机关交通管理部门可以采取限制通行措施

① 公安机关交通管理部门根据道路的实际状况和交通流量的具体情况，对行人、车辆种类、区域和时间采取疏导、限制通行、禁止通行等措施。

② 遇到大型群众性活动、大范围施工等情况采取限制、禁止性交通组织措施，或者作出与公众的道路交通活动直接有关的决定时，应当提前向社会公告。

（6）公安机关交通管理部门可实施交通管制

在遇有自然灾害、恶劣气象条件或者重大交通事故等严重影响交通安全的情形，采取其他措施难以保证交通安全时，公安机关交通管理部门可以实行交通管制。

2．机动车通行的规定

（1）对机动车行驶速度进行限制

在设置限速标志的道路或者路段上，机动车的行驶速度不得超过限速标志规定的最高时速。在没有限速标志的路段，应当保持安全车速。在夜间行驶或者在容易发生危险的路段行驶，以及遇有沙尘、冰雹、雨、雪、雾等低能见度气象条件时，应当降低行驶速度。

（2）保持安全车距及禁止超车

同车道行驶的机动车，后车应当与前车保持足以采取紧急制动措施的安全距离。禁止机动车在下列情形下超车：① 前车正在左转弯、掉头、超车；② 与对面来车有会车可能；③ 前车为执行紧急任务的警车、消防车、救护车、工程救险车；④ 行经铁路道口、交叉路口、窄桥、弯道、陡坡、隧道、人行横道、市区交通流量大的路段等没有超车条件的情况。

（3）有交通信号控制的交叉路口车辆通行

车辆通过有交通信号控制的交叉路口，应当按照交通信号灯、交通标志、交通标线或者交通警察的指挥通过。当车辆通过没有交通信号灯、交通标志、交通标线或者交通警察指挥的路口时，应当减速慢行。如遇有行人和优先通行的车辆通过路口，应采取必要措施，保证行人和优先通行的车辆先行。

（4）机动车排队等候或者在行驶缓慢的场合时行车

在道路通行顺畅的场合，允许借道超车，但遇到前方车辆排队等候或者车辆行驶缓慢的情况时，不得借道超车或占用对面车道，也不得穿插等候的车辆。

在车道减少的路段、路口，或者在没有交通信号灯、交通标志、交通标线或者交通警察指挥的交叉路口遇到停车排队等候或者缓慢行驶时，机动车应当依次交替通行。

（5）机动车通过人行横道

机动车经过人行横道时，应当减速行驶；遇行人正在通过人行横道，应当停车让行。机动车行经没有交通信号的道路时，遇行人横过道路，应当避让。

（6）机动车载物

机动车载物应当符合核定的载物质量，严禁超载；载物的长、宽、高不得违反装载要求，不得遗撒、飘散运载运物。

机动车运载超限的不可解体的物品，影响交通安全的，应当按照公安机关交通管理部门指定的时间、路线、速度行驶，悬挂明显标志。在公路上运载超限的不可解体的物品，应当依照公路法的规定执行。

机动车载运爆炸物品、易燃易爆化学物品及剧毒、放射性等危险物品，应当经公安机关批准后，按指定的时间、路线、速度行驶，悬挂警示标志并采取必要的安全措施。

（7）机动车载客

机动车载人不得超过核定的人数，客运机动车不得违反规定载货。货运机动车禁止搭乘与货物运输无关的人员。机动车除驾驶室和车厢外，其他任何部位都不准载人，载物高度超过车厢栏板时，货物上不准乘人。

机动车行驶时，驾驶员和乘坐人员必须使用安全带，摩托车的驾驶员和乘坐人员必须佩戴安全头盔。

（8）在道路上发生故障的机动车采取安全措施

机动车发生故障后需要停车排除的，要求驾驶人立即开启危险报警灯，并将机动车移至不妨碍交通的地方停放。如果机动车的故障使得机动车不能行驶，又无法移动的，必须持续开启危险报警灯，并采取在车后设置警告标志等措施，扩大示警距离。

在一般情况下，如果机动车在原地抢修并不影响道路畅通，可以允许机动车在原地排除故障，但在高速公路、城市主要道路或者其他交通流量大、可能会造成交通堵塞的路段，机动车驾驶人必须立即报告交通警察，由救援车辆拖曳故障车。

（9）特种车辆享有特别通行权

警车、消防车、救护车、工程抢险车执行紧急任务时，可以使用警报器、标志灯具；在确保安全的前提下，不受行驶路线、行驶方向、行驶速度和信号灯的限制，其他车辆和行人应当让行。

警车、消防车、救护车、工程抢险车非执行紧急任务时，不得使用警报器、标志灯具，不享有上述规定的道路优先通行权。

（10）机动车按规定停放

机动车的停放有两种情况，即停放和临时停放。机动车停放时，车辆应当在规定地点停放，机动车驾驶员可以离开车辆。但禁止在人行道上停放机动车。

临时停放是指允许车辆在一些道路和场地临时停车，但只允许短暂停留，且不能影响其他车辆的通行。

三、道路交通事故处理程序基本规定

公安机关交通管理部门处理交通事故程序的主要依据是 2009 年 1 月 1 日起施行的《道路交通事故处理程序规定》。

道路交通事故由发生地的县级公安机关交通管理部门管辖。未设立县级公安机关交通管理部门的，由设区市公安机关交通管理部门管辖。道路交通事故发生在两个以上管辖区域的，由事故起始点所在地公安机关交通管理部门管辖。

依据《道路交通事故处理程序规定》，公安机关交通管理部门处理交通事故处理的主要程序包括：报警，受理，现场调查，检验和鉴定，道路交通事故认定，复核，处罚，以及损害赔偿调解。

（一）报警

道路交通事故有下列情形之一的，当事人应当保护现场并立即报警：

（1）造成人员死亡、受伤的。

（2）发生财产损失事故，当事人对事实或者成因有争议的，以及虽然对事实或者成因无争议，但协商损害赔偿未达成协议的。

（3）机动车无号牌、无检验合格标志、无保险标志的。

（4）载运爆炸物品、易燃易爆化学物品及毒害性、放射性、腐蚀性、传染病病原体等危险物品车辆的。

（5）碰撞建筑物、公共设施或者其他设施的。

（6）驾驶人无有效机动车驾驶证的。

（7）驾驶人有饮酒、服用国家管制的精神药品或者麻醉药品嫌疑的。

（8）当事人不能自行移动车辆的。

发生财产损失事故，并具有上述第 2 项至第 5 项情形之一，车辆可以移动的，当事人可以在报警后，在确保安全的原则下对现场进行拍照或者标划停车位置，将车辆移至不妨碍交通的地点等候处理。

对仅造成人员轻微伤或者具有上述第 2 项至第 8 项规定情形之一的财产损失事故，公安机关交通管理部门也可以适用简易程序处理，但是有交通肇事犯罪嫌疑的除外。

机动车与机动车、机动车与非机动车发生财产损失事故，当事人对事实及成因无争议的，可以自行协商处理损害赔偿事宜。

公路上发生道路交通事故的，驾驶人必须在确保安全的原则下，立即将车上人员疏散到路外安全地点，避免发生次生事故。驾驶人已因道路交通事故死亡或者受伤无法行动的，车上其他人员应当自行组织疏散。

（二）受理

公安机关交通管理部门接到道路交通事故报警后，应当记录下列内容：

（1）报警方式，报警时间，报警人姓名、联系方式，电话报警的，还应当记录报警电话。

（2）发生道路交通事故时间、地点。

（3）人员伤亡情况。

（4）车辆类型、牌号，车辆是否载有危险物品及危险物品的种类等。

（5）涉嫌交通肇事逃逸的，还应当询问并记录肇事车辆的车型、颜色、特征及其逃向，逃逸驾驶人的体貌特征等有关情况。

公安机关交通管理部门接到道路交通事故报警或者出警指令后，应当按照规定立即派交通警察赶赴现场。当事人未在道路交通事故现场报警，事后请求公安机关交通管理部门处理的，公安交通管理部门应当对上述内容予以记录，并在 3 日内作出是否受理的决定。经核查道路交通事故事实存在的，公安机关交通管理部门应当受理，并告知当事人；经核查无法证明道路交通事故事实存在，或者不属于公安机关交通管理部门管辖的，应当书面告知当事人，并说明理由。

（三）调查

交通警察应当对事故现场进行调查，做好下列工作：

（1）勘查事故现场，查明事故车辆、当事人、道路及其空间关系和事故发生时的天气情况。

（2）固定、提取或者保全现场证据材料。

（3）查找当事人、证人进行询问，并制作询问笔录。

（4）其他调查工作。

交通警察勘查道路交通事故现场时，应当按照有关法规和标准的规定，拍摄现场照片，绘制现场图，提取痕迹、物证，制作现场勘查笔录。发生一次死亡 3 人以上道路交通事故的，还应当进行现场摄像。

现场图、现场勘查笔录应当由参加勘查的交通警察、当事人或者见证人签名。当事人、见证人拒绝签名或者无法签名及无见证人的，应当记录在案。痕迹或者证据可能因时间、地点、气象等原因灭失的，交通警察应当及时固定、提取或者保全。

交通警察应当检查当事人的身份证件、机动车驾驶证、机动车行驶证和保险标志等；对交通肇事嫌疑人可以依法传唤。

交通警察勘查事故现场完毕后，应当清点并登记现场遗留物品，迅速组织清理现场，尽快恢复交通。

投保机动车交通事故责任强制保险的车辆发生道路交通事故时，因抢救受伤人员需要保险公司支付抢救费用的，公安机关交通管理部门需书面通知保险公司。

抢救受伤人员需要道路交通事故社会救助基金垫付费用的，公安机关交通管理部门需书面通知道路交通事故社会救助基金管理机构。

（四）检验和鉴定

1. 检验

道路交通事故处理需要进行检验、鉴定的，公安机关交通管理部门应当自事故现场调查结束之日起 3 日内，委托具备资格的鉴定机构进行检验、鉴定。尸体检验应当在死亡之日起 3 日内委托。对现场调查结束之日起 3 日后需要检验、鉴定的，应当报经上一级公安机关交通管理部门批准。

公安机关交通管理部门应当与检验、鉴定机构约定检验、鉴定完成的期限，约定的期限不得超过 20 日。超过 20 日的，应当报经上一级公安机关交通管理部门批准，但最长不得超过 60 日。

卫生行政主管部门许可的医疗机构具有执业资格的医生为道路交通事故受伤人员出具的诊断证明，公安机关交通管理部门可以作为认定人身伤害程度的依据。

检验中需要解剖尸体的，应当征得其家属的同意。解剖未知名尸体的，应当报经县公安机关或者上一级公安机关交通管理部门负责人批准。检验尸体结束后，应当书面通知死者家属在 10 日内办理丧葬事宜。无正当理由逾期不办理的应记录在案，并经县级以上公安机关负责人批准，由公安机关处理尸体，逾期存放的费用由死者家属承担。

对未知名尸体，由法医提取人身识别检材，并对尸体拍照、采集相关信息后，由公安机关交通管理部门填写未知名尸体信息登记表，并在设区市级以上报纸刊登认尸启事。登报后 30 日仍无人认领的，由县级以上公安机关负责人或者上一级公安机关交通管理部门负责人批准处理尸体。

2. 鉴定报告

检验、鉴定机构应当在约定或者规定的期限内完成检验、鉴定，并出具书面检验、鉴定报告，由检验、鉴定人签名并加盖机构印章。检验、鉴定报告应当载明以下事项：委托人；委托事项；提交的相关材料；检验、鉴定的时间；依据和结论性意见，通过分析得出结论性意见的，应当有分析过程的说明。

公安机关交通管理部门应当在收到检验、鉴定报告之日起 2 日内，将检验、鉴定报告复印件送达当事人。当事人对检验、鉴定结论有异议的，可以在公安机关交通管理部门送达检验、鉴定报告之日起 3 日内申请重新检验、鉴定，经县级公安机关交通管理部门负责人批准后，进行重新检验、鉴定。重新检验、鉴定应当另行委托检验、鉴定机构或者由原检验、鉴定机构另行指派鉴定人。公安机关交通管理部门应当在收到重新检验、鉴定报告之日起 2 日内，将重新检验、鉴定报告复印件送达当事人。重新检验、鉴定以 1 次为限。

检验、鉴定结论确定之日起 5 日内，公安机关交通管理部门应当通知当事人领取扣留的事故车辆、机动车行驶证及扣押的物品。对驾驶人逃逸的无主车辆或者经通知当事人 30 日后仍不领取的车辆，经公告 3 个月仍不来接受处理的，对扣留的车辆依法处理。

（五）道路交通事故认定

1. 道路交通事故认定的具体责任划分

道路交通事故认定应当做到程序合法、事实清楚、证据确实充分、适用法律正确、责任划分公正。公安机关交通管理部门应当根据当事人的行为对发生道路交通事故所起的作用及过错的严重程度，确定当事人的责任。

（1）因一方当事人的过错导致道路交通事故的，承担全部责任。

（2）因两方或者两方以上当事人的过错发生道路交通事故的，根据其行为对事故发生的作用及过错的严重程度，分别承担主要责任、同等责任和次要责任。

（3）各方当事人均无导致道路交通事故的过错，属于交通意外事故的，各方均无责任。

（4）一方当事人故意造成道路交通事故的，他方无责任。

2. 道路交通事故认定书

公安机关交通管理部门应当自现场调查之日起 10 日内，制作道路交通事故认定书。交通肇事逃逸案件在查获交通肇事逃逸人和车辆后 10 日内，制作道路交通事故认定书。对需要进行检验、鉴定的交通事故，应当在检验、鉴定结论确定之日起 5 日内制作道路交通事故认定书。

交通事故中发生死亡事故的，公安机关交通管理部门应当在制作道路交通事故认定书前，召集各方当事人到场，公开调查取得证据。证人要求保密或者涉及国家秘密、商业秘密及个人隐私的证据，公安机关交通管理部门不得公开。当事人不到场的，公安机关交通管理部门应当予以记录。

道路交通事故认定书应当由办案民警签名或者盖章，加盖公安机关交通管理部门道路交通事故处理专用章，分别送达当事人，并告知当事人向公安机关交通管理部门申请复核、调解和直接向人民法院提起民事诉讼的权利及期限。

逃逸交通事故尚未侦破，受害一方当事人要求出具道路交通事故认定书的，公安机关交通管理部门应当在接到当事人书面申请后 10 日内制作道路交通事故认定书，并送达受害一方当事人。道路交通事故认定书应当载明事故发生的时间、地点、受害人情况及调查得到的事实，有证据证明受害人有过错的，确定受害人的责任；无证据证明受害人有过错的，确定受害人无责任。

道路交通事故成因无法查清的，公安机关交通管理部门应当出具道路交通事故证明，载明道路交通事故发生的时间、地点、当事人情况及调查得到的事实，分别送达当事人。

3. 道路交通事故认定书内容

道路交通事故认定书应当载明以下内容：

（1）道路交通事故当事人、车辆、道路和交通环境等基本情况。

（2）道路交通事故发生经过。

（3）道路交通事故证据及事故形成原因的分析。

（4）当事人导致道路交通事故的过错及责任或者意外原因。

（5）作出道路交通事故认定的公安机关交通管理部门名称和日期。

（六）复核

1. 申请与受理

当事人对道路交通事故认定有异议的，可以自道路交通事故认定书送达之日起3日内，向上一级公安机关交通管理部门提出书面复核申请。复核申请应当载明复核请求及其理由和主要证据。上一级公安机关交通管理部门收到当事人书面复核申请后5日内，应当作出是否受理的决定。

2. 复核

上一级公安机关交通管理部门自受理复核申请之日起 30 日内，应对下列内容进行审查，并做出复核结论：

（1）道路交通事故事实是否清楚，证据是否确实充分，适用法律是否正确。

（2）道路交通事故责任划分是否公正。

（3）道路交通事故调查及认定程序是否合法。

复核原则上采取书面审查的办法，但是当事人提出要求或者公安机关交通管理部门认为有必要时，可以召集各方当事人到场，听取各方当事人的意见。

复核审查期间，任何一方当事人就该事故向人民法院提起诉讼并经法院受理的，公安机关交通管理部门应当终止复核。

上一级公安机关交通管理部门经审查认为原道路交通事故认定事实不清、证据不确实充分、责任划分不公正、调查及认定违反法定程序的，应当做出复核结论，责令原办案单位重调查、认定。

上一级公安机关交通管理部门经审查认为原道路交通事故认定事实清楚、证据确实充分、适用法律正确、责任划分公正、调查程序合法的，应当做出维持原道路交通事故认定的复核结论。

上一级公安机关交通管理部门作出复核结论后，应当召集事故各方当事人，当场宣布复核结论。当事人没有到场的，应当采取其他法定形式将复核结论送达当事人。

3. 重新认定

上一级公安机关交通管理部门作出责令重新认定的复核结论后，原办案单位应当在10日内依照规定重新调查，重新制作道路交通事故认定书，并撤销原道路交通事故认定书。

重新调查需要检验、鉴定的，原办案单位应当在检验、鉴定结论确定之日起5日内，重新制作道路交通事故认定书，并撤销原道路交通事故认定书。重新制作的道路交通事故认定书，原办案单位应当送达各方当事人，并书面报上一级公安机关交通管理部门备案。

（七）处罚执行

公安机关交通管理部门应当在作出道路交通事故认定之日起5日内，对当事人的道路交通安全违法行为依法作出处罚。

对发生道路交通事故构成犯罪，依法应当吊销驾驶人机动车驾驶证的，应当在人民法院作出有罪判决后，由设区市公安机关交通管理部门依法吊销其机动车驾驶证；同时具有逃逸情形的，公安机关交通管理部门应当同时依法作出终身不得重新取得机动车驾驶证的决定。

📚 典型案例

2015年1月16日，王某驾驶一辆重型自卸货车沿寿高路由复兴方向往寿安方向行驶。7时40分许，王某驾车行驶至蒲江县西来镇某路口处，与同向行驶由周某驾驶搭载徐某的人力三轮车相碰，相碰后，人力三轮车又与同向行驶由袁某驾驶的人力三轮车相碰。造成车辆受损，袁某受伤，周某、徐某经医生确认当场死亡。

事故发生后，王某驾驶肇事车逃离现场，当日晚，王某被民警抓获。根据《道路交通安全法实施条例》第92条的规定，确定王某承担事故的主要责任。

2015年6月24日，蒲江县法院判决，王某犯交通肇事罪，判处有期徒刑5年10个月。公安机关交通管理部门对王某处以吊销机动车驾驶证，且终生不得重新取得机动车驾驶证的处罚。

【评析】

根据《道路交通安全法》第101条规定："违反道路交通安全法律、法规的规定，发生重大交通事故，构成犯罪的，依法追究刑事责任，并由公安机关交通管理部门吊销机动车驾驶证。造成交通事故后逃逸的，由公安机关交通管理部门吊销机动车驾驶证，且终生不得重新取得机动车驾驶证。"

驾驶人被"终身禁驾"主要有两种情形：一是造成重大交通事故后逃逸构成犯罪的；二是饮酒或者醉酒驾驶机动车，发生重大交通事故构成犯罪的。

（八）损害赔偿调解

1．调解申请

当事人对道路交通事故损害赔偿有争议，各方当事人一致请求公安机关交通管理部门调解的，各方当事人应当在收到道路交通事故认定书或者上一级公安机关交通管理部门维持原道路交通事故认定的复核结论之日起10日内，向公安机关交通管理部门提出书面申请。

公安机关交通管理部门应当按照合法、公正、自愿、及时的原则，采取公开方式进行道路交通事故损害赔偿调解。调解时允许旁听，但是当事人要求不予公开的除外。

公安机关交通管理部门应当与当事人约定调解的时间、地点，并于调解时间3日前通知当事人。口头通知的，应当记入调解记录。调解参加人因故不能按期参加调解的，应当在预定调解时间1日前通知承办的交通警察，请求变更调解时间。

2．参加损害赔偿调解的人员

参加损害赔偿调解的人员包括：① 道路交通事故当事人及其代理人；② 道路交通事故车辆所有人或者管理人；③ 公安机关交通管理部门认为有必要参加的其他人员。

委托代理人应当出具由委托人签名或者盖章的授权委托书。授权委托书应当载明委托事项和权限。参加调解时，当事人一方不得超过3人。

3．损害赔偿调解程序

交通警察调解道路交通事故损害赔偿，按照下列程序实施：

（1）告知道路交通事故各方当事人的权利、义务。

（2）听取当事人各方的请求。

（3）根据道路交通事故认定书认定的事实及《道路交通安全法》第76条的规定，确定当事人承担的损害赔偿责任。

（4）计算损害赔偿的数额，确定各方当事人各自承担的比例，人身损害赔偿的标准按照《最高人民法院关于审理人身损害赔偿案件适用法律若干问题的解释》规定执行，财产损失的修复费用、折价赔偿费用按照实际价值或者评估机构的评估结论计算。

（5）确定赔偿履行方式及期限。

4．道路交通事故损害赔偿调解书

经调解达成协议的，公安机关交通管理部门应当当场制作道路交通事故损害赔偿调解书，由各方当事人签字，并分别送达各方当事人。

调解书应当载明以下内容：调解依据，道路交通事故认定书认定的基本事实和损失情况，损害赔偿的项目和数额，各方的损害赔偿责任及比例，赔偿履行方式和期限，调解日期。

经调解各方当事人未达成协议的，公安机关交通管理部门应当终止调解，并制作道路交通事故损害赔偿调解终结书送达各方当事人。

📚 典型案例

2010年5月10日18时8份许，张某驾驶陕D××××号大地小型越野客车，沿红光路由东向西行驶至热电厂附近，将车靠在红光路北侧路边买完东西上车启动，继续由东向西绕红光路北侧沙堆时，不慎撞向前面同方向已绕过沙堆骑二轮电动车的

郑某。事发后，张某因过度紧张紧踩油门，又将郑某撞到对面车道，车继续前行撞向了由西向东车道上停放的岳某的陕A×××× 号中华轿车，后冲过绿化带，停在由西向东的非机动车道上，事故造成郑某严重受伤。

事后，认定交通事故形成原因及当事人责任或者意外原因如下：

张某驾驶机动车上道路行驶，不能正确分析判断道路上错综复杂的交通情况，观察不周造成事故，后又采取措施不当，加重了事故后果，是造成事故的直接原因，违反了《中华人民共和国道路交通安全法》第 22 条"机动车驾驶人应当遵守道路交通安全法律、法规的规定，按照操作规范安全驾驶、文明驾驶"的规定，故负该事故的全部责任。郑某、岳某无事故责任。

肇事机动车车主一方担心患者死亡后可能追究司机刑事责任，有意通过调解尽快解决此事，并委托余伟安律师作为代理人处理此事故。经查，受害人郑某受伤后经过多家医院治疗，已经发展成植物人状态，生命岌岌可危。医院的救治措施不当可能是造成郑某成为植物人的一个重要原因，按照法律规定不应追究司机刑事责任，但如果不能尽快解决，受害人死亡其家属必然可能纠缠追究司机刑事责任，给车主一方带来不必要的麻烦。于是，肇事车主决定积极洽谈早日解决。

截至洽谈协商之日，受害人医疗费已经花费 20 多万元。受害人一方提出除医疗费之外，车主再支付其他费用共计 30 万元，包括后续治疗费（10 万元）、残疾赔偿金、被抚养人生活费及误工费等共计 20 万元。

考虑到受害人的真实想法是民事赔偿而并非追究刑事责任，律师建议肇事车主应坚持原则，在公平合理的基础上和解。经过两周的谈判，最终双方协商以 394 000 元总数达成调解协议，并签订《交通事故调解协议书》。

5. 终止调解

有下列情形之一的，公安机关交通管理部门应当终止调解，并记录在案：

（1）在调解期间有一方当事人向人民法院提起民事诉讼的。

（2）一方当事人无正当理由不参加调解的。

（3）一方当事人调解过程中退出调解的。

（九）查阅、复制、摘录证据材料

除涉及国家秘密、商业秘密或者个人隐私，以及应当事人、证人要求保密的内容外，当事人及其代理人收到道路交通事故认定书后，可以查阅、复制、摘录公安机关交通管理部门处理道路交通事故的证据材料。公安机关交通管理部门对当事人复制的证据材料应加盖公安机关交通管理部门事故处理专用章。

第二节 反不正当竞争法

一、反不正当竞争法的概念和立法目的

（一）反不正当竞争法的概念

反不正当竞争法是指调整在维护公平竞争、制止不正当竞争行为过程中发生的社会关系的法律规范的总称。1993 年 9 月 2 日，第八届全国人大常委会第三次会议通过的《中华人民共和国反不正当竞争法》（以下简称《反不正当竞争法》），该法自 1993 年 12 月 1 日起施行。制定反不正当竞争法是市场经济体制下社会经济健康发展的客观要求。

（二）反不正当竞争法的立法目的

我国《反不正当竞争法》第 1 条明确规定："为保障社会主义市场经济健康发展，鼓励和保护公平竞争，制止不正当竞争行为，保护经营者和消费者的合法权益，制定本法。"这就是我国《反不正当竞争法》的立法目的，从内容和结构上看，它包括三个层次。

1. 最直接目的是制止不正当竞争行为

我国自实行改革开放政策以来，各种不正当竞争行为蜂拥而至，泛滥成灾。这些行为不仅损害了经营者和消费者的合法权益，破坏市场竞争秩序，严重阻碍我国建立和发展市场经济，而且还影响着我国的投资环境。因此，迫切需要以法律形式制止各类不正当竞争行为，同时防止此类行为进一步泛滥。

2. 最终目的是鼓励和保护公平竞争，保障社会主义市场经济健康发展

反不正当竞争法通过制止各类不正当竞争行为，确保自由竞争和正当竞争机制的正常运行，营造和维护公平竞争的秩序，使竞争机制充分发挥其优胜劣汰和优化资源配置的积极功能，实现宏观经济效益的最大化，保障我国社会主义市场经济的健康发展。

3. 根本目的是保护经营者和消费者的合法权益

近年来，我国现实经济生活中产生的大量不正当竞争行为，不但扰乱、破坏了社会经济秩序，而且使其他经营者和广大消费者的利益受到了严重的损害。因此，《反不正当竞争法》在保护经营者的合法权益的同时，也起到了保护消费者权益的重要作用。

二、不正当竞争行为的特征

不正当竞争行为是指经营者违反《反不正当竞争法》的规定，损害其他经营者的合法权益，扰乱社会经济秩序的行为。我国法律上规定的不正当竞争行为具有以下特征。

（一）行为的主体是经营者

经营者是指从事商品经营或者营利性服务的法人、其他经济组织和个人。但是，在有些情况下，非经营者的某些行为也会妨害、限制经营者的正当经营活动，侵害经营者的合法权益。例如，政府及其所属部门滥用行政权力妨害经营者的正当竞争行为即属此种类型。

由此可见，我国《反不正当竞争法》也对这类行为予以规范，将之归属于不正当竞争行为之列。因此，不正当竞争行为的主体不仅仅限于上述经营商品或者提供营利性服务的法人、其他经济组织和个人这几类一般的主体，而且还包括政府及其所属部门这类特殊的主体。

（二）行为的性质具有违法性

行为的性质具有违法性，即行为在本质上违反了《反不正当竞争法》的规定。它既包括违反该法的原则规定，也包括违反该法所列举的禁止不正当竞争行为的各种具体规定。如果违反了其他法律而没有违反《反不正当竞争法》，则这种行为一般不属于不正当竞争行为。

（三）行为的结果具有损害性

不正当竞争行为的损害性主要体现在：危害公平竞争的市场秩序；阻碍技术进步和社会生产力的发展；损害其他经营者的正常经营和合法权益，使守法经营者蒙受物质上和精神上的双重损害。有些不正当竞争行为，如虚假广告和欺骗性有奖销售，还可能损害广大消费者的合法权益。

另外，不正当竞争行为还有可能给我国的对外开放政策带来消极影响，严重损害国家利益。

三、不正当竞争行为的类型

根据我国《反不正当竞争法》的规定，不正当竞争行为的种类有以下几种。

（一）欺骗性交易行为

1. 欺骗性交易行为的认定

（1）行为人是从事市场交易活动的经营者。

（2）具有主观故意性。假冒行为一般是对质量好、知名度高、市场销售量大的商品进行仿冒，其实质就是掠夺他人的经营优势，侵害他人长期形成的无形资产。

（3）具有特定性。由于欺骗性交易行为是对市场中经营优势的掠夺，因此它总是发生在特定的具有市场优势的经营者及其特定的商品上。

（4）具有误导性。由于假冒者从事假冒行为的目的就在于使交易对方对其提供的商品或服务产生混淆或误解，从而接受其商品或服务，以此获得竞争优势。因此，假冒者一般不会以真实身份从事市场交易活动。

2. 欺骗性交易行为的类型

（1）假冒他人的注册商标。

（2）擅自使用知名商品特有的名称、包装、装潢，或者使用与知名商品近似的名称、包装、装潢，造成和他人的知名商品相混淆，使购买者误认为是该知名商品。

（3）擅自使用他人的企业名称或者姓名，误导消费者使消费者误认为是他人的商品。

（4）在商品上伪造或者冒用认证标志、名优标志等质量标志，伪造产地，对商品质量做引人误解的虚假表示。

课堂讨论

贵州甲厂生产的"酒仙"牌白酒行销本省及西南地区。该酒自 2011 年起销售，销量很好，在西南各省乡镇农村都可见到此酒的广告及销售点。此酒物美价廉，在西南农村地区广受欢迎。该酒的包装是将酒瓶设计成麻布袋形，并贴有黑底及金色字体的"酒仙"名称。

2012 年，湖南乙厂也开始生产"酒仙"牌白酒。酒瓶也设计成麻布袋，并贴有黑底金字瓶贴。同时，该酒也销往西南地区。

讨论：乙厂的行为是否构成不正当竞争？为什么？

（二）商业贿赂行为

商业贿赂行为是指经营者为了争取交易机会，给予交易对方有关人员或能够影响交易的其他人员以财物或其他报偿的行为。

商业贿赂的具体表现形式有回扣、折扣、佣金、介绍费等。所谓"回扣"是指在市场交易过程中，经营者一方从交易所得的价款中提取一定比例的现金，在账外暗中给付对方单位或个人的不正当竞争行为，是商业贿赂行为的主要表现形式。

所谓"折扣"即价格折扣，也称让利、打折，它是指在商品购销活动中卖方在所成交的价款上公开给买方一定比例的减让，以促成交易的一种促销手段。

所谓"佣金"是指在市场交易活动中，经营者公开给付为其提供服务的具有合法经营资格的中间人的劳务报酬。佣金可以由买方给付，也可以由卖方给付，还可以由买卖双方共同给付。根据我国《反不正当竞争法》的规定，经营者销售或购买商品，可以以明示的方式给对方折扣，也可以给中间人佣金。经营者给对方折扣、给中间人佣金的，必须如实入账。接受折扣、佣金的经营者也必须如实入账。

在实践中，我们必须正确区分回扣、折扣和佣金之间的区别。表面上看它们都是经营者一方给另一方金钱，但是其性质是不同的。回扣是在账外暗中给付，即暗扣，属于商业贿赂行为，是违法行为。而折扣和佣金是公开给付，即明示，并且给付方和接受方都必须如实入账，所以折扣和佣金是法律允许的商业惯例行为，是合法行为。

商业贿赂行为构成要件有以下几点：

（1）商业贿赂行为的主体是从事市场交易的经营者，既可以是卖方，也可以是买方。

（2）商业贿赂行为人主观上是出于故意和自愿的，其目的只是为了排挤竞争对手、争取交易机会，并非如政治目的、升职、职称晋升等其他目的。

（3）商业贿赂行为在客观方面表现为经营者违反国家有关财务、会计及廉政等方面的法律、法规的规定，暗中给付财物或其他报偿，具有很大的隐蔽性。

（三）虚假宣传行为

虚假宣传行为是指经营者利用广告或者其他方法，对商品的质量、制作成分、性能、用途、生产者、有效期限、产地等作引人误解的虚假宣传。

虚假宣传行为的构成要件主要有以下几点。

（1）行为的主体是广告主、广告代理制作者和广告发布者。

（2）上述主体在客观上通过大众传播媒介或其他方法，对其商品或服务进行宣传，制造舆论，扩大影响。大众传播媒介包括报刊、广播、电视、网络等；其他方法包括对商品做现场演示或口头说明，散发、邮寄商品的说明书和宣传品，以及行业协会等社会团体对商品进行宣传的所有形式。

（3）对商品做引人误解的虚假宣传，具有社会危害性。虚假宣传是指宣传的内容与客观事实不符，或完全捏造，如将保健品宣传为药品等。引人误解是指宣传的目的是影响消费者，使其对商品的真实情况产生错误的联想，信以为真，可能导致消费者的误购。例如，消费者受宣传广告的影响，按照其对广告宣传的认识购买商品，结果发现购买的商品并不是自己所理解的，则该广告宣传已构成引人误解。

（4）在主观方面，广告商只有在明知或应知的情况下，才对虚假广告负法律责任，即承担过错责任；对广告主，则不论其主观上是否有过错，均必须对虚假宣传行为承担法律责任，即承担无过错责任。

课堂讨论

某公开发行的晚报上刊登了一则"青少年助长的特效良药——灵助长晶"的广告。宣称："经过多位医学专家多年努力研制成功的'助长'新药，采用中外各种名贵药材，经特殊工艺精制而成，对人体骨骼增长有奇效。经美国医学家对数万名矮个青少年服用本药后的长期观察，用药者明显增高。实践证明，本药对青少年发育助长有显著功效。本药还荣获 2011 年优秀产品奖。本产品两盒起邮，每盒只售 240 元，款到发货。"很多人信以为真，纷纷购买此药。但很多青少年服用后，不但没有达到广告中所说的效果，有的甚至还产生了严重的副作用。

提问：上述案例中，经营者和报社的做法属于什么行为？为什么？

（四）侵犯商业秘密行为

1. 商业秘密的概念

根据《反不正当竞争法》第 10 条规定，商业秘密是指不为公众所知悉，能为权利人带来经济利益，具有实用性并经权利人采取保密措施的技术信息和经营信息。技术信息包括工艺流程、技术秘诀、生产配方、制作方法、软件程序等。经营信息包括管理诀窍、客户名单、资源情报、营销策略和计划等。构成商业秘密必须具备以下四个特征。

（1）秘密性。秘密性是指不为公众所知悉，不能从公开渠道直接获得。秘密性是商业秘密的本质特征与核心特征。

（2）经济性。经济性是指能给权利人带来经济效益。

（3）实用性。实用性是指能为权利人带来现实的或潜在的经济利益及竞争优势。实用性是商业秘密的价值体现。

（4）保密性。保密性是指权利人对该信息采取了保密措施，如订立保密协议、建立保密制度、合理封存有关资料等。

2. 侵犯商业秘密行为

侵犯商业秘密行为是指经营者通过不正当手段获取、泄露或使用他人的商业秘密，损害他人利益的行为。

根据《反不正当竞争法》第 10 条的规定，侵犯商业秘密的不正当竞争行为主要有以下三种情形。

（1）以盗窃、利诱、胁迫或者其他不正当手段获取权利人的商业秘密。

（2）披露、使用或者允许他人使用上述手段获取权利人的商业秘密。

（3）违反约定或违反权利人有关保守商业秘密的要求，披露、使用或者允许他人使用其所掌握的商业秘密。此外，第三人明知或者应知以上行为违法，仍获取、使用或披露他人的商业秘密，也应视为侵犯他人商业秘密行为。

（五）低价倾销行为

低价倾销行为是指经营者以排挤竞争对手为目的，以低于成本的价格销售商品的行为。实施这种行为的经营者往往具有相当的经济实力和优势，他们故意将某种或者某类商品的价格压低到成本以下抛售，目的是击败竞争对手，迫使他们退出市场，然后再抬高商品价格，从而获取更高的垄断利润。

1. 该行为的构成要件

（1）行为的主体是在市场交易中处于销售优势地位的经营者，而且绝大多数是大型企业或在特定市场上具有经营优势地位的企业。

（2）在主观上，经营者是故意的，其目的是排挤竞争对手，独占并垄断市场。所谓"排挤竞争对手"主要是指使市场上的竞争对手难以继续经营下去或给新的、潜在的竞争对手设置障碍，使其无法进入市场。

（3）在客观上，经营者实施了以低于成本的价格销售商品的行为。该行为的实质是限制竞争、消除竞争、窒息竞争、独占市场、垄断市场，具有较大的社会危害性，为《反不正当竞争法》禁止。

2. 不属于低价倾销行为的情形

在通常情况下，低价倾销行为是合法的、允许的。只要经营者不具有排挤竞争对手的目的，那么即使他在客观上以低于成本的价格销售了商品，也不构成不正当竞争行为。因此，《反不正当竞争法》第 11 条规定，有下列情形之一的，不属于不正当竞争行为：① 销售鲜活商品；② 处理有效期限即将到期的商品或者其他积压的商品；③ 季节性降价；④ 因清偿债务、转产、歇业降价销售商品。

以上四种情况，经营者虽然以低于成本的价格销售了商品，但并不是为了排挤竞争对手，而是要解决自身经营上的困难，避免更大的损失，属于合理降价，因此，不构成不正当竞争行为。

（六）不正当搭售行为

不正当搭售行为是指经营者在销售商品时，违背购买者的意愿强行搭售其他商品或者附加其他不合理条件的行为。所谓"搭售商品或者附加其他不合理条件"是指经营者利用其经济优势，违背购买者的意愿，在销售一种商品（或提供一种服务）时，要求购买者以购买另一种商品（或接受另一种服务）为条件，或就商品（或服务）的价格、销售对象、销售地区等进行不合理的限制。

不正当搭售行为的构成要件有以下几点。

（1）行为主体必须是经营者，如果是其他主体如国家行政机关、事业单位等则可能构成其他限制竞争行为而非不正当搭售行为。

（2）经营者违背购买者的意愿，限制了购买者的自主选择权；如果购买者自愿接受经营者的搭售或者其附加的条件是合理的，则不能被认定为不正当竞争行为，而属于双方意思表达真实的自愿交易行为。

（3）实施不正当搭售行为的经营者凭借的是自身经济或技术优势，形成了一定的竞争支配力量而胁迫对方，实施强制交易。

（4）不正当搭售行为阻碍甚至剥夺了同行业竞争者相关产品的交易机会，其本质是限制竞争，排除竞争。

（七）不正当有奖销售行为

有奖销售是指经营者以提供物品、金钱或其他报偿作为奖励，刺激消费者购买商品或接受服务的行为。主要包括附赠式有奖销售和抽奖式有奖销售两种形式。

附赠式有奖销售是指经营者向购买某种商品的所有购买者或接受某种服务的人附加赠予金钱、物品或其他经济利益的销售活动。

抽奖式有奖销售是指经营者以抽奖、摇奖或其他带有偶然性的方法决定购买者是否中奖的有奖销售方式。它是经营者的一种促销手段，可以提高产品销售量，给经营者带来经济利益，但若超过一定限度滥用有奖销售，不仅会损害消费者利益，还会扰乱市场秩序，破坏公平竞争。因此，我国《反不正当竞争法》禁止以下三种不正当有奖销售。

（1）采用谎称有奖或故意让内定人员中奖的欺骗方式进行有奖销售。

（2）利用有奖销售推销质次价高的商品。

（3）抽奖式有奖销售，最高奖金额超过5 000元（以非现金的物品或者其他经济利益作为奖励的，按照同期市场同类商品或者服务的正常价格折算其金额）。

课堂讨论

某商场为推销其积压多年的洗衣粉而开展有奖销售活动，将原价每瓶10元提高到15元，并规定：凡购买一瓶洗衣粉者，便可得到奖券一张，洗衣粉售完后举行抽奖活动，设一等奖1名，奖金5000元，再送一个价值100元的MP3；二等奖2名，奖金4000元；三等奖5名，奖金1000元。活动进行没几天，洗衣粉便销售一空，经过抽奖，鲜有获奖者。后经了解，中奖人员多为该商场的员工及员工家属，而且人们买的洗衣粉大都是残次品，根本无法使用。

讨论：该商场的行为是否构成不正当竞争行为？为什么？

（八）诋毁商誉行为

诋毁商誉行为是指经营者通过捏造、散布虚假事实等不正当手段，损害竞争对手的商业信誉和商品声誉，从而削弱其竞争力，为自己取得竞争优势的行为。商业信誉是指社会对经营者的商业道德、商品品质、价格、服务等方面的积极评价。商品声誉是指社会对特定商品品质、性能的赞誉。商品声誉会给经营者带来商业信誉，而商业信誉又促进商品声誉，两者是一种相互促进的关系。良好的商业信誉和商品声誉本身就是一笔巨大的无形财富，能为经营者带来巨大的经济效益，同时又能占据市场竞争中的优势地位。

诋毁商誉行为的构成要件有以下几点。

（1）在主观上，经营者是故意的。经营者对竞争对手的伤害并非出于言行不慎或口误，而是故意诋毁，目的是削弱对手的竞争力。

（2）在客观上，经营者采用了捏造、散布虚假事实的手段，实施了诋毁竞争对手商誉的行为。如通过广告、新闻发布会等形式捏造、散布虚假事实，使用户、消费者不明真相而产生怀疑，不敢或不再与受诋毁的经营者进行交易活动。

如果经营者散布对竞争对手不利的事情，但不属于无中生有或故意歪曲，而是客观事实，则不构成诋毁商誉行为。

（3）诋毁商誉行为侵害的客体是同业竞争者的商业信誉和商品声誉。如果经营者只对对手的个人名誉进行攻击，不涉及商业信誉和商品声誉，此属于一般民事人身权的侵害，由民法予以调整；此外，如果诋毁的是同自己毫无竞争关系的非同业竞争者的商誉，也属于民事诽谤，构成民事侵权，由民法调整。

捏造虚假事实并且通过大众媒介向社会公布、散布的诋毁商誉行为，不仅容易误导消费者，使之产生不安全的消费心理，而且会损害竞争对手的良好声誉，造成难以预料的损失。

（九）滥用行政权力限制竞争行为

滥用行政权力限制竞争行为是指政府及其所属部门违反法律规定，滥施行政权力妨碍公平竞争的行为。

该行为的构成要件有以下几点。

（1）行为主体是政府及其所属部门。"政府"是指中央政府和地方各级人民政府，"政府所属部门"是指中央政府和地方各级人民政府所设的有关职能部门，即各级行政机关。

（2）在客观上，政府及其所属部门实施了法律、法规禁止的限制竞争行为。根据《反不正当竞争法》第7条规定，该行为包括以下几项。

① 限定他人购买其指定的经营者的商品。

② 限制其他经营者正当的经营活动。

③ 限制外地商品进入本地市场。

④ 限制本地商品流向外地市场。

（3）在主观上是故意的，其目的是在保护本部门、本地区的利益，从而损害外地经营者和本地消费者的合法权益，政府及其所属部门滥用行政权力限制竞争行为，会对整个市场竞争机制和公平竞争秩序产生巨大的危害。该行为不仅直接侵害了经营者的公平竞争权，使竞争机制无法发挥出其优胜劣汰的激励功能，而且会滋生权钱交易、官商勾结等腐败现象。

（十）强制交易行为

强制交易行为是指公用企业或者其他依法具有独占地位的经营者，凭借其优势地位，限定他人购买其指定的经营者的商品，以排挤其他经营者的公平竞争的行为。

该行为的构成要件有以下几点。

（1）该行为主体是公用企业或其他依法具有独占地位的经营者。公用企业是指通过固定的网络或其他基础设施提供公共产品或服务的经营者，具体包括供水、供电、供燃、供气、邮政、电信、交通运输等行业的经营者。其他依法具有独占地位的经营者是指公用企业以外的由法律、法规、规章或其他合法的规范性文件赋予其从事特定商品或服务的独占经营资格的经营者，如商业银行、保险公司、烟草专卖企业等。

（2）在主观方面，该行为主体是故意的，具有排挤其他经营者的意图，其目的是从被指定的经营者处获得非法利益。

（3）在客观方面，行为主体必须实施了法律、法规明文禁止的限制竞争行为。所谓"限制"是指公用企业或其他依法具有独占地位的经营者以强制的方式，迫使用户或消费者购买特定经营者的商品或接受服务。行为主体既可以"限制"用户或消费者购买或接受其指定的经营者的商品或服务，也可以"限制"用户或消费者购买自己提供或经营的商品或服务，还可以"限制"用户或消费者购买其下属单位提供或经营的商品或服务。这种"限制"行为带有强制性，使被强制者难以抗拒，非本意但不得不服从这种安排。

（4）该行为侵害的客体是公平竞争权和自由竞争的秩序。该行为侵害了其他经营者的公平竞争权，不但剥夺了他们参与市场竞争、获取市场交易的机会，损害了他们的合法权益，还严重限制了自由竞争，使自由竞争机制无法发挥正常功能。此外，对消费者而言，该行为也侵犯了他们的自主选择权和公平交易权。

（十一）串通招标投标行为

串通招标投标行为是指投标者之间串通投标，抬高标价或压低标价，以及投标者与招标者相互勾结，排挤竞争对手的行为。

串通招标投标行为主要包括以下几种。

（1）抬高标价或压低投标的报价。

（2）轮流以高价位或者低价位中标。

（3）招标者向投标者泄露标底。

（4）招标者向投标者泄露其他投标者的投标条件。

（5）招标者与投标者商定，中标后给予额外补偿。

（6）招标者预先内定中标人，以此确定中标者。

（7）其他串通招投标行为。

四、不正当竞争行为的监督检查

（一）不正当竞争行为的监督机关

我国《反不正当竞争法》第 3 条规定："各级人民政府应当采取措施，制止不正当竞争行为，为公平竞争创造良好的环境和条件。县级以上人民政府工商行政管理部门对不正当竞争行为进行监督检查；法律、行政法规规定由其他部门监督检查的，依照其规定。"可见我国对不正当竞争行为进行监督检查的部门主要有两类：一类是县级以上的工商行政管理部门，另一类是法律、行政法规规定的有权进行监督检查的其他部门。例如，根据我国《药品管理法》规定，药品监督管理部门负责对药品生产、经营等领域发生的不正当竞争行为进行监督检查；根据我国《食品卫生法》规定，卫生行政管理部门负责对食品卫生领域的不正当竞争行为进行监督检查。

根据《反不正当竞争法》的规定，监督检查部门在监督检查不正当竞争行为时，享有下列职权。

1. 询问权

监督检查机关在监督不正当竞争行为时，有权按照规定程序询问被检查的经营者、利害关系人、证明人，并要求提供证明材料或者与不正当竞争行为有关的其他资料，被询问人必须如实提供。

2. 复制权

监督检查机关在监督不正当竞争行为时，有权查询、复制与不正当竞争行为有关的协议、账册、单据、文件、记录、业务函电和其他资料。

3. 检查权

监督检查机关在监督不正当竞争行为时，有权对有关的财物进行检查，必要时可以责令被检查者说明该商品的来源和数量，也可责令其暂停销售，听候检查，禁止其转移、隐匿和销毁该财物。

4. 处罚权

监督检查机关有权对不正当竞争行为进行处罚，处罚的具体形式包括责令停止违法行为、消除影响、没收违法所得、吊销营业执照、处以罚款等。

此外，《反不正当竞争法》还规定了监督检查机关工作人员监督检查不正当竞争行为时的程序要求，即应当出示检查证件。被检查的经营者、利害关系人和证明人要如实提供有关资料或情况。

（二）违反《反不正当竞争法》的法律责任

所谓法律责任是指因行为人的违法行为而应当承担的法律后果。根据我国《反不正当竞争法》的规定，违法行为人应承担的法律责任有民事责任、行政责任和刑事责任三种。

1. 民事责任

民事责任主要是损害赔偿责任。《反不正当竞争法》第20条规定，经营者违反本法规定，给被侵害的经营者造成损害的，应当承担损害赔偿责任，被侵害的经营者的损失难以计算的，赔偿额为侵权人在侵权期间因侵权所获得的利润；并应当承担被侵害的经营者因调查该经营者侵害其合法权益的不正当竞争行为所支付的合理费用。被侵害的经营者的合法权益受到不正当竞争行为损害的，可以向人民法院提起诉讼。

2. 行政责任

《反不正当竞争法》规定的行政责任形式主要有：责令停止违法行为，消除影响；没收违法所得；罚款；吊销营业执照；追究刑事责任。

根据《反不正当竞争法》的规定，行政责任具体有以下几个方面。

（1）假冒行为的行政责任

经营者假冒他人的注册商标，擅自使用他人的企业名称或者姓名，伪造或者冒用认证标志、名优标志等质量标志，伪造产地，对商品质量做引人误解的虚假表示的，依照《中华人民共和国商标法》《中华人民共和国产品质量法》的规定予以处罚。

经营者擅自使用知名商品特有的名称、包装、装潢或者使用与知名商品近似的名称、包装、装潢，造成和他人的知名商品相混淆，使购买者误认为是该知名商品的，监督检查部门应当责令停止违法行为，没收违法所得，可以根据情节处以违法所得1倍以上3倍以下的罚款；情节严重的，可以吊销营业执照；销售伪劣商品，构成犯罪的，依法追究刑事责任。

（2）商业贿赂行为的行政责任

经营者采用财物或者其他手段进行贿赂以销售或者购买商品，构成犯罪的，依法追究刑事责任；不构成犯罪的，监督检查部门可以根据情节处以1万元以上20万元以下的罚款，有违法所得的，予以没收。

（3）公用企业或者其他依法具有独占地位的经营者强制交易行为的行政责任

公用企业或者其他依法具有独占地位的经营者，限定他人购买其指定的经营者的商品，以排挤其他经营者的公平竞争的，省级或者设区的市的监督检查部门应当责令停止违法行为，可以根据情节处以5万元以上20万元以下的罚款。被指定的经营者借此销售质次价高商品或者滥收费用的，监督检查部门应当没收违法所得，可以根据情节处以违法所得1倍以上3倍以下的罚款。

（4）引人误解的虚假宣传行为的行政责任

经营者利用广告或者其他方法，对商品做虚假宣传，监督检查部门应当责令停止违法行为，消除影响，可以根据情节处以1万元以上20万元以下的罚款。

广告的经营者，在明知或应知的情况下，代理、设计、制作、发布虚假广告的，监督检查部门应当责令停止违法行为，没收违法所得，并依法处以罚款。

（5）侵犯商业秘密行为的行政责任

侵犯商业秘密的，监督检查部门应当责令其停止违法行为，可以根据情节处以1万元以上20万元以下的罚款。

（6）不正当有奖销售行为的行政责任

经营者违法进行有奖销售的，监督检查部门应当责令停止违法行为，可以根据情节处以1万元以上10万元以下的罚款。

（7）串通招标投标行为的行政责任

投标者串通投标，抬高标价或者压低标价；投标者和招标者相互勾结，以排挤竞争对手公平竞争的，其中标无效。监督检查部门可以根据情节处以1万元以上20万元以下的罚款。

（8）抗拒检查的行政责任

经营者有违反被责令暂停销售，不得转移、隐匿、销毁与不正当竞争行为有关的财物的行为的，监督检查部门可以根据情节处以被销售、转移、隐匿、销毁财物的价款的1倍以上3倍以下的罚款。

当事人对监督检查部门做出的处罚决定不服的，可以自收到处罚决定之日起15日内向上一级主管机关申请复议；对复议决定不服的，可以自收到复议决定书之日起15日内向人民法院提起诉讼，也可以直接向人民法院提起诉讼。

（9）滥用行政权力限制竞争行为的行政责任

政府及其所属部门违反限定他人购买其指定的经营者的商品、限制其他经营者正当的经营活动，或者限制商品在地区之间正常流通的，由上级机关责令其改正；情节严重的，由同级或上级机关对直接责任人员给予行政处分。被指定的经营者借此销售质次价高商品或者滥收费用的，监督检查部门应当没收违法所得，可以根据情节处以违法所得1倍以上3倍以下的罚款。

（10）监督检查部门的行政责任

监督检查不正当竞争行为的国家机关工作人员滥用职权、玩忽职守，不构成犯罪的，给予行政处分。

监督检查不正当竞争行为的国家机关工作人员徇私舞弊，对明知有违反本法规定构成犯罪的经营者故意包庇不使他受追诉的，依法追究刑事责任。

第三节 消费者权益保护法

一、消费者的概念与法律特征

（一）消费者的概念

简单地讲，消费者就是使用产品、消耗产品的人。从法律意义上讲，消费者是为个人的目的购买或使用商品和接受服务的社会成员。消费是由需要引起的，消费者购买商品和接受服务的目的是为了满足自己的各种需要。

（二）消费者的法律特征

1. 消费者的消费性质属于生活消费

消费包括生产消费与生活消费两大类，两者都要消耗物质资料和非物质资料，但不同之处在于：① 生产消费的直接目的是延续和发展生产，生活消费的直接目的是延续和发展人类自身；② 生产消费是指在物质资料生产过程中的生产资料的耗费，生活消费是指在人们生存发展过程中生活资料的消耗；③ 生产消费是在生产领域进行的，而且包含在生产之中。生活消费包括物质资料的消费（如衣、食、住、行、用等）和精神消费（如旅游、文化教育等）两类。消费者只有在为生活消费而购买、使用商品或者接受服务时，其权益才受到消费者权益保护法的保护。

2. 消费者的消费客体是商品和服务

商品是指与生活消费有关的，并通过流通过程推出的那部分商品，不管其是否经过加工制作，也不管其是否为动产或不动产。

服务是指与生活消费有关的，有偿提供的，可供消费者利用的任何种类的服务。

消费者的消费方式包括购买、使用（商品）和接受（服务）。

关于商品的消费，即购买和使用商品，既包括消费者购买商品用于自身的消费，也包括购买商品供他人使用或使用他人购买的商品。关于服务的消费，不仅包括自己付费自己接受服务，而且也包括他人付费自己接受服务。不论是商品的消费还是服务的消费，只要其有偿获得的商品和接受的服务是用于生活消费，就属于消费者。

3. 消费的主体是个体社会成员

消费者作为一个特定的法律用语，它是指个人而不是指单位（包括企事业单位和其他组织体），更不包括政府。所谓消费行为，不是指单位的消费行为，而是指个人的消费行为。消费者权益保护法始终是与对消费者个人权益的保护联系在一起的。

单位作为商品的买受人，服务合同的订立者，与经营者之间的谈判地位、所掌握的交易信息等各方面都是等同的，并非处于一种弱势地位，没有必要通过消费者权益保护法对其进行特别的保护。

二、消费者的权利

消费者权利是消费者在生活消费中所享有的权利，是消费者利益在法律上的体现。确认消费者权利，是制定和完善保护消费者立法的重要内容，也是切实维护消费者利益的重要环节。《消费者权益保护法》（以下简称《消法》）规定消费者有九大权利，即安全权、知情权、自主选择权、公平交易权、求偿权、结社权、获得有关知识权、人格尊严和民族风俗习惯受尊重权及监督权。

（一）安全权

消费者在购买、使用商品和接受服务时享有人身、财产安全不受损害的权利，简称安全权。安全权是消费者最重要的权利，也是宪法赋予公民的人身权、财产权在消费领域的体现。为了使这一权利真正得到体现，消费者有权要求经营者提供的商品和服务符合保障人身、财产安全的要求。

有国家标准及行业标准的商品和服务，如食品、药品、家用电器等，消费者有权要求商品和服务符合国家标准或行业标准；没有国家标准及行业标准的商品和服务，如某些新开发的商品和服务项目，消费者有权要求经营者保证其在购买、使用该商品或接受服务时，不具有危害人身和财产安全的因素存在。

（二）知情权

消费者享有知悉其购买、使用的商品或接受服务的真实情况的权利，简称知情权。该项权利表明：① 消费者在购买、使用商品或接受服务时，有权询问、了解商品或服务的有关真实情况；② 提供商品或者服务的经营者有义务真实地向消费者说明有关情况。有关情况包括商品的价格、产地、生产者、用途、性能、规格、等级、主要成分、生产日期、有效期限、检验合格证明、使用方法说明书、售后服务，或者服务的内容、规格、费用等。

（三）自主选择权

消费者享有自主选择商品或者服务的权利，简称自主选择权，主要包括以下几个方面的内容：① 有权自主提供商品或者服务的经营者；② 有权自主选择商品品种或者服务方式；③ 有权自主决定购买或者不购买任何一种商品、接受或者不接受任何一项服务；④ 在自主选择商品或服务时，有权进行比较、鉴别和挑选。

（四）公平交易权

消费者享有公平交易的权利，简称公平交易权。市场交易的基本原则包括：平等自愿原则、等价有偿原则、公平原则和诚实信用原则。因此，消费者和经营者都享有公平交易的权利，但由于在市场活动中，消费者往往处于弱者的地位，更需要突出强调其享有公平交易的权利，以便从法律上给予保护。根据《消法》的规定，这项权利主要体现在以下两个方面：① 有权获得质量保障、价格合理、计量正确等公平交易条件；② 有权拒绝交易者的强制交易行为。

（五）求偿权

消费者因购买、使用商品或者接受服务受到人身、财产损害的，享有依法获得赔偿的权利，简称求偿权。享有求偿权的主体是包括以下几种类型：① 商品的购买者；② 商品的使用者；③ 服务的接受者；④ 第三人。其中，第三人是指除商品的购买者、使用者或者服务的接受者之外的，因偶然原因而在事故现场受到损害的其他人。

（六）结社权

消费者享有依法成立维护自身合法权益的社会团体的权利，简称结社权。赋予消费者以结社权，使消费者通过有组织的活动，维护自身合法权益是非常必要的，也是国家鼓励全社会共同保护消费者合法权益的体现。

（七）获得有关知识权

消费者享有获得有关消费和消费者权益保护方面的知识的权利，简称获得有关知识权。这一权利包括两方面的内容：一是获得有关消费方面的知识，比如有关消费观的知识、有关商品和服务的基本知识，以及有关市场的基本知识等；二是获得有关消费者权益保护方面的知识，比如消费者权益保护的法律、法规和政策，以及保护机构和争议解决途径等方面的知识。

（八）人格尊严和民族风俗习惯受尊重权

人格尊严是消费者人身权的重要组成部分，包括姓名权、名誉权、荣誉权和肖像权等。在实际中，侵犯消费者人格尊严权的表现大多为侮辱消费者，即侵犯消费者名誉权的行为，此外还有搜查消费者的身体及其携带物品，甚至限制消费者人身自由的行为。

尊重民族风俗习惯是党和国家民族政策的重要内容。我国是统一的多民族国家，各民族都有不同的风俗习惯，与消费密切相关，因此，尊重少数民族的风俗习惯，对于保护少数民族消费者的合法权益，贯彻党和国家的民族政策，都有极其重要的意义。

（九）监督权

消费者享有对商品和服务以及保护消费者权益工作进行监督的权利，简称监督权。这一权利可具体表现为：消费者有权检举、控告侵害消费者权益的行为和国家机关及其工作人员在保护消费者权益工作中的违法失职行为，有权对保护消费者权益工作提出批评和建议。

三、经营者的义务

经营者是指向消费者提供其生产、销售的商品或者提供服务的公民、法人和其他经济组织，是以盈利为目的的从事生产经营并与消费者相对应的另一方当事人。

《消法》规定，经营者向消费者提供商品或者服务，应当依照本法和其他有关法律、法规的规定履行义务。经营者和消费者有约定的，应当按照约定履行义务，但双方的约定不得违背法律、法规的规定。

根据《消法》的规定，经营者的义务具体表现在：

（1）保证商品和服务安全的义务（包括警示说明义务）。

（2）经营者对可能危及人身、财产安全的商品和服务，应当向消费者作出真实的说明和明确的警示，并说明和标明正确使用商品或者接受服务的方法以及防止危害发生的方法。

（3）宾馆、商场、餐馆、银行、机场、车站、港口、影剧院等经营场所的经营者，应当对消费者尽到安全保障义务。

（4）经营者向消费者提供有关商品或者服务的质量、性能、用途、有效期限等信息，应当真实、全面，不得作虚假或者引人误解的宣传。经营者对消费者就其提供的商品或者服务的质量和使用方法等问题提出的询问，应当作出真实、明确的答复。经营者提供商品或者服务应当明码标价。

典型案例

2014年5月以来，某市物价检查所多次接到消费者的举报，称本市振达百货商店销售的大部分商品没有标价或标价不明确。由于该店不实行明码标价，故常因价格问题与顾客发生争议。6月8日，市物价检查所派人对振达百货商店进行物价检查，发现该店所售商品大多未标明价格，当即责令予以改正，商店经理表示接受物价检查所的意见，尽快改正。1个月后，市物价检查所再次派员到振达百货商店进行物价检查，发现该店仍有部分商品未标价，遂对该店进行严肃批评，并决定对其罚款1 000元。

【评析】

根据我国《消费者权益保护法》的规定，经营者提供商品或者服务应当明码标价。这就以法律的形式，要求经营者在进行经营活动中，必须如实标明自己所售商品或者服务的价码，以使消费者能根据价格自愿选择是否购买商品或服务。

（5）出具购货凭证和服务单据的义务。

所谓购货凭证和服务单据是指经营者提供商品或者服务，应当按照国家有关规定或者商业惯例向消费者出具发票等购货凭证或者服务单据。发票、购货凭证、信誉卡、服务单据、价格单、保修单等，都是购货凭证与服务单据的具体表现形式。这是对消费者实现依法求偿权的有力保证。

（6）保证商品或服务质量的义务。

经营者应当在正常使用商品或者接受服务的情况下保证其提供的商品或者服务应当具有的质量、性能、用途和有效期限；但消费者在购买该商品或者接受该服务前已经知道其存在瑕疵，且存在该瑕疵不违反法律强制性规定除外。

经营者以广告、产品说明、实物样品或者其他方式表明商品或者服务的质量状况的，应当保证其提供的商品或者服务的实际质量与表明的质量状况相符。

（7）履行"三包"或其他责任的义务。

所谓"三包"是指经营者提供商品或者服务，按照国家规定或与消费者的约定，承担保修、包换、包退的义务，这是经营者对商品或服务承担质量保证的一种方式。所谓其他责任是指经营者依照法律规定或与消费者的约定应当承担的停止侵害、恢复原状、赔礼道歉、赔偿损失等责任。

（8）电商7天无理由退货义务。

经营者采用网络、电视、电话、邮购等方式销售商品，消费者有权自收到商品之日起7日内退货，且无须说明理由，但下列商品除外：① 消费者定做的；② 鲜活易腐的；③ 在线下载或者消费者拆封的音像制品、计算机软件等数字化商品；④ 交付的报纸、期刊。

典型案例

消费者李小姐在网上购买了一双鞋，收到货后，发现鞋子的颜色和网页上的图片出入很大，图片是橘红色，而实物深红色。李小姐立刻联系卖家要求退货，却被店家以无质量问题不退不换为由拒绝。

思考：李小姐是否有权要求退货？为什么？

【评析】

由于网络信息不对称性，色差又不属于"三包"范围内，以往的消费者维权往往被拒。但新《消法》第25条，针对网络等远程购物方式赋予了消费者7天的反悔权。根据修改后的《消法》，上述案例中的李小姐有权要求退货。

（9）不得侵犯消费者人格权的义务。

我国宪法规定，公民的人身自由不受侵犯，任何公民，非经人民检察院批准或者决定或者人民法院决定，并由公安机关执行，不受逮捕。禁止非法拘禁和以其他方法非法剥夺或者限制公民的人身自由；禁止非法搜查公民的身体；禁止用任何方法对公民进行侮辱、诽谤和诬告陷害。

为使上述规定在消费领域得到充分体现，我国《消费者权益保护法》规定，经营者不得对消费者进行侮辱、诽谤，不得搜查消费者的身体及其携带的物品，不得侵犯消费者的人身自由。

（10）严格保密消费者个人信息的义务。

经营者收集、使用消费者个人信息，应当遵循合法、正当、必要的原则，明示收集、使用信息的目的、方式和范围，并经消费者同意。经营者收集、使用消费者个人信息，应当公开其收集、使用规则，不得违反法律、法规的规定和双方的约定收集、使用信息。

经营者及其工作人员对收集的消费者个人信息必须严格保密，不得泄露、出售或者非法向他人提供。经营者应当采取技术措施和其他必要措施，确保信息安全，防止消费者个人信息泄露、丢失。在发生或者可能发生信息泄露、丢失的情况时，应当立即采取补救措施。

经营者未经消费者同意或者请求，或者消费者明确表示拒绝的，不得向其发送商业性信息。

四、消费者合法权益的保护

对于消费者权益的保护，仅靠一种方式或通过一种途径进行法律保护是不够的，只有依靠国家和社会各方面的力量形成一个多途径、多方式的保护机制，互相配合、相互协调、发挥各自优势，才能使消费者的权益得到真正有力有效的保护。目前，我国消费者权益保护的方式主要包括国家保护和社会保护两种。

1. 国家对消费者合法权益的保护

国家在保护消费者合法权益方面担负着主要的职责，国家对消费者合法权益的保护是通过各有关国家机关履行职责的活动中得以实现的。根据我国《消费者权益保护法》的规定，国家对消费者合法权益的保护主要体现在以下几方面。

（1）立法保护

保护消费者合法权益是国家应尽的职责，而立法保护则是国家充分有效地保护消费者权益的基础和依据，因此，国家应当加强和完善消费者权益保护的立法工作。国家制定有关消费者权益的法律、法规和政策时，应当充分听取和反映消费者的意见和要求，明确规定消费者的权利和经营者的义务，使消费者权益的保护真正做到有法可依、有章可循。

（2）行政保护

各级人民政府应当加强领导，组织、管理、协调、督促有关行政部门做好保护消费者合法权益的工作。各级人民政府应当加强监督，预防危害消费者人身、财产安全行为的发生，及时制止危害消费者人身、财产安全的行为。

各级人民政府工商行政管理部门和其他有关行政部门应当依照法律、法规的规定，在各自的职责范围内，采取措施，保护消费者的合法权益。其他相关行政部门的监督包括：技术监督部门对产品质量的监督，计量部门对计量工作的监督，卫生监督部门对食品卫生、药品的生产经营实施监督，物价管理部门对物价的监督，进出口商品检验部门对商品的质量、规格、重量和包装的监督等。此外，有关行政部门应当听取消费者及其社会团体对经营者交易行为、商品和服务质量问题的意见，及时调查处理。

（3）司法保护

司法机关应当各司其职，在各自的职权范围内，利用司法手段保护消费者权益。人民法院应当采取措施，方便消费者起诉。对符合《中华人民共和国民事诉讼法》起诉条件的消费者权益争议，必须受理并及时审理。对违法犯罪行为有惩处权力的有关国家机关，应当依照法律、法规的规定，惩处经营者在提供商品和服务中侵害消费者权益的违法犯罪行为，以切实有效地保护消费者权益。

2. 社会对消费者合法权益的保护

保护消费者的合法权益是全社会的共同责任，国家鼓励、支持一切组织和个人对损害消费者合法权益的行为进行社会监督。在消费者权益保护方面，国家干预是必要的但不是万能的，国家对消费者权益的保护在手段、方式、程度等方面都存在一定的局限性，而社会监督可以有效地弥补国家干预的不足。社会监督可以从以下几个方面展开。

首先，大众传媒应当做好消费者权益的宣传工作，对损害消费者权益的行为进行有效的舆论监督。充分发挥广播、电视、报刊等大众传媒的作用，积极宣传消费者权益保护法，对侵犯消费者权益的行为予以揭露、批评，营造出良好的保护消费者权益的社会氛围。

其次，消费者协会和其他消费者组织应当充分发挥对商品和服务进行社会监督的职能，以切实保护消费者的自身权益。消费者协会和其他消费者组织是依法成立的，对商品和服务进行社会监督的，保护消费者权益的社会团体，如中国消费者协会、中国保护消费者基金会等。特别是消费者协会，在保护消费者权益方面发挥着至关重要的作用。其职能包括：

（1）向消费者提供消费信息和咨询服务，提高消费者维护自身合法权益的能力，引导文明、健康、节约资源和保护环境的消费方式；

（2）参与制定有关消费者权益的法律、法规、规章和强制性标准；

（3）参与有关行政部门对商品和服务的监督、检查；

（4）就有关消费者合法权益的问题，向有关部门反映、查询，提出建议；

（5）受理消费者的投诉，并对投诉事项进行调查、调解；

（6）投诉事项涉及商品和服务质量问题的，可以委托具备资质的鉴定人鉴定，鉴定人应当告知鉴定意见；

（7）就损害消费者合法权益的行为，支持受损害的消费者提起诉讼或者依照本法提起诉讼；

（8）对损害消费者合法权益的行为，通过大众传播媒介予以揭露、批评。

另外，消费者组织的根本任务就是维护消费者利益，因此，消费者组织不得从事商品经营和营利性服务，不得以牟利为目的向社会推荐商品和服务。同时，各级人民政府对消费者协会履行职能应当予以大力支持和帮助。

五、消费争议的解决

由于消费者和经营者存在利益冲突，消费者在购买、使用商品或接受服务的过程中，不可避免地会与经营者就彼此之间的权利义务发生争执而引起民事权益纠纷。及时、有效、合理地解决消费者争议，直接关系到消费者的切身利益，是保护消费者合法权益的关键所在，对于维护和发展正常的经济秩序具有十分重要的意义。为此，我国《消费者权益保护法》对争议的解决作了专门的规定，消费者和经营者发生消费者权益争议的，可以通过下列途径解决。

1．与经营者协商解决

协商解决是指争议发生后，经营者和消费者双方在没有第三人实质参与的情况下，本着平等、自愿、互利的原则，就争议问题相互交换意见、达成和解协议，使纠纷得以解决。这是发生消费者争议时应当首先采用的一种方式，也是最快速、最方便的解决方法。

2．请求消费者协会调解

在无法协商解决的情况下，消费者可向消费者协会反映情况，由消费者协会作为第三人，出面主持消费争议的调解。消费者协会应在查明事实、分清是非、明确责任的基础上，引导双方协商，使争议尽快解决。但是，消费者协会不得强制争议各方进行调解，调解必须在各方自愿的基础上依法进行。值得注意的是，由于消费者协会调解达成的协议不具有强制执行的效力，若任何一方反悔，则应当通过其他途径解决。

3．行政申诉

当经营者和消费者就消费者权益争议不能通过和解方式解决时，也可以根据商品和服务的性质，直接向有关行政部门提出申诉。有关行政部门主要指工商、物价、技术监督、卫生、商检等机关，应当依法在各自的职责范围内保护消费者权益。具体来说，有关行政机关对受理的消费争论，应及时审查，获取证据，分清责任，可在自愿、合法的前提下，组织双方调解，达成协议。如发现经营者违反法律、行政法规，应承担行政责任时，可依法对其予以行政处罚；发现有犯罪嫌疑的，应移交司法机关处理。

4. 申请仲裁

仲裁是指双方当事人在争议发生之前或者争议发生之后达成协议，自愿将争议交由第三方作出裁决，以解决争议的法律制度。消费者与经营者产生消费争议后，如果双方协商和解不成，消费者可以根据事前或事后与经营者达成的仲裁协议向仲裁机关申请仲裁。

5. 向法院提起诉讼

诉讼是解决消费者争议最具权威性的方式。消费争议发生后当事人在没有仲裁协议的情况下，可以向有管辖权的人民法院提起诉讼。人民法院根据民事诉讼法的规定，应及时立案审理，从尽量方便消费者的原则出发，使纠纷得以及时解决。

思考题

1. 依法道路通行必须满足哪些条件？
2. 道路交通事故如何认定？
3. 反不正当竞争行为的表现形式有哪些？
4. 什么是消费者？消费者有哪些法律特征？
5. 消费者享有哪些权利？
6. 消费争议的解决途径有哪些？